Walter Fiedler

Sagen aus Mecklenburg

Sagen aus Mecklenburg

Gesammelt und herausgegeben
von Siegfried Neumann

Bechtermünz Verlag

Genehmigte Lizenzausgabe für
Weltbild Verlag GmbH, Augsburg 1998

Einbandgestaltung: Zembsch' Werkstatt, München
Satz: Uhl + Massopust, Aalen
Druck und Bindung: Wiener Verlag, Himberg bei Wien
Printed in Austria
ISBN 3-86047-208-9

Inhalt

Vorbemerkung

Für Theodor Fontane, den Wanderer durch die Mark, war es vor allem das Anekdotische, das ihm die Geschichte seiner Heimat erschloß. Bei dem Mecklenburger Heinrich Schliemann dagegen legten die heimatlichen Sagen den Grund für sein Geschichtsverständnis, das ihn zu seinen späteren Ausgrabungen inspirierte (siehe Nachwort, S. 279). Das war kein Zufall. In Mecklenburg hatten Sagen, die von Ereignissen und Personen der Geschichte handelten, offenbar einen anderen Stellenwert. Heute kennen natürlich auch hier viele die Sage vor allem aus Schultagen, in denen das Riesenspielzeug, die Weiber von Weinsberg oder der Rattenfänger von Hameln zum Lehrstoff gehörten. Doch diese und andere Wandersagen, die man vielfach auch an Orten in Mecklenburg lokalisierte, waren jahrhundertelang für die Menschen nicht vorrangig Poesie, sondern historische Quelle. Große Teile des Volkes wußten kaum mehr von der Geschichte, als die ihnen bekannten Sagen davon berichteten.

Diese mündlich überlieferten Nachrichten reichen zurück bis in die »Wendenzeit«, als das Land christianisiert wurde, und werden zunehmend konkreter. Wir erfahren vom Leben und Treiben edler Burgherren und grausamer Räuber, von wehrhaften und listigen Bürgern, von frommen und frevelnden Geistlichen, von hartherzigen Junkern und rebellischen Knechten, von streitenden und marodierenden Soldaten usw. Dabei leuchtet das Mittelalter ebenso auf wie die Zeit der Reformation, der Dreißigjährige Krieg ebenso wie die »Franzosenzeit«. Vor allem aber geht es um die unmittelbare Vergangenheit der jeweiligen Erzähler, deren Geschichtsbild sich weitgehend in diesem Erzählgut spiegelt.

Das Gros der Sagen freilich handelt auch in Mecklenburg von der Begegnung der Menschen mit dem Übernatürlichen, das in Gestalt von Hexen, Werwölfen und Kobolden, Nixen, Schlangen und Riesen mehr oder minder bedrohlich ins eigene Leben einbricht. Die herausragende Sagenfigur allerdings ist der Teufel, der nicht nur als Verkörperung des Bösen schlechthin erscheint, sondern in mehreren Sagengruppen auch als Rächer jedweden Frevels auftritt. Ebenso ausgeprägt war in Mecklenburg der Totenglaube, wie die zahlreichen Sagen von ruhelosen Toten, von der Wilden Jagd und von Gespenstern aller Art zeigen. Andererseits begegnen ausgesprochen hilfreiche Sagengestalten wie der Schweriner Schloßgeist Petermännchen, die kleinen Unterirdischen oder der Klabautermann, die ebenso spezifisch für das mecklenburgische Sagengut sind wie der Alltagsbezug und die sozialkritischen Akzente auch vieler mythischer Sagen.

Bis weit ins 19. Jahrhundert galt Mecklenburg noch als »unleugbar ärmer an Sagen« als andere Landschaften. Doch die großen Sammlungen von Albert Niederhöffer (1857–62), Karl Bartsch (1879/80) und vor allem Richard Wossidlo (1939) haben eine solche Sagenfülle (über 30 000 Texte) ans Licht gebracht, daß die Region als ausgesprochen sagenreich gelten kann. Aus diesem Fundus und eigenen Aufzeichnungen des Herausgebers schöpft die vorliegende Ausgabe. Sie bietet einen Querschnitt der Themen und Inhalte des mecklenburgischen Sagenguts und dokumentiert zugleich den Weg der Sagensammlung: von der »Honoratiorensage« des 19. Jahrhunderts zur wörtlich mitgeschriebenen Volkssage aus mündlicher Überlieferung.

Das »sagenhafte« Mecklenburg ist natürlich weder das historische noch das gegenwärtige. Aber seine Sagen werfen doch Schlaglichter auf diese Landschaft, die oft mehr von ihren Bewohnern und deren Leben offenbaren als viele Prospekte.

HISTORISCHE SAGEN

Aus der »Wendenzeit«

Der weissagende Kriegsgott von Röbel

Als die Gegend von Röbel noch Rusch und Busch war, befand sich dort tief im Walde in einer Erdspalte die Götzenfigur des Kriegsgottes Rabal.

Weil dieser Götze die Zukunft voraussagen konnte, so zogen aus weiter Ferne die Menschen heran, um ihn zu verehren und um Rat zu fragen. Alle brachten wertvolle Geschenke mit und legten sie in die Hände der Priester. Der Götze war so gebaut worden, daß er die Fähigkeit hatte, sich umzudrehen und mit dem Kopfe zu nikken. Sollte ein Fragender im Kampfe siegen, so bewegte der Rabal den Kopf. Sollte das Gegenteil der Fall sein, so kehrte der Heidengott sich um und zeigte den Rücken.

Da die Vorhersagungen des Gottes fast immer eintrafen, so stieg sein Ansehen immer höher. Die Priester aber wurden von den vielen Opfergaben reich und vererbten ihre Schätze und ihr Amt auf ihre Kinder. Als die Reichtümer sich ins Ungeheure gemehrt hatten, bauten sie einen herrlichen Tempel und stellten darin das Götzenbild auf. Auch ließen sie für sich und ihre Familien viele Gebäude aufführen und erwarben große Ländereien.

Sobald aber das Christentum Eingang fand, war es mit der Herrlichkeit und mit den Weissagungen Rabals vorbei. Der Götze wurde abgebrochen und im Fundamente der altstädtischen Kirche zu Röbel vermauert. (1)

Die Frauen von Kessin

Als da, wo Rostock jetzt steht, noch keine Kirche war, nur einige Fischer am Strande wohnten..., [als] noch ein König, den man auch Herzog nannte, dort sein Wesen hatte..., als Rostock noch da stand, wo Kessin jetzt liegt, stand da oben ein Schloß mit sieben Türmen. Der Herzog war ein böser, grausamer Kerl, aber ein tapferer Held, der viele Kriegsschiffe hatte. Alle kleinen Fürsten hatte er unter dem Joch. Doch damit war er noch nicht zufrieden; er fing auch Krieg an mit den Moskowitern. Diese kamen mit einer großen Armee, schnitten ihm den Ausgang nach der Warnow ab und belagerten ihn mit seiner Mannschaft im Schlosse. Sie konnten dies aber nicht erobern, weil es gewaltig dicke Mauern hatte.

Da wollten sie ihn aushungern. Als sie dies fast soweit gebracht hatten, ging die Königin mit den anderen Frauen ins Lager zu den Moskowitern, und sie kriegten freien Abzug mit dem Besten, was sie heraustragen könnten. Sie nahmen nun ihre Männer auf den Rücken, um sie hinauszutragen. Die Königin ging vorauf. Allein, als sie auf die Brücke kam, konnte sie ihren Mann nicht mehr tragen, weil er zu groß und zu dick, sie aber zu behende war. Sie fiel auf die Knie nieder, und ihr Mann tründelte von ihrem Rücken. Da sprang der König der Moskowiter schnell auf die Brücke und stieß ihn mit dem Spieße durch und durch, daß er sogleich tot war. Seine Soldaten begruben ihn da unter dem großen Stein vor dem Schlosse. Die anderen Frauen brachten ihre Männer alle glücklich über die Brücke.

Das Schloß wurde nun rein ausgeplündert; doch das Beste – einen goldenen Tisch und ein Götzenbild von Gold, gerade wie das hölzerne Bild, das im Turm zu Kessin noch jetzt [1879] steht – konnten die Moskowiter nicht finden. Denn die beiden hatte der Herzog in den Brunnen versenkt, der da auf der andern Seite von der Steinmauer liegt und jetzt lange nicht mehr so tief ist als dazumal. Unter dem Schloßplatz ist aber alles hohl; denn es ist noch nicht lange her, als zwei Ochsen beim Haken da hineinfielen. Die konnte man nicht wieder herausholen, denn man konnte mit einer Hopfenstange keinen Grund finden. Der Schloßplatz ist seit der Zeit nicht wieder besät. (2)

Die Flucht mit dem Radegast-Bild

Nachbildung des Tempelgottes Radegast

Bei Penzlin, auf dem sogenannten »Grapenwerder«, soll einmal eine alte Wendenburg gestanden haben, deren Herren den Königen von Rethra dienstpflichtig waren. Der letzte Ritter, welcher auf dieser Burg hauste, hieß Wernicke. Die Rethrarier waren von den Sachsen mit gewaffneter Hand zum Christentum bekehrt worden. Aber sobald diese den Rücken wendeten, waren sie immer wieder zur Verehrung ihres alten Gottes Radegast zurückgekehrt, dessen Bildsäule von gediegenem Golde sich in Rethra befand.

Einmal wurde diesem Gotte zu Ehren ein großes Fest gefeiert, zu welchem sich auch der Ritter Wernicke mit seinen Vasallen eingefunden hatte, als plötzlich Nachricht kam, daß die Sachsen heranrückten. Es verbreitete sich große Bestürzung. Ritter Wernicke eilte nach seiner Burg, wohin auch das Radegast-Bild geflüchtet werden sollte, um es vor den Christen zu retten. Doch waren die Sachsen zu schnell. Ritter Wernicke fiel im Kampfe, zündete aber vorher noch seine Burg an. Die Radegast-Bildsäule soll von den Priestern in eine sumpfige Wiese bei Penzlin, die »Trennelkoppel«, versenkt worden sein und sich noch darin befinden.

Es wird von Schatzgräbern erzählt, die danach suchten, aber noch ist es keinem gelungen, diesen Schatz zu heben. Münzen, Streitäxte und Totenurnen sind auf dem Grapenwerder ausgegraben worden, und der Platz ist noch frei und von einer Hecke umgeben, wo die alte Burg gestanden hat, während das Land umher urbar gemacht ist. (3)

*

In Groten Nemerow wier 'n ollen Mann, dee hett mi vertellt: Rethra hett in de Lieps lägen nah Prillwitz [Kr. Neustrelitz] hen. Schloß Willenso (wo nu dat Fischerhuus steiht) is Jagd- un Fischerschloß wäst, dat hett to Rethra hürt. As de düütsche Feind kamen is, hebben se flücht't mit ehre Schätze (dee sünd soväl wiert wäst as beid' Mäkelborg tosamen) nah Willenso. Dat is ok all besett't wäst. Dor hebben se de Schätze vergraben twischen Rethra un Willenso – œwer de Schätze sall Water fleeten. (4)

*

Se sünd nahstellt worden, de Wendschen. In Krickow [Kr. Neubrandenburg] hebben se den' golden Gott noch hatt. Dor hebben se noch halt makt. Dee dor bie herloopen hebben, dee hebben dat vertellt. Se hebben dat sehn, dat se up de Knee follen sünd un den' golden Götzen anbäd't hebben. Dee Götz is as 'n Bengel von achtteihn Johr wäst. Bie den' Ümswang bie Usadel [Kr. Neustrelitz] sünd ehr weck entgegenkamen. Dor hebben se den' golden Gott versööpt. As se ut de Prillwitzer Dannen ruutkamen sünd, is de golden Gott weg wäst. Se hebben dat nich bekennt, wo se em laten hebben. Œwer de Ollen mutmaßten jo, dat se em in den' »Blankenborgsdiek« rinschmäten hadden. Bie Prillwitz sünd de Wendschen gefangen. De Kriegskass' sallen se in den' Penzliner Stadtsee rinjagt hebben. (5)

Rethra und die Kirchenglocken zu Prillwitz

Rethra war die Hauptstadt der Rethrarier. Ihre Bewohner waren so böse und übermütig, daß Gott zur Strafe die Stadt in die Erde versinken ließ. Wo jetzt der Liepssee ist, da hat sie gestanden, und bei klarem Wetter kann man sie noch in der Tiefe sehen; ihre Glocken klingen manchmal herauf. Am Johannistage aber stiegen die Glocken ans Land und lagen frei und offen am Ufer; den Menschen erschienen sie wie Steine.

Einst kam am Johannistage ein Mädchen aus Prillwitz [Kr. Neustrelitz] an den See, spülte ihre Tücher aus und legte sie auf zwei der Steine. Da rollte der dritte ins Wasser, und helles Glockengeläut ließ sich vernehmen: Die zwei anderen haben sich plötzlich in Glocken verwandelt. Das Mädchen läuft erschreckt nach Hause und erzählt es; sie wird jedoch ausgelacht. Auf ihr Drängen machen die Prillwitzer sich indessen auf und gehen an den See.

Die beiden Glocken sind noch da. Nun fragt sich, wem sie gehören. Die Neubrandenburger machen Anspruch darauf, weil ihnen Grund und Boden gehört. Es entsteht ein Prozeß darüber, den die Neubrandenburger gewinnen. Sie laden daher die Glocken auf einen Wagen, und der Fuhrmann treibt die Pferde an mit den Worten:

»Nu hoi alltosamm,
Diss' sœlt' blot för dei Rieken gahn.«

Allein der Wagen geht nicht vorwärts: Es werden mehr Pferde vorgespannt – alles ist umsonst. – Da kommt ein Bauer aus Prillwitz mit Pflug und Ochsen und sagt, er wolle es versuchen. Man lacht ihn aus. Er aber spannt seine Ochsen vor und sagt:

»All vier togliek,
För Arm un Riek!«

Und da geht der Wagen vorwärts. Die Ochsen ziehen den Wagen nach Prillwitz, und die Glocken hängen noch daselbst. (6)

Der Steintanz bei Boitin

Auf dem Wege von Zernin nach Boitin [Kr. Bützow] kommt man in einen Buchenwald; in demselben liegt ein kleiner See. Von ihm gelangt man nach einer Anhöhe, auf der drei Kreise von Steinen zu treffen sind. In dem einen Kreise befinden sich neun, in den andern beiden Kreisen je sieben Steine. Der eine Stein führt den Namen die »Kanzel« und ist mit einem kleinen Auftritt versehen; ein anderer mit dreizehn viereckigen kleinen Löchern heißt die »Brautlade«. Die Steine insgesamt nennt man den »Steintanz«.

Einst versammelten sich hier die Wenden und brachten ihrem Gotte Radegast blutige Opfer dar. Schauerlich tönte dann der Todesschrei eines Kriegsgefangenen durch den stillen Wald. Als dann das Christentum in Mecklenburg Einzug fand, vergaß man allmählich die Opferstätte. Wer aber nach Jahrhunderten auf der Anhöhe mit den merkwürdigen Steinen stand, machte sich seine Gedanken; und dann ging die folgende Sage von Mund zu Mund:

In der Nähe der Stelle lag vor vielen Jahren das Dorf Dreetz, in welchem viele reiche Bauern wohnten. Einst wurde im Dorfe eine Hochzeit gefeiert, bei der es lustig herging. Zuletzt verfielen sie im Übermut auf den Gedanken, mit Würsten und Broten Kegel zu spielen. Da traf sie die Strafe des Himmels; sie wurden sämtlich, Kegelspieler und Tänzer, ebenso die reichgefüllte Brautlade, in Stein verwandelt. Nur ein Schäfer, der an dem Spiele nicht teilgenommen hatte, war durch einen Geist ermahnt worden, schleunigst zu entfliehen; auch hatte man ihm ernstlich bedeutet, sich auf der Flucht nicht umzusehen. Als er aber das Dorf fast erreicht hatte, ließ ihn die Neugierde nicht ruhen; um aber das Verbot zu umgehen, bückte er sich und sah zwischen seinen Beinen durch. Da wurde auch er samt seinem Hunde in einen Stein verwandelt.

Der Hund liegt etwa hundert Meter vom Steintanz entfernt. Der Schäfer befindet sich auf einer Büdnerei in Boitin und ist dort zum Fundament einer Scheune verwandt worden.

Am Johannistage hängt aus der Brautlade ein roter Faden heraus. Wer Mut genug hat, ihn herauszuziehen, kann den Schatz heben. (7)

Die versunkene Kirche

Nahe bei dem Dorfe Vielank [Kr. Ludwigslust] stand in den ersten Zeiten des Christentums in Mecklenburg eine kleine Kirche, umgeben von Wald und Hütten der kleinen Gemeinde. Endlich wurde sie von den heidnischen Wenden entdeckt, und dieselben zogen heran, um sie zu vernichten. Die Christen waren gerade zum Abendgottesdienst in der Kirche versammelt, als die Heiden heranstürmten. Da ließ Gott das Kirchlein versinken samt allen, die drin waren. Ein großer tiefer Sumpf an seiner Stelle wehrte den Heiden das Vordringen. Noch heute nennt man die Stätte, wo das Kirchlein gestanden, den »Kirchversunk«. (8)

Die Zeichen im Stein bei Malchin

Vor vielen Jahrhunderten gab es in Malchin ein wendisches Schloß, worin die letzte Fürstin, die Prinzessin Wendogard, residierte. Dieser gehörten fast alle Felder und Wälder, welche Malchin zur Zeit im Besitz hat. Nur über den Wald, der sich noch jetzt längs des Kummerower Sees hinzieht, war sie mit dem berüchtigten Raubritter Landolph, dessen festes Schloß auf einer Insel im Kummerower See lag, im Streit, der ungerechterweise behauptete, der Wald sei sein Eigentum.

Eines Tages kam nun die Fürstin in Begleitung ihres Hofes mit dem Ritter Landolph zur endlichen Ausgleichung des Streits in diesem Walde zusammen. Mit einem feierlichen Eide schwur sie hier in Gegenwart so vieler Zeugen, daß der Wald schon seit undenklichen Zeiten ihrer Familie gehört habe, und daß, wenn Gott sie dereinst in das Jenseits abrufen werde, er nebst all ihren übrigen Ländereien den Malchiner Bürgern angehören solle. – Der Ritter antwortete mit gräßlichem Fluchen, und lästernd setzte er hinzu: »Ich gebe auf keinen Schwur, weil es keinen Gott gibt!« – Empört über solche Frechheit rief die Fürstin: »So wahr als ich jetzt meinen Fuß und die Spitze meines Szepters in diesen harten Stein stoße, so wahr gibt es einen Gott, und so wahr gehört der Wald mir!«

Mit diesen Worten stieß sie ihren Fuß und die Spitze des Szepters so tief in den Stein, daß noch heute die Spuren davon zu sehen sind. Der Ritter rief hiernach die grauenhaftesten Lästerworte aus und verfluchte den allmächtigen Gott, der solche Zeichen zulasse.

Kaum waren diese Worte aber über seine Lippen, als auch schon die Erde erbebte, sich auftat und den Frevler vor den Augen der Fürstin und ihrer Räte verschlang. Zur selbigen Zeit versank auch die Insel mit seiner Burg; und noch heute [1860] wollen die Schiffer bei ruhigem, klarem Wetter die Türme dieses versunkenen Raubschlosses tief unten im Grunde des Kummerower Sees erblicken. (9)

Das Grab des letzten Wendenkönigs

Bei den Wenden herrschte große Trauer, als der letzte König gestorben war. Sie brachten ihre Schätze zusammen, um dem König, der bei seinem Volke sehr beliebt gewesen war, kostbare Särge anzufertigen. Der erste Sarg war aus purem Golde, in diesen legten sie den Toten. Der goldene Sarg wurde in einen silbernen gestellt, der kam in einen kupfernen, und diesen setzte man in einen eisernen. Niemand aber hat erfahren, wo die Wenden ihren letzten König begruben.

Viele Jahre waren vergangen. Da sagte eine Frau, die prophezeien konnte, weil sie einen Erdspiegel besaß: »Das Grab des Wendenkönigs liegt fünf Meilen von Grabow gegen Sonnenaufgang.« Das wollten habgierige Menschen sich zunutze machen, um an die wertvollen Särge zu gelangen. Aber niemand hat sie bis heute entdecken können. Hier und da in den Wäldern findet man noch die Vertiefungen, die von den Schatzsuchern gegraben wurden. (10)

Alt-Mecklenburg

Unweit von Wismar liegt ein Kirchflecken am Schiffgraben, der aus dem Schweriner See in die Ostsee führt, der heißt Mecklenburg. Dort ist noch ein alter Wall zu sehen, und das ist die Stätte, die dem ganzen großen Lande Mecklenburg den Namen verliehen hat. Im Innern dieses Walles ruhet noch, wie die Sage geht, eine goldene Wiege und im Grunde der wasserreichen Wiese eine vorzeiten versunkene kupferne Brücke. Viel altes Scherbengerät hat sich dort gefunden, auch nennt und zeigt man noch die Stelle, wo der Brunnen dieser alten Wendenburg soll gestanden haben, die eine große Stadt geschirmt, von welcher nichts mehr übrig als der heutige offne Flecken, der allein den alten Namen gerettet. Der Name soll von Mäkeln (Handeln) herrühren, und das alte Mecklenburg soll vorzeiten eine hochberühmte Handelsstadt gewesen sein und fünf deutsche Meilen im Umfang gehabt haben.

Einst führte Herzog Albrecht von Mecklenburg Krieg mit der Königin von Dänemark, der schwarzen Gret, und wurde ihr Gefangener. Da haben die Frauen des Herzogtums zusammengeschossen Gold und Geschmeide, um ihren Herrn aus der Gefangenschaft zu lösen, und haben ihn erlöset, und da hat er ihnen das Recht verliehen, Lehengüter besitzen zu dürfen gleich den Männern, und es soll dort die ausschließlichen Mannlehen nicht geben. (11)

Ritter und Raubritter

Ritter Hennecke und das schwarze Pferd

Eine halbe Meile von Röbel liegt das Rittergut Ludorf, auf welchem früher das längst ausgestorbene Geschlecht derer von M. wohnte. Ein Sproß dieses Geschlechts, Ritter Hennecke, war wegen seines wilden, sündhaften Lebens berüchtigt. Er lebte in Saus und Braus und verpraßte sein Geld, so daß er in Schulden geriet und zuletzt sein Gut verpfänden mußte.

Einstmals erschien auf dem Hofe ein fremder Pferdehändler. Niemand kannte ihn, aber alle fürchteten sich vor seinem unheimlichen Aussehen. Der Pferdehändler ließ sich bei dem Ritter melden und bot ihm ein rabenschwarzes Pferd, mit langen starken Mähnen, von riesigem Wuchse und Körperbau und wildem Ansehen zum Kaufe an. – Hennecke, der ein kühner Reiter und Pferdefreund war, fand Gefallen an dem Tiere und befahl seinem Reitknecht, es vorzureiten. – Der Reitknecht versuchte es, wurde aber alsbald abgeworfen. Wie oft er es auch wiederholte, keinmal wollte es besser glücken. – Da ward der Ritter zornig, schlug ihn mit der Peitsche und rief seinen Kutscher. Auch diesem glückte es nicht und ebensowenig einem von den übrigen Knechten.

Endlich bestieg es der Ritter selber, stieß ihm die Sporen in die Seite, daß das Blut nur so herunterfloß, und zwang mit starker Hand das Pferd zum Gehorsam. Als er es eine Weile geritten, fragte er den Pferdehändler nach dem Preise. Dieser forderte eine hohe Summe. Hennecke wollte das Geld holen, aber es fand sich, daß er nicht so viel hatte. Da sagte er zu dem Händler: »Ich will Euch noch die Glocken vom eingestürzten Kirchturm geben.« – »Topp«, sagte der andere, »in drei Teufels Namen.« – Die Glocken wurden aus dem Schutt des Turmes hervorgesucht, und der Pferdehändler zog von dannen.

Bald darauf mußte Hennecke, über und über verschuldet, Ludorf räumen und siedelte sich in einem Häuschen in Röbel an. Gern hätte er das Pferd auch verkauft, aber niemand wollte es ihm abkaufen, denn die Leute meinten, es sei kein ordentliches Pferd, sondern der Böse stecke darin.

In Elend starb Hennecke 1638 an der Pest in Röbel, ohne sich bekehrt zu haben. Darum ward ihm auch kein christliches Begräbnis zuteil, sondern auf einer Schleife wurde er von seinem schwarzen Rosse nach dem Kirchhof geschleppt und dort verscharrt. Von der Gruft lief das Pferd in rasender Schnelle von dannen und wurde einige Tage darauf in einem Brunnen tot gefunden. (12)

Die Burg auf dem Schloßberg bei Boizenburg

Auf dem Schloßberg bei Boizenburg stand vor alter Zeit eine Ritterburg. Einst hauste dort ein böser Ritter mit seinem Weibe, das ihm einen Knaben gebar, der jedoch nach wenigen Tagen starb. Lange lebten sie kinderlos. Da kam eines Tages ein Mönch auf die Burg, der der Frau den Rat gab, mit dem Ritter nach Rom zu pilgern. – Sie erzählte ihrem Manne, ihr sei ein Heiliger im Traum erschienen und habe ihr die Pilgerreise befohlen, dann würde ihnen wieder ein Kind beschert werden. Der Ritter zog mit ihr und gelobte, eine goldene Wiege für das Kind anfertigen zu lassen. – Nach Jahresfrist nach ihrer Rückkehr wurde ihnen ein Knäblein geboren. Das ward wie ein Prinz erzogen und ruhte in einer goldenen Wiege.

Einstmals verfolgte der Ritter auf der Jagd einen Hasen. Wie er ihn aber eben zu erlegen meinte, kam ihm ein anderer Jäger zuvor. Wütend stieß der Ritter den Fremden nieder und durchbohrte ihn mit seinem Jagdspieß. Da stellte sich heraus, daß er den Sohn eines benachbarten Ritters getötet hatte. Dieser schwur Rache und klagte beim Kaiser. Der Mörder wurde in die Reichsacht erklärt und seine Burg belagert. Als er keine Rettung mehr sah, versenkte er alle seine Schätze samt der goldenen Wiege in den Schloßbrunnen und ließ sein Weib und sein Kind auf einem unterirdischen Wege entfliehen. Als endlich die Belagerer die Burg stürmten, zündete er dieselbe an und begrub sich unter ihren Trümmern. – Die goldene Wiege und die andern Schätze sollen noch jetzt im Schloßberge begraben sein. (13)

Das Raubschloß bei Sülsdorf

Vor vielen hundert Jahren stand bei Sülsdorf (unweit Schönberg) ein festes Schloß. Rund umher konnten die Wiesen unter Wasser gesetzt werden, dreifache Wälle und tiefe Gräben umgaben den Burgplatz, zu dem nur ein einziger Eingang führte. Die Mauern waren aus mächtigen Feldsteinen aufgebaut, ein Turm ragte über den Wald hervor, der die Burg umgab. Hier hauste Otto von Plön, ein übel berüchtigter Wegelagerer, mit seinen beiden jungen Söhnen. Wenn die Lübecker Kaufleute ihre reich beladenen Wagen in die Vaterstadt zurückführen wollten, schon ihre stolzen sieben Türme erblickten und sich der überstandenen Gefahren und der Hoffnung des Gewinnes freuten, dann beschlich sie Otto von Plön, kam durch die Orte Großen und Kleinen Mist herangesprengt und brachte die reiche Beute auf seine Burg. Alles, was ihm aufstieß, raubte er, und von allen ward er gehaßt. Oft ward er in seiner Burg belagert, aber er täuschte stets seine Feinde. Denn er ließ den Pferden die Hufeisen verkehrt unterlegen, und so konnte man nie wissen, ob er mit seinen Reitern zurückgekehrt oder ausgegangen war.

Aber der Bösewicht entgeht seiner Strafe nicht! Der Hirte von Rieps, Häne, verriet es den von Schwerin herkommenden Feinden, daß der Ritter auf seiner Burg sei, und versprach ihnen, sie in die Burg einzuführen. Als Lohn bedingte er sich aus: Brot bis in den Tod! – Und glücklich war der Zug: Die Burg wird erobert, Otto erschlagen, die beiden Söhne werden mit fortgeführt.

Auch dem Verräter wird Wort gehalten: Noch auf dem Zuge wird er erhängt und höhnend ihm zugerufen: Nun habe er ja Brot gehabt bis in den Tod. Auf dem Riepser Felde stand eine alte Eiche, daran ward er gehangen, und das Land umher heißt noch der »Hänenbrook«.

Die Burg ward gebrochen, der Turm niedergeworfen, die Gräben verschüttet. Hohe Bäume stehen jetzt [1857] auf dem Burgplatz und treiben ihre Wurzeln in die Keller hinein, in denen ehemals Gefangene seufzten, die jetzt jedoch den Füchsen eine sichere Wohnung gewähren. (14)

Die alte Burg Liepen bei Malchin

Noch jetzt [1862] liegt das sogenannte Herrenhaus von Liepen bei Malchin auf einer rings mit Wall und tiefen Gräben umgebenen Anhöhe. Man kann zum Hause nur über ein paar Zugbrücken gelangen, denn wenn man auch die Gräben durchwatete, so würde doch die ringsherum schon in Trümmer zerfallene alte Mauer, bewachsen mit undurchdringlichem Gestrüppe, dem kühnen Eindringling unüberwindliche Hindernisse darbieten.

Auf dieser Anhöhe nun hat im Mittelalter eine der von Hahnschen Familie gehörige Burg gestanden, die mit der Burg Basedow durch einen unterirdischen Gang in Verbindung stand. Von diesen Burgen aus trieben die Edlen von Hahn das einträgliche Handwerk der Wegelagerei. Sie lauerten mit ihren Knappen den Bürgern von Malchin, Stavenhagen, Waren usw. auf, die mit ihren Waren von den Messen und Jahrmärkten kamen.

Häufig wurde nun Burg Liepen, namentlich von den Malchinern, belagert, doch immer vergebens, da die Belagerten stets Zufuhr an Lebensmitteln und Kämpen durch den unterirdischen Gang von Basedow bekamen. Doch endlich glückte es den schlauen Malchinern, durch List die Burg zu erobern. Sie steckten sie in Brand, hingen etliche Knappen, die sich beim Fliehen durch den Gang verspätet hatten, auf und zogen mit Beute beladen jubelnd nach Hause.

Die Burg wurde nie wieder aufgebaut, sondern später auf dem Platze das sogenannte Herrenhaus, die jetzige Pächterwohnung, errichtet. – Noch jetzt findet man beim Graben und beim Reinigen der Wallgräben häufig alte Waffen, Sturmhauben usw. Alle diese Sachen erinnern noch an die einst so stolze Burg. Auch nachts zwischen zwölf und ein Uhr ist es da nicht recht geheuer; es spuken dann die in den alten Burgverliesen verhungerten Gefangenen herum. (15)

Die Raubburg bei Zarrentin

Etwa eine Stunde von dem Flecken Zarrentin, hart an der lauenburgischen Grenze, steht auf einem etwas erhöhten Platze ein kleines Buchengehölz, das die Leute der dortigen Gegend »Borwall« (Burgwall) nennen. Von allen Seiten ist dieses Gehölz von Wiesen umgeben, so daß es einer Insel in einem großen See gleicht. Von diesem »Borwall« erzählen die alten Leute in den Dörfern der Umgegend folgende Sage:

Vor vielen, vielen Jahren war auf dem Borwall eine feste Burg. Um dieselbe war ein tiefer Wassergraben, und niemand konnte anders in die Burg kommen, als über die niedergelassene Zugbrücke. Die Burgbewohner waren aber räuberische Gesellen, die sich am Tage wenig sehen ließen, des Nachts aber über die Brücke durch den nahen Wald die Landstraße nach Lübeck zu ritten. An dieser Straße hatten sie ein Versteck, von wo aus sie die Straße überwachen konnten. Besonders hatten sie es auf die Wagenladungen der Lübecker Kaufleute abgesehen. Die Fuhrleute wurden umgebracht, und mit den geraubten Waren kehrten sie am Morgen in ihre Burg zurück. Dieses Handwerk trieben sie lange Zeit und hatten dadurch große Reichtümer zusammengebracht. Alles in der Burg war auf das schönste und kostbarste eingerichtet, und bei den Festmahlen aß man nur aus silbernen Schüsseln. Viele Jahre hatten die Raubritter hier auf der Burg ihr Wesen. Damit die Spur der Pferde diesen Ort nicht verrate, hatten sie denselben die Hufeisen verkehrt aufgelegt, so daß niemand wußte, woher sie gekommen waren.

Doch endlich hatte auch ihre Stunde geschlagen. Die Lübecker zogen mit einer bewaffneten Schar aus, durchstreiften die Gegend und fanden auch dieses Räubernest. Die Burg wurde gänzlich niedergerissen und die Bewohner derselben getötet. Die vielen goldenen und silbernen Geräte, unter denen sich auch eine goldene Wiege befand, blieben unter den Trümmern begraben. (16)

Ritter Martin von Waldenfels in Gorlosen

In dem Dorfe Gorlosen [Kr. Ludwigslust] an der alten Elde erhob sich früher eine mächtige Burg. Sie war von allen Seiten von tiefem Wasser umgeben und deshalb so gut wie uneinnehmbar. Der letzte Burgbesitzer, Martin von Waldenfels, war ein Raubritter und Wegelagerer erster Klasse. Mit seinen Verbündeten machte er die ganze Gegend unsicher. Nahe bei seiner Burg führte eine Brücke über die Elde. Damit ihm hier nun nichts entgehe, ließ er von seinem Schlafzimmer einen Draht unter die Brücke leiten. Sobald sich irgend etwas über die Brücke bewegte, erzitterte leise der Draht und ließ eine Glocke ertönen, die sich im Schlafgemach des Raubgrafen befand. Dann schoß der Herr von Waldenfels sofort aus seiner Burg hervor und auf seine Beute los.

Einst hatte er den Lübecker Bischof gefangen. Er hielt ihn lange Zeit bei Wasser und Brot in strenger Haft. Es gelang den Freunden des Bischofs nicht, ihn zu befreien. Da nahm sich der Gorlosener Fischer des Gefangenen an. Während der Nacht fuhr er mit seinem Kahn zu dem hart an der Elde liegenden Burgverlies, befreite den Bischof, verbarg ihn unter Schilf und fuhr mit ihm nach dem preußischen Dorfe Krienitz.

Doch der Raubritter merkte bald, was vorgegangen war. Er setzte dem Flüchtling nach und konnte ihn bald ergreifen. Dann ließ er ihn auf eine Anhöhe bringen, ihn völlig entkleiden, an Händen und Füßen binden und den ganzen Leib mit Honig beschmieren. Von allen Seiten kam nun das Ungeziefer herbei und stürzte sich auf den unglücklichen Bischof. Da ihm auch weder Speise noch Trank gereicht wurde, machte der Tod seinen Martern bald ein Ende.

Als die Grausamkeit ruchbar geworden war, wurde der Ritter in die Acht getan und dabei als vogelfrei erklärt. Doch das kümmerte ihn wenig. Er raubte und plünderte ruhig weiter.

Einst war es um die Neujahrszeit. Da hörte der Waldenfels, daß ein Warenzug Lübecker Kaufleute bei seiner Burg vorüberkommen werde. Das erfüllte ihn mit teuflischer Gier; und sogleich stand es bei ihm fest, daß die kostbare Ware sein eigen werden müsse.

Aber gerade in dem Augenblick, als der Raubritter auf Plünderung ausziehen wollte, erwartete sein holdes Weib die Geburt eines Kindes. Seine Frau bat ihn darum immer wieder flehentlich, sie in ihrer schweren Stunde doch nicht zu verlassen. Als alles Bitten vergeblich war, klammerte sich das arme Weib fest an ihren Mann. Hart und gefühllos aber stieß er es mit solcher Wucht von sich, daß es blutend zu Boden stürzte. Dann stürmte er hohnlachend ins Freie.

Bald darauf gebar die Burgfrau ein totes Söhnlein. Dabei gab sie selbst ihren Geist auf. Dem ruchlosen Ritter aber ging es in der gleichen Stunde auch ans Leben. Denn die handfesten Begleiter des Lübecker Zuges wehrten sich beim Angriff des Ritters aufs äußerste und schlugen so kräftig auf den Unhold los, daß er sterbend zusammenbrach.

Sein ruheloser Geist aber spukte noch lange während der Neujahrsnacht in Gorlosen. (17)

Die Raubburg auf Plönswerder

Auf der Insel Plönswerder stand vor alter Zeit eine Burg, auf welcher ein Graf von Holstein eine Besatzung hielt. Er war mit den Lübeckern in Streit wegen eines Mordes, und um Lübecks Verkehr mit Wismar zu hindern, legte er jene Besatzung dorthin. Die Lübecker verbanden sich mit den Mecklenburgern und belagerten die Burg, aber vergeblich. Da kam ein Fischer aus Schlutup und erbot sich, die Burg in ihre Gewalt zu bringen. Reicher Lohn wurde ihm versprochen. In einer finstern Nacht fuhr der Fischer mit zwölf seiner Gesellen an die Burgmauer, von deren Höhe eine weibliche Gestalt ein rotes Seil herabließ. Es war des Fischers Braut, die die Feinde in die Burg geschleppt hatten. Der Fischer und seine Genossen kletterten empor, erschlugen den Torwächter und ließen die Belagerer ein.

Seitdem haben die Schlutuper Fischer das Recht freien Fischens auf dem Dassower See und des Grasmähens auf Plönswerder. Sie müssen das Gras aber im Mai mähen und noch am selben Tage fortschaffen. Tun sie das nicht, so erlischt auch das Recht des Fischens. (18)

Der spukende Raubritter

Twischen Grabow un Kremmin [Kr. Ludwigslust] leg' in olle Tieden dat Gaut mit dat Buuerdörp Lassahn. Dei Gautshoff mit dat Herrenhuus hett twischen dei Nachtkoppel un dei Mœhlensticker Dannen lägen. Dei Herr is œwer 'n Roowritter wäst un hett mit keinen Minschen in Fräden läwt. Hei hett dei Kooplüüd' utplündert un dei Dörplüüd' schlagen. Dei Dierns müßten em all tau Willen sien. Ein Diern hadd em mal angäben, œwer hei schwör sick von ehr aff un jög' ehr tau Straf mit Hunden ut dat Dörp. Dorför paßten dei Diern ehr Bräuder em einen Abend up un schlögen em mit 'ne Äxt dal. 'n poor Dag' dorup bleiw dei Unhold dot.

Œwer hei fünd' kein Rauh in dat Graff. Jede Nacht jagt hei up sienen Schimmel mit dei vier schwarten Hunden dörch dat Feld un dei Stadt Grabow, un männich ein hett em all seihn. Dei mütt denn mit dei Hand drei Krüüze vör sick in dei Luft maken, denn kann em nicks passieren. Süss schleiht dei Nachtrieder mit sien Rietpietsch nah einen, un wecker drapen ward, mütt bald starben. (19)

Räuber zu Wasser und zu Lande

Claus Störtebeker

Claus Störtebeker, der mit seinen Vitalienbrüdern zehn Jahre hindurch die Ost- und Nordsee unsicher machte und nicht bloß die dänischen Schiffe kaperte, sondern auch die lübschen und mecklenburgischen nicht verschonte, hatte einen steinernen Turm bei Häven [nahe Travemünde], nicht weit vom Hemmelsdorfer See. Da lauerte er den Lübschen auf und hatte bei Nacht eine Leuchte wie die Travemünder. Wenn die Schiffe auf den Strand liefen, plünderte er sie aus.

Im Jahre 1402 rüsteten die Hamburger eine große Flotte gegen die Seeräuber aus. Das Führerschiff hieß »Bunte Kuh«. Gödke Michael, ein Führer der Seeräuber, wurde von ihnen mit achtzig Gesellen gefangengenommen, dabei auch viel geraubtes Gut erobert.

Claus Störtebeker konnte fliehen und kam in die Elbe. Da legte ein Fischer bei ihm an und bat um Feuer, um sein Abendessen zu kochen. Da er früher ihr Geselle gewesen war, wurde ihm seine Bitte erfüllt. In der Nacht aber, da die Räuber meinten, der Fischer koche sein Essen, goß er mit Blei das Steuer fest und meldete nun in Hamburg, wo Störtebeker zu finden sei.

Alsbald liefen drei Friedeschiffe aus und fielen morgens über Störtebeker her, der ja nicht fliehen konnte. Vierzig Räuber wurden getötet, siebzig gefangengenommen, nach Hamburg gebracht und hingerichtet, darunter auch Störtebeker, dessen silberner Humpen dem Schifferamt, zu welchem der Verräter gehörte, geschenkt wurde. (20)

Der Schlupfwinkel der Seeräuber bei Dassow

Außer der Quitzowburg finden sich in der Nähe von Dassow noch der Burgwall bei Goldbeck, der Burgwall bei Kühlenstein und der Harkenwall bei Feldhusen. Von letzterem will ich erzählen:

Wenn man von Wieschendorf nach Feldhusen geht, kommt man bald in einen Wiesengrund. Geht man rechts in der Wiese auf den vom Wege aus sichtbaren kleinen Wald zu, so trifft man auf den Schloßberg oder Harkenwall (unzweifelhaft ein altwendischer Burgwall), der in Zeiten der Gefahr als Zufluchtsort für Menschen und Vieh gedient haben mag. Später wird auch hier eine Ritterburg gestanden haben, die vielfach gefundenen Mauersteinreste beweisen es. Zu dieser Burg gehörte wohl das längst verschwundene Dorf Haverkost, das vor dem oben erwähnten Wiesengrund, rechts am Berge, gelegen haben soll.

Die Sage nennt auch Claus Störtebeker als gelegentlichen Bewohner der Burg. Um das Jahr 1400 soll er mit seetüchtigen Booten auf dem Harkenbach in den Deipsee gelangt sein, in dessen unmittelbarer Nähe der Schloßberg liegt. Dann mag er hier auch geraubte Schätze verborgen haben.

So berichtet ein alter Mann. Sein Großvater erzählte ihm öfter: »Als ich Kind war, gruben zwei Wieschendorfer Tagelöhner auf dem Schloßberg einen Mastbaum aus, der ganz hohl und mit silbernen Vierschillingsstücken gefüllt war. Sie brachten ihren Fund zu dem Gutsherrn, einem Justizrat von Bülow. Der soll gesagt haben: ›Dat best is, ick gäw jeden vier Schilling, dorför kööpt ji juuch einen Strick un hängt juuch up, dat ji so dumm wäst sünd un hefft mi dat bröcht. Ick möt 't nu nah Schwerin schicken.‹«

Später ist hier noch ein silberner Löffel gefunden worden. Die Leute reden auch von einem hier gefundenen silbernen Spieß. (21)

Der Seeräuber von Brunshaupten

In den Diedrichshäger Bergen [bei Rostock] oder in der Kühlung gab es in alten Zeiten manch schönes Versteck. Dort hatte auch ein Seeräuber namens Bruhns, der sein Unwesen auf der Ostsee trieb und den Seehandel beunruhigte, seine Behausung.

Als aber Rostock in den Hansabund aufgenommen worden war, wurde auch von hier aus Jagd auf die Wegelagerer zur See gemacht und Bruhns dabei gefangengenommen. In der Not versprach der Seeräuber, daß er sein bisheriges Geschäft aufgeben wolle, wenn er aus der Gefangenschaft entkommen sollte. Auch gelobte er, unweit des Ortes, wo er seine Schlupfwinkel gehabt hatte, eine Kirche bauen zu wollen.

Bruhns kam frei und fand auch seine Waffen und Schätze wieder. Sein Gelöbnis war kein bloßer Notschrei gewesen; denn er ging alsbald aus, einen passenden Platz für seine Kirche zu suchen. Ein kleines Flüßchen, das von den Diedrichshäger Bergen herunterkam und dicht am Strande in einen Warnowarm mündete, zog seine Aufmerksamkeit auf sich. Wie er am rechten Ufer dieses Flußarms entlangging, fand er den geeigneten Ort für seinen Bau. Wenn die Kirche auch nicht groß geriet, so wurde sie doch recht stark gemauert. Sie reichte für die damalige, nicht zahlreiche Gemeinde vollkommen aus. Auch der kleine, ganz aus Holz gebaute Turm genügte den Christenleuten. Der einstige Seeräuber Bruhns aber schlug der Kirche gegenüber seine Hütte auf, fing ein ordentliches Leben an und nährte sich manches Jahr redlich vom Ackerbau.

So entstand das Dorf Bruhnshof, woraus später Brunshöfen und endlich Brunshaupten geworden ist. (22)

Der Räuber Rabandel

Nicht weit von der zu Groß Helle [Kr. Altentreptow] gehörenden Meierei Lüdershof hauste vor Zeiten ein Räuber namens Rabandel. Rechts von dem Wege nach Waren lag seine Burg, in dem meilenlangen dichten Walde versteckt, von einem tiefen Graben umgeben. Eine Kette ging quer über die Straße und stand mit einer

Klingel auf der Burg in Verbindung. Sowie dieselbe ertönte, brachen die Räuber aus ihrem Versteck hervor.

Einstmals hörte Rabandel von einem schönen schwarzen Pferde, welches ein Bauer in Tarnow besaß. Er schickte zwei seiner Leute ab, es zu stehlen. Unterwegs bekam der eine plötzlich Bauchgrimmen und kehrte winselnd um. Der andere aber setzte seinen Weg fort. Er schlich sich abends in das Bauernhaus ein. Indes, einer der Knechte hatte ihn bemerkt und schlug Lärm. Der Dieb wußte sich aber so geschickt in der Pferdekrippe zu verstecken, daß ihn keiner zu finden vermochte. Als alles zur Ruhe gegangen schien, machte der Gauner, nun erst recht sicher, sich dran, das Pferd fortzuführen. Er konnte nicht unterlassen, zum Schaden noch den Spott zu fügen, indem er mit Kreide an die Haustür schrieb: »Wer Rabandel sien Lüüd' söken will, dei sök sei unner de Pierd'krüff.« Aber der Bauer war doch noch klüger. Denn als der Dieb eben herausreiten wollte, sprang der Bauer hinter der Tür hervor und schlug den Gauner mit einem kräftigen Streiche zu Boden.

Rabandels Bande wurde immer größer, seine Raubzüge immer kühner, bis endlich die umliegenden Städte einen Bund schlossen und ein Heer gegen ihn abschickten. Nach anfänglich günstigem Erfolge verlor Rabandel die Schlacht, entfloh in seine Burg und tötete sich selbst, nachdem er vorher seine Schätze in ein Wasserloch versenkt hatte.

Noch jetzt [1860] nennt man die wüste Burgstelle den »Rabandelberg«. Eine goldene Wiege soll in ihm verborgen sein. Man hat beim Nachgraben allerlei eiserne Geräte, auch einen alten Ritterhelm, aber nichts von Schätzen gefunden. (23)

Der Räuber Viting im Sonnenberg bei Parchim

Vor vielen, vielen Jahren machte eine große Räuberbande den Sonnenberg bei Parchim unsicher. Ihr Hauptmann nannte sich Viting. Zu ihrem Aufenthalt hatte sie sich eine Höhle in dem Hügel, der von ihrem Anführer noch heute den Namen »Viting« trägt, erwählt. Nicht weit von diesem Hügel führt der Stolper Weg durch den Wald. Um in ihrer Höhle hören zu können, wenn jemand den Weg passierte, hatten sie folgende Vorrichtung getroffen: In ihrer Höhle war eine kleine Glocke befestigt. Von dieser führte ein Draht durch den Berg und von dort über den Weg. Im Wege selbst war er mit Zweigen und Erde bedeckt, so daß niemand es merken konnte, wenn er darauf trat. Ging oder fuhr jemand über jene gefährliche Stelle, dann läutete die Glocke im Berge. Auf dieses Zeichen stürzten die Räuber aus ihrer Höhle, überfielen und töteten die Wanderer. Lange hatten sie schon ihr Unwesen im Walde getrieben, ohne daß man sie fangen konnte. Da endlich wurde ihr Aufenthalt durch folgenden Vorfall verraten:

Einst ertönte wieder die Glocke im Berge. Viting eilte mit seinen Gesellen nach dem Wege. Sie fanden dort ein Mädchen, das, die Nähe der Räuberschar nicht ahnend, sorglos durch den Wald zur Stadt ging. Die Räuber wollten sie töten wie alle Gefangenen, die sie gemacht hatten. Viting jedoch, durch die Schönheit und die Jugend des Mädchens zur Milde gestimmt, nahm es in seinen Schutz, verwies seine Genossen zur Ruhe und führte die Gefangene in seine Höhle. Dort mußte sie den Haushalt der Räuber besorgen.

Nach einiger Zeit waren die Vorräte der Räuber aufgezehrt. Sie selber wagten nicht nach der Stadt zu gehen. In ihrer Not beschlossen sie, das Mädchen zur Besorgung der Einkäufe nach Parchim zu schicken. Bevor Viting es aber entließ, mußte es ihm schwören, keinem Menschen den Aufenthalt der Räuber verraten zu wollen.

Das Mädchen begab sich zur Stadt und besorgte die Aufträge. Als es wieder aus dem Tore hinausging, blieb es bei dem Schlagbaume, den eine Schildwache öffnete und schloß, stehen und sagte:

»Schlagboom, ick klag di:
Viting, dee plagt mi!
Wenn du mi hebben willst,
Denn folg' mi up de Arwten nah!«

Dann setzte es seinen Weg fort und bezeichnete seine Spur durch Erbsen, die es zu diesem Zweck eingekauft hatte.

Die Schildwache hatte des Mädchens Worte gehört und teilte sie allen Vorübergehenden mit. Man folgte der Erbsenspur in den Wald. Viting und seine Bande wurden gefangengenommen und hingerichtet. Die Höhle schüttete man zu. Nur die kraterartige

Vertiefung oben auf dem Vitingshügel zeugt noch davon, daß einst eine Höhle in dem Berge war. (24)

Der Räuber Papedöneke und das Mädchen

Am Wege von Wittenburg nach Döbbersen [Kr. Hagenow] liegt am Wege ein einsames Gehöft, »Düsterbeck« genannt. Nahe dabei liegt ein Berg, der noch jetzt der »Papedönkenberg« heißt. In diesem Berge hauste früher ein gefürchteter Räuber, mit Namen Papedönk. Er wohnte in einer unterirdischen Höhle mit einer eisernen Tür. Seine Bekleidung war ein eiserner Panzer. Dazu trug er eine eiserne Kappe, die so eingerichtet war, daß er auch sein Gesicht mit einem Gitter verdecken konnte. Von seiner Behausung aus legte er nun Drähte über den Weg. Wenn jemand den Weg passierte, so ertönte in seiner Wohnung eine kleine Glocke. Dann schlich er den Wanderern nach, ermordete und beraubte sie. Das trieb er manches Jahr.

Eines Tages raubte er ein junges Mädchen aus Woez und zwang sie, seine Frau zu werden. Sie mußte nun eine Reihe von Jahren bei ihm bleiben und gebar ihm in dieser Zeit sieben Söhne, denen er aber gleich nach ihrer Geburt die Köpfe abschnitt. Die Köpfe hatte er alle auf ein Band gezogen und in seiner Höhle aufgehangen. Wenn er einmal in toller Laune war, dann tanzte er mit den Köpfen in seiner Höhle herum und sang dabei:

»So tanzt der Papedöneken
Mit seinen sieben Söhneken.«

Eines Tages erlaubte er nach langem Bitten dem Mädchen, daß sie einmal seine Höhle verlassen und nach der Stadt Wittenburg gehen durfte. Vorher aber mußte sie ihm einen furchtbaren Eid schwören, daß sie niemandem sagen wolle, wo sie gewesen und was sie gesehen habe, und daß sie auch wiederkommen wolle. Er glaubte nämlich, daß nach so vielen Jahren niemand sie wiedererkennen werde. Sie ging nun nach Wittenburg, wurde hier aber von einigen Verwandten doch wiedererkannt. Auf alle Fragen, die an sie gerichtet wurden, konnte sie des Eides wegen nicht antworten und fing nur an zu weinen. Als sie wieder zurückkehrte, folgten ihr einige bewaffnete Leute, welche gleich hinter ihr in die Höhle eindrangen. Der Papedönk wollte schnell noch seine eiserne Kappe aufsetzen, wurde jedoch, ehe er dazu kam, von den Verfolgern niedergehauen, so daß er tot zusammenbrach.

Die eiserne Kappe mit dem Gitter ist noch lange Zeit in der Wittenburger Kirche in der Nische eines Pfeilers aufbewahrt worden; und es sind noch manche Leute in Wittenburg, welche sich erinnern, daß sie als Kinder sich diese Kappe im Scherz aufgesetzt und auch oft auf der Straße den Vers gesungen haben:

»Hier danzt de Papedöneken
Mit siene sœben Söhneken.« (25)

*

Twischen Böken [Kr. Schwerin] un Campow [Kr. Gadebusch] is 'n Graben, dee »Papedönkenkuhl« heet. Dor is früher 'ne Höhl wäst. Dor hett een Räuber haust, dee hett Papedönke heeten. Eenmal hett he een Mäken gefangen nahmen un bie sich in de Höhl behollen.

As se all lange Tiet bie em wäst is, hett se so grote Sehnsucht nah ehr Angehörigen hatt un hett em alle Dag' bäden un wat vörweent, bett he ehr up een poor Dag' friegäben hett. Se hett em œwer heilig versprāken müßt, dat se wedderkamen will un dat se keenen Minschen dat seggen will, wo se un he sünd.

Dat hett se jo nu nich seggen dörft. Œwer se hett sich de Tasch vull Arwten stäken un dorvon ümmer weck fallen laten. Dorup sünd donn de Lüüd' upmarksam worden un sünd de Arwten nahgahn un hebben donn ok Papedönken funden un gefangen nahmen. (26)

Der Räuber Röpke in den Stahlbergen bei Crivitz

Früher, als man noch keine Chausseen und Eisenbahnen kannte, zog sich die Landstraße von Hamburg nach Berlin unmittelbar an der Lewitz hin, ging bei dem Dorfe Sukow durch den »Flakenfort« und durchbrach hinter dieser Furt die stark bewaldeten »Stahlberge« bei Crivitz, wodurch ein tiefer Hohlweg entstand.

In einem dieser Berge, hart am Hohlwege, lebte vor vielen Jahren der berüchtigte Räuber Röpke, den das Volk auch für einen Teufelskünstler hielt. Passierte nun ein Frachtfuhrmann oder Reiter zur Nachtzeit diesen Weg, so vernahm man den Ton einer Glocke, und gleich darauf erscholl des Räubers gewaltiger Ruf: »Röpk mit sien sœben Köpp up 'n Dischk!« Dadurch wurden die Menschen schon so in Furcht und Schrecken versetzt, daß, wenn der riesige Röpke erschien, sie allen Mut zur Gegenwehr verloren und sich gewöhnlich schon nach wenig Kampf töten ließen. Dann durchsuchte er den Wagen und den Erschlagenen und nahm mit, was ihm gefiel. – Viele Jahre trieb der Räuber sein Unwesen und war die Plage dieser Gegend. Denn keine Nachstellung half; er verschwand so plötzlich als er kam.

Einst verfolgte ein einzelner Jäger einen Dachs und war, ohne zu wollen, in die Gegend dieses Hohlweges gekommen, als er Röpke erblickte. Sogleich eilte er hinter einen Baum und sah von diesem Versteck aus, wie Röpke ungewöhnliche Bewegungen an der Erde machte. Bald darauf öffnete sich diese, und der gefürchtete Räuber verschwand. Der Jäger merkte sich genau die Stelle und machte von dem Gesehenen Anzeige.

Die Bewohner mehrerer Dörfer wurden nun aufgefordert, sich mit Äxten und Spaten zu bewaffnen, um den Räuber gefangenzunehmen. Als sie aber, vom Jäger geführt, an die gemerkte Stelle kamen, vermochte auch nicht das schärfste Auge einen Eingang in den Berg zu entdecken. Wacker wurde indes drauflosgegraben, und bald zeigte sich ein geräumiger Gang, der zu einer großen Höhle führte.

Mit grimmiger Gebärde stellte sich Röpke den Leuten entgegen. Ein kurzer, wenn auch verzweiflungsvoller Kampf entspann sich. So sehr aber auch der Räuber um sich hieb, und so viele er auch verwundete, er erlag der Übermacht, und ein gewaltiger Axthieb spaltete sein Haupt.

Nun erst fand man Gelegenheit, das Innere der Höhle in Augenschein zu nehmen. In der Mitte stand ein Tisch, darauf befand sich eine brennende Lampe, umgeben von sieben Totenköpfen. Hart am Eingang der Höhle war eine Glocke angebracht, daran ein Strick befestigt war, welcher nach dem Hohlweg führte. An den Wänden lagen verschiedene Kaufmannswaren fußhoch aufgestapelt, darüber aber hingen Waffen aller Art. Hinten in der Höhle fand man eine Tonne; als diese fortgeschafft werden sollte, fielen die morschen Stäbe zusammen, allein eine dicke Haut umschloß die Flüssigkeit. Als man diese kostete, war es so schönes Bier, wie man nie getrunken hatte.

Die baren Schätze des Räubers Röpke sollen indes in einem Hügel zwischen den Stahlbergen und der Flakenfurt begraben liegen. Dieser Hügel war vor etwa vierzig Jahren von drei großen Steinblöcken eingeschlossen, und auf demselben stand eine mächtige Eiche. Einmal im Monat sollen die Schätze brennen, dann aber von einem schwarzen Hunde bewacht werden. Es wird erzählt, daß einst ein beherzter Schmied hingegangen ist und, soviel der Hund auch die Zähne zeigte, mit einer langen Stange einige Kohlen vom Feuer abgerührt hat, die am andern Morgen sich als pures Gold zeigten.

Der Ort ist auch jetzt [1860] noch so verrufen, daß kein Mensch in der Nacht daran vorübergehen mag. (27)

Schruckfot

Meine Mutter hat gedient bei einer ganz alten Frau Lietz in Prillwitz [Kr. Neustrelitz], die hat sehr viel zu erzählen gewußt:

In dem Pferdeberg soll ein Pferdedieb gehaust haben, der hat Schruckfot geheißen. Der hat ein Mädchen geraubt gehabt, das hat immer morgens vor Sonnenaufgang aus dem Liersbach Wasser holen müssen. – Nun kommt da einmal ein Kutscher vorbeigefahren; der ist dort her, wo sie zu Hause ist. – Dem klagt sie das [ihr Schicksal]. – Der sagt ihr: »Holl di morgen prat! Denn kam ick.«

Er kommt auch am andern Morgen angefahren. Sie springt hinauf, und er jagt nach Prillwitz hinzu. Da kommt Schruckfot den Berg herunter, aber er hat sie nicht mehr gekriegt: Über den Kreuzweg hat er nicht hinüberkommen können. – Von Ehrenhof [Kr. Neustrelitz] kommt ja ein Weg herunter, da war früher ein Kreuzweg.

Meine Mutter sagte, die alte Frau Lietz hätte erzählt, Schruckfot hätte einen elfenbeinfarbenen Rock angehabt und hätte nicht mit den Armen hantiert, als er den Berg heruntergelaufen wäre; er hätte die Arme steif weggehalten. (28)

Die Ermordung des Nagelschmieds

Dort, wo auf der Mildenitzer Feldmark beim Pfarracker, nahe an der alten Landstraße nach Woldegk – unfern der jetzigen Chaussee – ein großer Dornbusch steht, ist der sogenannte »Totschlag«, wo's immer nicht recht geheuer ist und öfter spuken soll. Während einige sagen, dieser Ort habe seinen Namen davon, weil hier einst jemand seinen leiblichen Bruder aus unbekannter Ursache erschlagen hätte, und daß eben von dieser schrecklichen Tat das Spuken am Dornbusch herkomme, bestreiten dies wieder andere und behaupten, der Name und das Spuken stamme von einem ganz andern dort vor alters vollführten Morde her.

Nach dieser zweiten Erzählungsweise war nämlich einst ein reisender Handwerksbursche, ein Nagelschmiedgeselle von Profession, in dem Kruge zu Mildenitz eingekehrt. Hier zog derselbe nun mit prahlender Miene einen straffen Beutel aus der Tasche hervor, so daß alle Anwesenden nichts anderes glaubten, als daß der Beutel voll schierem Gelde sei. Als der Handwerksbursche hierauf seinen Weg nach Woldegk fortsetzte, schlichen einige rüde Kerle, welche auch gerade in der Schenkstube gewesen waren, als er dort seinen Beutel hervorgeholt, ihm nach, überfielen ihn beim Dornbusche an der Mildenitzer Grenze und erschlugen ihn allda. Als aber die gierigen Raubmörder jetzt den vollen Beutel öffneten, fanden sie ihn, statt des erwarteten Geldes, mit weiter nichts als lauter kleinen Nägeln angefüllt. (29)

Fürsten und adlige Herren

Ein tragischer Liebestod am Fürstenhof

Die Sage berichtet uns, daß vor uralten Zeiten die junge, bildschöne Tochter des damals auf der Burg Stargard regierenden wendischen Königs oder Fürsten ein Liebesverhältnis mit einem ebenfalls sehr schönen, jungen Rittersmann hatte. Da nun der Liebhaber der Prinzessin nicht ebenbürtig war und deshalb auch keinen freien Zutritt zu ihr hatte, so konnten sie sich nur heimlich sehen und sprechen. Ihre heimlichen Zusammenkünfte fanden gewöhnlich in der Stille der Nacht statt, und zwar an einem am Fuße des Schloßberges liegenden, von duftenden Linden umschatteten Born – dem später so berühmt gewordenen sogenannten »Jungfernbrunnen« –, wo sie sich dann, unbeobachtet und unbelauscht, wieder und wiederum ihre reine Liebe gestanden und einander Trost und Mut zusprachen.

Wahrscheinlich erfuhren die fürstlichen Eltern der jungen Prinzessin etwas von ihren nächtlichen Entfernungen aus dem Schlosse; genug, der Turmwächter wurde befehligt, niemanden mehr nach Toresschluß aus der Feste zu lassen, es sei auch, wer es wolle. Doch die schöne Prinzessin bat den alten Wächter so rührend und flehentlich, daß er ihr's nicht abschlagen konnte, sie, trotz des Befehls seines strengen Gebieters, mitunter nach Toresschluß aus der Burg schlüpfen zu lassen.

Wieder sollte einmal eine nächtliche Zusammenkunft beider Liebenden an dem bewußten Orte stattfinden. Die Prinzessin war diesmal eher zur Stelle und erwartete mit hochpochender Brust die Ankunft des geliebten Jünglings. Da stürzte plötzlich statt seiner ein wildes Getier aus dem Gebüsch hervor. Erschreckt floh die Prinzessin und sah nicht, wie sie in ihrer Hast ihren Mantel bei dem Brunnen zurückgelassen. Das wilde, von Schmerzen gepeinigte Tier aber bemächtigte sich des Mantels, warf sich darauf und eilte dann mit seinen Jungen davon.

Die alte Burg Stargard

Gleich hiernach erschien auch der junge Ritter auf dem Platze. Statt der Geliebten fand er hier aber nur ihren Mantel, mit Blut befleckt und in den Boden getreten. Wilde Verzweiflung und Entsetzen ergriff den Armen, und in dem Wahn, die so innig und wahr von ihm Geliebte und Angebetete sei von einem wilden Tiere zerrissen, und das Blut auf dem am Boden liegenden Mantel sei das ihrige, riß er sein Schwert aus der Scheide und bohrte es sich tief ins treue Herz.

Während dies Schreckliche geschah, eilte die vor dem wilden Tiere fliehende Prinzessin immer tiefer in das Dickicht hinein. Ihre Sehnsucht und unbegrenzte Liebe zu dem schönen Jüngling ließen sie jedoch schnell wieder alle Furcht vergessen, und bald war sie auf dem Rückwege zum Born, wo jetzt vielleicht schon der Geliebte auch ihrer mit Sehnsucht harrte. – Doch welch fürchterliches Schauspiel bot sich hier ihren Blicken: Der so Heißgeliebte lag auf ihrem zurückgelassenen Mantel, tot, mit durchbohrtem Herzen, das blutige Schwert an seiner Seite. Der Unglücklichen wollte fast die Brust zerspringen vor übergroßem Schmerz. Wild sich die Haare zerraufend und laut schreiend warf sie sich über die blutige Leiche. Dann raffte sie sich wieder empor, ergriff schnell des Geliebten Schwert und stieß es auch sich tief, tief in die Brust.

Am nächsten Tage, als all das Gräßliche dieser Nacht bekannt wurde, da ließ der hierdurch in tiefste Betrübnis und größten Zorn versetzte Fürst den alten Turmvogt ergreifen und ihn zur Strafe seines Ungehorsams, die Prinzessin gegen sein Verbot bei Nacht aus der Burg entlassen zu haben, bei lebendigem Leibe schinden, ihm, wie ein sehr altes hierüber vorhandenes Lied besagt, etliche Riemen aus der Haut schneiden, ihn gleich einem Fisch zerkerben und also jämmerlich richten.

Die beiden unglücklichen Liebenden aber wurden unter den Linden beim Brunnen begraben – der von dieser Zeit den Namen »Jungfernbrunnen« führte – und der ganze Platz mit einer Mauer umgeben. Aus dem Schwerte des so früh verblichenen Ritters bog man eine Trinkkelle und befestigte sie mittelst eines Kettchens an den Brunnen. Den Armen aber wurde der Schlüssel zur Eingangspforte dieses Ortes gegeben und ihnen gleichzeitig erlaubt, von den Fremden, welche häufig die merkwürdige Stätte zu besehen kamen, alldort ein Almosen sammeln und ihnen aus der Kelle einen frischen Trunk Wassers anbieten zu dürfen ... (30)

Die Liebe des Fräuleins von Dasseln

Es waren einmal drei Brüder, genannt die Herren von Dasseln. Sie hatten ihre Raubschlösser zu Artlenburg, Boizenburg und Lauenburg. Ihre Raubschiffe fuhren beutesuchend auf der Elbe umher. Und wenn die Kaufleute und Schiffer im Vaterunser beteten »Sondern erlöse uns von dem Übel«, so dachten sie allemal auch an die Herren von Dasseln.

Der Herr von Dasseln auf Boizenburg hatte schon früh seine Frau verloren, welche ihm ein blutjunges Töchterlein hinterlassen hatte. Als das Kind kräftig herangewachsen war, brauste vom Sachsenlande her der Sturm des Christentums übers Wendenland dahin und erfaßte auch das Herz der Raubrittertochter. Sie wurde gar fromm und verfolgte mit Abscheu das Treiben der Raubritter.

Einst hatte der Vater wieder mit den sauberen Brüdern einen Raubzug unternommen. Die Tochter blieb daheim und trauerte über das sündige Wesen ihres Vaters. Endlich wurde es ihr in den weiten Räumen des Schlosses zu enge. Sie ging hinaus auf den Burghof, schritt über die Zugbrücke und verschwand dann in dem nahen Walde.

Sie sank an dem morschen Stamm einer Eiche auf ihre Knie und bat den barmherzigen Gott um Gnade für die arme Seele ihres gottlosen Vaters. Kaum war ihr Amen aus dem Tiefinnersten ihres Herzens hervorgequollen, da rauschte und raschelte es hinter ihr im Gebüsch. Ein bleicher Jüngling, ein Rittersmann, trat ehrerbietig auf sie zu und klagte, daß er verirrt sei und schon tagelang in der Wildnis umherwandere.

Voll Mitleid nahm die Jungfrau den jungen Menschen mit ins Schloß und ließ ihn gut bewirten. Bald war er so gestärkt, daß er mit Leichtigkeit hätte weiterziehen können. Aber er zögerte, weil er seine Retterin liebgewonnen hatte. Und das Ritterfräulein freute sich des Verweilens, weil es dem Jüngling auch von Herzen zugetan war.

Eines Tages ertönte Hörnerschall und Jubelgeschrei. Der Raubritter kehrte mit seinen gottlosen Mannen zurück und führte hochbeladene Wagen mit Beute heim. Dem Mägdelein war nicht wohl zumute, als es dem Vater entgegenschritt. Doch ging alles am Anfang besser, als es sich die Ritterstochter gedacht hatte. Denn der Vater hörte ihre Erzählung von dem kranken Jüngling ruhig an und lächelte sogar ein paarmal dazu. Aber am Schlusse wandte sich das Blatt. Das junge Mädchen nannte den Namen des Ritters, und das rief in dem Vater eine schreckliche Veränderung hervor. Eine entsetzliche Wut und endlose Rachsucht sprühten aus seinen Augen. Die Tochter hatte den Sohn seines Todfeindes zum Geliebten erkoren. Schonungslos wurde der Jüngling ins Burgverlies geworfen. Doch nach vielen Tagen gewann des Kindes Bitte und Gram die Oberhand über die Rachsucht des Vaters. Dem Ritter sollte das Leben geschenkt sein; aber die Freude und das Vergnügen, seinen Feind mit Schimpf und Schande vom Burghof zu jagen, wollte der

Herr von Dasseln sich doch nicht nehmen lassen. Und so geschah es denn auch.

Nachdem der Jüngling Schmach und Hohn erduldet hatte, eilte er der väterlichen Burg zu. Hier raffte er seine kriegsfähige Mannschaft zusammen, vereinigte sich mit benachbarten Rittern und eröffnete nun die Fehde wider den Boizenburger. Allein je näher der Jüngling der feindlichen Burg kam, desto ängstlicher wurde es ihm ums Herz. Galt sein Kampf doch dem Vater seiner Geliebten. Deshalb sammelte er seine Gefährten um sich und nahm ihnen das heilige Versprechen ab, das Leben des Raubritters und seiner Tochter zu schonen.

Sowie der Herr von Dasseln das drohende Unwetter bemerkte, traf er auf seinem Schlosse alle Anstalten zur verzweifelten Gegenwehr. Die Belagerer forderten ihn zur Ergebung auf und begehrten nur, daß er das Rauben auf der Elbe unterlasse und die Tochter dem Geliebten gebe. – Hohn war die Antwort.

So begann der Sturm. Der Boizenburger wehrte sich zwar mit Verzweiflung, aber alle Mühe war nutzlos. Die Burg wurde erobert. Prasselnd loderte die Flamme an allen Ecken und Enden hervor. Mit genauer Not gelang es dem Jüngling, die Braut aus der Feuersglut zu retten. Der Raubritter war nirgends zu finden.

Die Burg wurde der Erde gleichgemacht. Der junge Ritter führte die Jungfrau als seine Braut heim. Den Herrn von Dasseln aber hat kein Auge wieder geschaut. (31)

Das Edelfräulein und der Knappe

Nahe vor Laage liegt der sogenannte »Heilige-Geist- oder Köppenberg«. Höchstwahrscheinlich ist hier die ehemalige Feste Kronskamp gewesen. Die Anhöhe des Berges, die bedeutende Umsicht, welche derselbe darbietet, und die Nähe des Recknitzflusses deuten ganz sicher darauf hin, sowie auch das, daß bei Nachgrabungen in diesem Berge ebenfalls Gemäuer und verfallene Gewölbe entdeckt [worden] sind.

Die Benennung »Heiliger-Geist-Berg« entsteht aus der Sage, daß sich hier früher, als Laage mehrere Jahre eingeschlossen, die

Belagerer eine Kirche, »Zum Heiligen Geist« genannt, erbaut haben sollen; die des Köppenbergs beruht auf einer andern allgemeinen Sage:

Diese ist, daß die auf diesem Berge gelegene Feste einem ehr- und tugendhaften Ritter übergeben [war], dessen Tochter Marie ein Liebesverständnis mit einem gemeinen Knappen gepflogen, welches vom Vater entdeckt und ernst untersagt worden. Die Frucht der hierauf erfolgten heimlichen Zusammenkünfte sei von Marie, aus Furcht vor dem strengen Vater, heimlich ermordet, und die unglückliche Mutter nach erfolgter Entdeckung auf diesem Berge mit dem Schwerte hingerichtet [worden]. Verzweiflungsvoll soll sich hierauf der treue Knappe in den Recknitzfluß gestürzt haben.

Noch bis auf den heutigen Tag [1848] erhält sich diese Sage, denn still und in sich gekehrt schreitet der in dortiger Gegend bekannte und leichtgläubige Wanderer an diesem Heiligen-Geist- oder Köppenberg im schauerlichen Dunkel der Nacht vorbei und glaubt noch immer den Ruf »Marie« vom Berge herab und den dumpfen ängstlichen Klageton »Arme Marie« aus der Tiefe des Recknitzflusses zu vernehmen. (32)

Gefährliche Liebschaft

Ein vornehmer Herr, welcher ein großer Damenliebhaber war, fuhr öfters aus, um sich eine Geliebte aufzusuchen. Als er nun eines Morgens wieder ausfuhr, sagte er zu seinem Kutscher: »Heute muß wieder eine her, und wenn sie auch vom Teufel wär.« Wie sie nun durch einen Wald fuhren, sah der Herr am Wege eine sehr schöne Dame stehen. Er eilte auf sie zu und herzte und küßte sich mit ihr. – Der Kutscher, welcher dies vom Wagen mit ansah, bemerkte, daß die Schöne, welche der Teufel war, einen Hühner- und einen Pferdefuß hatte, und rief seinem Herrn zu: »Herr, sehen Sie nicht nach dem Kopfe, sondern nach den Füßen!« – Da riß sich der Herr aus der Umarmung des schönen Frauenzimmers, so sehr ihn dasselbe auch festzuhalten und mit sich in den Wald zu ziehen suchte, los. Er sprang rasch auf den Wagen und befahl seinem Kutscher, so schnell wie möglich nach Hause zu jagen, was derselbe auch tat. Die Schöne folgte ihm und war immer dicht hinter dem Wagen.

Zu Hause angekommen, sprang der Herr rasch vom Wagen und eilte auf sein Zimmer. Hier riß er ein Waldhorn vom Nagel an der Wand, stieß das Fenster auf und blies aus demselben den Gesang Nr. 210: »Herr, ich habe mißgehandelt.« Da der Teufel dem Herrn nun nichts anhaben konnte, so wandte er sich nach dem Stall, wo er den Kutscher dafür, daß er den Herrn gewarnt hatte, so »knickpumpte« (mit der Faust ins Genick stieß), daß er seinen Tod davon nahm. (33)

Zwei Brüder im Duell

Zur Zeit des Rittertums lebten in Mecklenburg zwei Ritter, welche Brüder waren. Beide verliebten sich in ein ihnen benachbartes, hübsches Edelfräulein; und jeder suchte ihre Hand zu gewinnen. – Das Fräulein aber wollte keinem wehe tun und deshalb auch nicht wählen, sondern sprach: »Ihr seid noch jung, ziehet fort und erwerbt euch Lorbeeren, und wenn ihr zurückkehrt, soll der würdigste meine Hand haben!«

Die Brüder aber trennten sich in bitterer Feindschaft und schwuren sich den Tod, falls sie einmal zusammenträfen. Beide nahmen Kriegsdienste bei Fürsten, die sich feind waren und Krieg miteinander führten. Es wurden mehrere Schlachten geschlagen, aber der Brüder sehnlicher Wunsch, sich in denselben zu begegnen, wurde nicht erfüllt.

Endlich trafen sich die Brüder in der Nähe von Dömitz an einer Stelle, wo zwei bedeutende Landstraßen sich kreuzten, und mit dem Rufe »Finden wir uns hier!« zogen sie ihre Schwerter aus den Scheiden und stürzten aufeinander los. Ein fürchterlicher Kampf begann, und beide fielen.

Nach andern Aussagen sollen sich die Brüder in einem Wirtshause, das dort gelegen, getroffen und dann duelliert haben. Den Ort aber, wo dieser gräßliche Brüdermord geschehen, nannte man zur Erinnerung an denselben »Findenwirunshier«. (34)

Der eiserne Stuhl in Eldena

In der Gegend von Dömitz lebten einst drei Brüder von Quitzow. Der eine wohnte in Eldena, der andere in Wendisch Wehningen, der dritte in Dömitz. Einmal verfeindeten sie sich, und der Ritter von Wendisch Wehningen wurde von den beiden andern bekriegt und gefangen. Sie banden ihn auf einen eisernen Stuhl und gaben ihm nur harte Brotrinden zu essen, aber nichts zu trinken. Sie hofften, er werde verdursten, aber nach vierzehn Tagen lebte er noch. – Da bat er seine Peiniger, ihm statt der Rinde die weiche Krume zu geben, dann müsse er verdursten. So geschah es, und er starb nach wenigen Tagen.

Der eiserne Stuhl wird noch [1879] in dem Eldenaer Kirchturm aufbewahrt. (35)

Henning Bradenkierl

In Ankershagen, eine Meile von Penzlin, hauste auf seiner Burg ein grausamer Raubritter, Henning von Holstein. Einmal lud er einen Herzog zu sich ein, auf den der Ritter seit langer Zeit geheimen Zorn trug, weil derselbe den vorüberziehenden Kaufleuten Geleit gab und dadurch des Ritters Raubpläne vereitelte. Er beschloß, ihn zu verderben, und machte einen Anschlag auf sein Leben.

Ein Kuhhirt aber warnte den Herzog, und dieser kehrte um. Der Warner wurde verraten und auf Befehl des Ritters in das Kaminfeuer der Burghalle geworfen; und als der Unglückliche aus den Flammen herauswollte, stieß ihn Henning mit dem Fuße in die Glut zurück. – Seit der Zeit wurde er nicht anders als »Henning Bradenkierl« genannt.

Der Herzog nahm Rache, eroberte und zerstörte seine Burg, und Henning tötete sich selbst, nachdem er zuvor seine Schätze versenkt hatte.

Auch nach dem Tod fand er keine Ruhe: Der rechte Fuß, mit dem er den Unglücklichen ins Feuer gestoßen, wuchs bis zum Knie aus der Erde heraus, so oft man ihn auch bedeckte, bis ein alter Totengräber ihn abschnitt und unter dem Altare beisetzte.

Tatsache ist, daß man beim Umbau am Altar in einem Gewölbe einen mit grauseidenem Strumpf bekleideten Fuß fand. An der Rückseite des Schlosses befindet sich ein rotes Bild eines Mannes von gebranntem Ton, an dem, so oft man es auch überstrichen, keine Farbe haftet, sondern das Rot immer wieder zum Vorschein kommt, das Blut des Ermordeten, das sich nicht abwischen läßt. (36)

⋆

Hennings Bradenkierl is jo von 'n Deuwel besessen wäst. He hett 'n schwarten Hingst räden, den' hett he de Haufiesen verkihrt beschlagen laten. Wenn de Lüüd' glööwt hebben, he is rin in 't Schloß räden, is he ruuträden.

Eens is de Strelitzer Großherzog antoführen kamen. As he dor führt to Pierstörp hen [Pieverstorf, Kr. Neustrelitz], hött't de oll Kohhöder Drews an den' Wegg. Dor fragt em de Großherzog: »Kannst du mi woll seggen, ob Herr von Hennings to Huus is?« – Dor seggt Drews: »Wenn ick Se raden kann, denn führen Se nich hen. Dor sünd all väl nich wedder to 'n Vörschien kamen.« – De Großherzog kihrt ok üm.

As Drews nu to Huus kümmt – Hennings Bradenkierl hett ut 't Finster käken un hett dat sehn –, dor fragt he Drews: »Wat hett de Großherzog to di seggt?« – Drews stritt jo. – Dor hett he em nah dat grote Kaminfüüer rinstött't un em verbrennt bie lebennigen Liew. (Dat heff ick läst.) – »Willst du mi de Tähnen noch wiesen!« seggt he [Hennings] un stött den' Kopp mit sienen Fot in 't Füüer.

De Fot hett keen Roh hatt in de Ierd'. De Kinner hebben dor Kastanien un Wallnœt mit affschmäten von de Bööm.

In den' Gang dor is 'ne Sœg' mit teihn Farken rinloopen un bie Kratzeborg [Kr. Neustrelitz] wedder ruutkamen. Dor hett keen Licht in brennt in den' Gang. – Mien Mudderbroder wier Scheper, de hett ok Lewerenz heiten, in Ankershagen. Dee künn so schön vertellen, un wi horkten jo denn. (37)

Der Landesherr und der Gutsbesitzer

Ein Gutsbesitzer in der Wittenburger Gegend, wie er geheißen hat und von welchem Gut er war, weiß ich nicht mehr, hat seine Leute immer so schlecht behandelt. Wenn sie nicht zu seiner Zufriedenheit gearbeitet haben, hat er sie mittags in eine Stube gerufen, einen nach dem andern. Da haben sie sich ausziehen müssen, und dann hat er sie mit der Hundepeitsche furchtbar geschlagen.

Hiervon hört der Großherzog Friedrich Franz I. Er zieht sich Tagelöhnerkleider über seine Montur und vermietet sich als Knecht bei dem Gutsherrn. Am nächsten Vormittag muß er pflügen. Mit Absicht machte er Haufen und Löcher und ließ den Herrn schimpfen, soviel er wollte.

Mittags mußte er dann mit ins Prügelzimmer. Als er sich ausziehen sollte, riß er sein Zeug auf, daß die Orden zu sehen waren. Oh, wie ist der Herr da erschrocken. Da hat er immerzu Abbitte getan, bis ihm vergeben war, aber seine Leute hat er nicht wieder geschlagen. (38)

Den Schatz nimmt der Fürst

In Brunow [Kr. Perleberg] kommt ein Jäger spätabends nach Haus. Es ist sehr dunkel. Da glimmt nach seiner Meinung ein alter Stamm dicht am Weg, wie er annimmt, von Schäferjungs angezündet. Nun geht er schnell hin und schlägt mit einem Stock das Feuer aus. Am andern Tage geht er wieder zu der Stelle, um den Schaden näher zu besehen.

Da findet er an der Stelle eine große Menge Geld. Dadurch, daß er davon erzählt, soll's ihm später unter den Händen verschwunden sein, oder der Fürst soll es zur Hälfte eingezogen haben. (39)

Gutsherren, Bauern, Knechte

Die Kemlade bei Barkow

Bei dem Dorfe Barkow liegt in unmittelbarer Nähe des Hofes ein kleiner See, die »Kemlade« genannt. Bei niedrigem Wasserstande werden an der einen Seite desselben eine Menge Pfähle sichtbar. Hier in Barkow lebte vor vielen Jahren ein Herr Kramon, dem das Dorf gehörte. Er machte viele Schenkungen an Kirchen und Klöster, baute auch in Barkow, das bis dahin keine Kirche hatte, eine Kapelle, die in den vierziger Jahren [des 19. Jahrhunderts] restauriert worden ist, war aber in Wirklichkeit ein böser Mann, der seine Leute darben und hungern ließ. – Als sie einst auf seinem Hofe um Brot schrien, ließ er sie in eine Scheune sperren und steckte diese an. Bei dem Ächzen und Stöhnen der Armen rief er höhnend: »Hört, wie meine Kornratten schreien!«

Die armen Leute verbrannten elend. Kramons Hof aber wurde von einer Unzahl Ratten heimgesucht, denen zu entfliehen er sich ein Haus in der Kemlade baute. Allein auch dorthin schwammen die Ratten ihm nach, so daß er seinen Grund und Boden verlassen mußte. Die Pfähle sind Reste der von ihm im See erbauten Wohnstätte. (40)

Der unverwesliche Edelmann

Zu Greven bei Lübz wohnte vor langen Zeiten ein Herr von Plessen. Das war ein harter Herr, wie die Leute erzählen, und noch jetzt stehen in Greven auf dem Hof ein paar Pfähle; da wurden die Leute angebunden und mußten dann draußen stehen, wenn sie nicht tun wollten, was der Herr wollte. Der eine von den Pfählen heißt der »Gant« (Gänserich), da wurden die Leute ganz krumm hineingeklemmt und mußten dann so darin stehen.

Aber noch schlimmer als der Herr selbst war seine Frau. Wenn sie Mägde hatte, die sie nicht leiden mochte, dann band sie sie an einen eisernen Ofen, den sie sich hatte machen lassen, machte dann den Ofen glühend heiß und ließ die Mädchen so verbrennen. Nach der Kirche ging sie gar nicht, und wenn die anderen hingingen, sagte sie, die wollten dort bloß ihren Putz zeigen, und setzte sich hin und spann.

Der alte Herr von Plessen hatte ein paar von seinen vielen Gütern verkaufen müssen, und da verschwor er sich denn, er wolle nicht eher zu Erde zerfallen, ehe nicht alle Plessen-Güter wieder beisammen wären. – Als er nun nach vielen Qualen gestorben war, wurde er in der Familiengruft beigesetzt. Aber ihm mußten immer neue Särge gemacht werden: Er blieb immer »fest« und trocknete so zusammen wie eine gedörrte Birne.

Endlich wurde er zu Herzberg hinter dem Altar hingesetzt, und der Küster zeigte ihn dort für Geld. – Nun ist er aber wieder in die Erde gebracht. (41)

Die Alte mit der eisernen Elle

In Wattmannshagen bei Güstrow war mal eine Frau, die trug immer eine eiserne Elle, und wenn ihre Leute ihr etwas nicht recht machten, schlug sie sie damit. Als sie an einem Sonntag morgens in die Kirche gehen wollte und ihr Dienstmädchen ihr Zeug nicht gleich zur Hand hatte, ließ sie sie an den Ofen binden und denselben heizen, so daß sie zuletzt verbrennen mußte. Die Alte aber nahm noch ihre eiserne Elle und schlug die Tote damit.

Ihre drei Söhne waren auch ganz gottlose Schlingel: Sie schnitten allen Pferden die Schwänze ab und sagten, der Kutscher hätte es getan. Da schlug die Alte ihn mit ihrer eisernen Elle, daß das Blut nur so floß. Da steckte ihr der Kutscher den ganzen Hof an, und dann ging er hin und ertränkte sich.

Der Fischer fischte ihn aus dem See heraus, und die Alte wollte ihn auf dem Galgenberge begraben lassen. Aber der Schinder, der ihn hinführen sollte, konnte nicht am Kirchhof vorbei. Da ließ sie vier, zuletzt acht Pferde vorspannen, und da ging's so eben, und er wurde unterm Galgen begraben. Da nahm seine Schwester einen trockenen Haselbusch und steckte ihn auf das Grab und sagte, wenn der Stock grünen würde, dann wäre ihr Bruder unschuldig. Und der dürre Stock ward zuletzt ein großer grüner Busch.

Die Alte treibt, nachdem sie gestorben, nachts von zwölf bis ein Uhr Kühe aus dem kahlen Bruch, die sie mit der eisernen Elle schlägt. Einst haben zwei Hofgänger eine goldene Uhr im kahlen Bruch hängen sehen. Wie sie ihre Hand danach ausstreckten, haben sie zwei furchtbare Maulschellen bekommen, und eine Frau mit eiserner Elle hat sie unter grinsendem Lachen anfassen wollen. Da haben sie aber ein Vaterunser gebetet, und da ist sie verschwunden. (42)

Der Tod am Ofen

In Viezen [Kr. Neustrelitz] war ein Zimmer; die Leute sagten, das sei rundherum zugemauert. Die Edelfrau hat ein Mädchen am Ofen verbrannt. Ihre Dienerschaft hat jeden Morgen, wenn sie aufgestanden gewesen ist, hereinkommen müssen und ihr Füße und Hände küssen. Eine hat sich geweigert (der ist das zuwider gewesen).

Da hat sie diese eingesperrt. Sie ist gezwungen worden. Der Hofhalter hat sie mit der Klopfpeitsche schlagen müssen. Sie wird an den Ofen gebunden und der Ofen von außen geheizt. Sie [die Edelfrau] schließt die Türen zu.

Der Diener bringt die Nachricht: »Nu is se dot.« – Die Edelfrau hat durch die Glasfenster geschaut. Das Mädchen bleckt die Zähne. Da sagt sie: »Es muß noch mehr nachgeheizt werden, sie lacht ja noch.«

Das Mädchen hat Blutstreifen von der Peitsche gehabt, die sind an die Wand gespritzt, die gehen nicht weg (die Sage ist ja weit verbreitet).

Als einmal die Herrschaften nicht da waren, haben wir das mal untersucht. Wir wollten nachsehen, wieviel Streifen da waren. Die großen Leinenschränke konnten wir nicht regieren. Richtig nachzählen konnen wir deshalb nicht. Die Schränke stehen da alle in einer Reihe dicht nebeneinander. (43)

Der strenge Stallmeister zu Steinbeck

Der Hof Steinbeck bei Neustadt (-Glewe) gehörte früher einem Stallmeister G. Dieser, ein ebenso strenger und geiziger als gottloser und schlechter Mann, wohnte nicht auf seinem Gute, sondern hielt sich gewöhnlich in Ludwigslust auf. Häufig aber kam er, und zwar immer unerwartet, auf seinem Schimmel im schnellsten Galopp nach Steinbeck gesprengt, um seine Leute zu überraschen, und fand er dann nur irgendeine kleine Unordnung, so züchtigte er den Schuldigen mit der größten Härte und Strenge. Da der Stallmeister selbst weder an Gott dachte noch an ihn glaubte, sondern nur für irdische Güter sorgte und lebte, so litt er auch nie, daß seine Leute zur Kirche gehen durften. Hatte es aber dennoch jemand gewagt, dies Gebot zu übertreten, so wurde er dafür auf das unbarmherzigste ausgepeitscht.

Nun aber wurde dieser gottlose Mann plötzlich sehr krank. Sein Gewissen rührte sich fürchterlich, als er auf dem Totenbette lag. Mit Zittern und Zagen sah er seiner baldigen Auflösung entgegen, und zu spät bereuete er seinen schlechten Lebenswandel. Er schickte jetzt in seiner Herzensangst und Not nach Steinbeck zu seinen Tagelöhnern und ließ sie alle flehentlich bitten, doch in die Kirche zu gehen und dort für ihn zu beten. – Und die guten, mitleidigen Landleute erbarmten sich ihres sonstigen Peinigers und Bedrückers. Sie gingen sämtlich am nächsten Sonntage in die Kirche und beteten auch für ihn zum Höchsten. Bald darauf starb er denn auch, aber ohne den ewigen Seelenfrieden erlangt zu haben; denn ruhelos mußte er auch noch nach seinem Tode umherirren.

Noch heute behaupten die Leute zu Steinbeck, den bösen Stallmeister G. auf seinem weißen Rosse daherreiten zu sehen. (44)

Der strafende Blitz

Hinaus mit euch aus dem Stalle, verfluchte, faule Bengel! Der Teufel soll dem von euch gleich das Hirn einschlagen, der nicht sofort ins Feld zum Haken zieht!« So rief einst auf einem mecklenburgischen Edelhofe . . . der gottlose Statthalter den Knechten zu, als sie nach der Mittagszeit mit ihren aufgeschirrten Pferden noch immer zögernd im Stalle standen, denn es hatte sich ein furchtbares Gewitter über ihren Häuptern zusammengezogen, das jeden Augenblick loszubrechen drohte.

Auf der Knechte Gegenrede, daß man sie jetzt doch unmöglich mit ihren armen Tieren hinausjagen könne, es sei ja fast schon dunkle Nacht, und das Wetter werde heute gewiß entsetzlich werden, wurde der Statthalter nur noch wütender und schrie, sie sollten sogleich gehorchen und sich aufs Feld scheren, er werde sie sonst alle aus dem Dienste jagen; denn, setzte er frevelnd hinzu, als es eben gerade über ihnen gewaltig zu donnern begann, solche »Bang'büxen« könne der gnädige Herr nicht gebrauchen, die sich schon fürchteten, wenn der Alte da oben einmal Einfälle kriege, Kegel zu spielen und seine Kugeln rollen zu lassen.

Kaum waren jedoch diese schändlichen Redensarten über seine Lippen, als sich auch schon der Himmel öffnete, ein zischender Blitz mit entsetzlichem Donnerknalle herniederfuhr und des Gotteslästerers Schädel spaltete, daß er augenblicklich tot zu Boden stürzte. (45)

Herr von Hagemeister

Zwischen Rostock und Ribnitz, ungefähr eine Viertelstunde von der Chaussee entfernt, liegt das Kämmereigut Niederhagen. Vor vielen Jahren, so geht die Sage, wurde dieses Gut von einem Herrn von Hagemeister bewohnt, der ein gar wildes, wüstes Leben führte, seine Leute schlecht behandelte und von dem man allgemein sagte, er und seine Frau hätten einen Pakt mit dem Teufel geschlossen.

An einem stürmischen, regnerischen Tage hat denn der Teufel sich auch des Herrn von Hagemeister bemächtigt und ist mit ihm durch die Decke des Wohnzimmers gefahren. Der Frau von Hagemeister, die eben in den Keller hinabgestiegen, hat er das Genick umgedreht, und in diesem Zustande wurde sie tot auf der Kellertreppe gefunden. Von Herrn von Hagemeister ist niemals eine Spur wieder gesehen worden; nur der große Blutfleck an der

Zimmerdecke zeigt die Stelle, wo der Teufel sich einen Ausweg mit ihm gesucht. Noch heute [1879] sieht man bei anhaltend regnerischem Wetter in der tiefsten Ecke des Wohnzimmers einen feuchten Fleck. (46)

Das letzte Abendmahl

Da ist ein Priester gewesen, der hat einen taubstummen Knecht gehabt. Der Priester hat die Nachricht bekommen, er soll dem Edelmann das Abendmahl geben. Sein Knecht fährt ihn hin und steht auch mit dabei, als er das Abendmahl reicht. Dabei weint der Knecht gar zuviel. Da bittet der Priester Gott unablässig, er solle doch geben, daß der Knecht ein paar Worte sprechen könne.

Am nächsten Morgen kommt der Knecht zu dem Priester herein und sagt (er hat jetzt sprechen können): Er ist nun nicht mehr mit ihm zufrieden. – Da erschrickt der Priester: Weshalb er denn nicht mehr mit ihm zufrieden sei? – Ja, solange hätte er keine Sünde getan, nun sündige er auch, indem er sprechen könne. – Und warum er denn gestern so geweint hätte? – Ja, ob er das nicht gesehen hätte: Als er dem Edelmann das Abendmahl gegeben habe, daß da der Teufel bald zu den Füßen gestanden habe und bald beim Kopf. Und als der letzte Atem gewichen sei, wäre der Teufel mit der Seele abgefahren. Darüber hätte er so weinen müssen. (47)

Der »Fall Damshagen«

In Damshagen [Kr. Grevesmühlen] ist ein Edelmann gewesen, das ist solch böser Kerl gewesen. Er hat seine Leute bei der Arbeit immer mit der Hundepeitsche angetrieben. Seinen Pferden hat er oftmals die Eisen verkehrt herum auflegen lassen, damit die Leute nicht wissen sollten, wohin er geritten wäre. Solche Sachen hat er immer gemacht. Besonders hat er immer ein Mädchen mißhandelt. Die hat beim Pflügen immer die Pferde antreiben müssen.

Da haben die Knechte und die Tagelöhner dem Mädchen einmal Bescheid gesagt, wenn er sie wieder mit der Hundepeitsche schlagen würde, dann sollte sie ihm mit dem Stock über den Kopf hauen, sie würden ihr alle beistehen.

Es ist auch so gekommen. Er kommt mal wieder angeritten, als sie beim Pflügen sind, und haut auch gleich wieder auf das Mädchen los. Sie macht es nun so, wie die Hofleute ihr gesagt hatten, und als er ihr nun erst recht Schläge geben will, kommen sie alle über ihn und schlagen ihn dort auf dem Felde tot.

Der Edelmann hat eine Mätresse gehabt. Als sie das hört, daß die Leute den Herrn totgeschlagen haben, setzt sie sich rasch zu Pferde und jagt nach der Scheide und bespricht die Scheide, so daß keiner von den Leuten über die Scheide kommen konnte, dann wären sie ja frei gewesen. Nur das Wasser hat sie nicht besprechen können. Und so sind nun doch einige weggekommen, die durchs Wasser gegangen sind.

Sieben aber haben sie zu fassen bekommen, und die haben nun alle aufgehängt werden sollen. Sie haben einen Galgen gebaut gehabt, und als sie sechs schon hingerichtet hatten, kam ein Reiter angejagt von Schwerin, der brachte den Befehl, daß nur einer von den sieben hingerichtet werden sollte. Es ist da aber schon zu spät gewesen, und die Erben haben große Strafe nach Schwerin bezahlen müssen. Eins von den Gütern des Herrn, Stellshagen, haben sie gleich verkaufen müssen, und sie sollen bis jetzt immer noch bezahlt haben. Jetzt soll erst das letzte von der Strafe abgezahlt sein. (48)

Die Rache der Knechte zu Neperstorf

Der Herr von Neperstorf [Kr. Sternberg] ist so schlecht gewesen. Wenn die Knechte ausgespannt haben, hat er ihnen die Halskoppelkette und die Wachten weggenommen, die haben sie dann bezahlen müssen.

Zuletzt haben sich die Leute miteinander beredet: Sie haben Wein aus dem Keller geholt und den ausgetrunken und die Flaschen entzweigeschlagen und im Ofen Feuer angemacht. Der Schmied hat Mistgabeln gemacht mit einem Dreizack, die haben sie ihm glühend in den Leib gestochen, als er hat nackt auf Glas tanzen müssen. Sie haben ihm die glühenden Gabeln ins Fleisch gestochen, bis er tot gewesen ist.

Der Schmied ist später nach Amerika gegangen. – Wie ein Dreizack sind die Gabeln oben gewesen. (49)

Haberland in Matzdorf

Haberland in Matzdorf [Kr. Strasburg] ist so häßlich gewesen gegen seine Leute. Wenn die Frauen haben Brot backen wollen, und er hat gewußt, daß sie Sauerteig gemacht hatten, hat er alles umgestoßen. So hat er sie auf alle mögliche Art schikaniert.

Da haben sie alle beratschlagt, der Inspektor ist der Anführer gewesen. Sie sind auf den Hof gegangen und haben sich Wein aus dem Keller geholt. Die Frau ist weggelaufen oder weggefahren gewesen. Der Sohn hat hinterm Ofen gesessen. Sie haben die Weinflaschen entzweigeschlagen, und er hat so lange auf den Scherben tanzen müssen, bis er tot gewesen ist. Mit der Peitsche haben sie ihn angetrieben (wie er es mit ihnen gemacht hat). Ein alter Mann ist auf Krücken gegangen, der hat ihm mit seiner Krücke den Rest gegeben. Der Blutfleck hat im Fußboden gesessen und ist nicht wegzukriegen gewesen. (50)

Der Traum vom Lehnbrief

Dem Freischulzen zu Holldorf [Kr. Neubrandenburg] wird von der Regierung sein kaiserlicher Lehnbrief abverlangt, um sein Eigentumsrecht an dem Schulzenhof nachzuweisen. Er kann ihn aber nicht finden. Vergebens sucht und forscht er überall danach. Er ist nicht herbeizuschaffen, und die Sorge um den Lehnbrief und seinen Hof läßt ihm Tag und Nacht keine Ruhe. – Noch einmal wird ihm ein Termin gesetzt, an welchem er entweder den Lehnbrief vorzeigen oder den Schulzenhof abtreten müsse. Es sind nur noch einige Wochen hin, und der Schulze vergeht wie der Schatten.

Da träumt ihm eines Nachts, er solle nach Berlin reisen, dort von einer bestimmten Brücke in die Spree sehen, und er werde seinen kaiserlichen Lehnbrief finden. Am nächsten Morgen erzählt er seiner Frau von dem Traum. – Aber die will nichts davon wissen, denn »Droom is Drogg« meint sie, und wie es denn nur menschenmöglich sein könne, daß er in der Spree zu Berlin seinen Lehnbrief finden wolle. – In der nächsten Nacht träumt ihm dasselbe; aber seine Frau weiß ihn wieder von dem Unzuverlässigen eines Traumes zu überzeugen.

In der dritten Nacht derselbe Traum! Nun läßt sich der Schulze nicht länger halten: Seine Frau muß ihm die Kiepe spicken, er macht sich reisefertig und kommt auch glücklich in Berlin an. Bald hat er die im Traum wahrgenommene Brücke gefunden und stiert nun von ihr in die unten fließende Spree. Aber was er nicht sieht, das ist sein kaiserlicher Lehnbrief. Er geht von einer Seite nach der andern, er sieht sich bald die Augen aus, aber seinen Lehnbrief sieht er nicht.

Da kommt endlich ein Herr auf ihn zu und fragt, was er denn eigentlich hier zu sehen habe. – Der Schulze erzählt ihm, daß ihm geträumt habe, er solle von dieser Brücke in die Spree sehen, da werde er ein Papier finden, durch welches er sein Glück mache. – Der Fremde ist verwundert darüber und erzählt ihm gleichfalls, wie merkwürdig es doch sei, daß er auch mehrmals hintereinander geträumt habe, er solle nach einem Dorfe namens Holldorf gehen. In dem Schulzengarten daselbst stehe ein alter hohler Baum, in dem werde er einen Schatz finden. Aber er wisse nicht, wo das Dorf liege, und so könne er den ihm zugedachten Schatz nicht heben.

»Halt«, dachte der Schulze, »da findest du gewiß deinen Lehnbrief.« Und indem er dem fremden Herrn sagte, daß sie wohl beide durch ihren Traum angeführt seien, machte er sich sobald als möglich auf den Rückweg. Und zu Hause angekommen untersuchte er den alten hohlen Baum, und siehe da: Er fand seinen kaiserlichen Lehnbrief.

Als nun an dem festgesetzten Tage die Herren von der Regierung ankamen, um von dem Hof Besitz zu nehmen, trat er ihnen an der Heckentüre entgegen und hielt triumphierend sein Papier in die Höhe und sagte: »Hier is ’t, un keen Deuwel sall mi nu mien’n Schultenhoff nähm’n.« (51)

Städtische Belange

Der Fangelturm am Mühlentor zu Malchin

Es mag seit der Zeit schon viel Wasser vom Berge gelaufen sein, als einst die Malchiner Ratsherrn den Ritter und Freiherrn auf Kummerow in Pommern zu sich aufs Rathaus zu einem frohen Bankette luden. Die Ländereien dieses Ritters zogen sich nämlich damals noch bis ans Mühlentor von Malchin, und schon lange war es der heißeste Wunsch der dortigen Bürgerschaft gewesen, diese Wiesen und Felder wenigstens bis zum Kummerower See zu erwerben.

Als nun die Malchiner Stadtherrn mit dem Herrn von Kummerow so fröhlich auf dem Rathaus bankettierten, fragte ein Ratsherr den Ritter: »Herr Ritter, wollt Ihr uns nicht Eure Ländereien bis zum Kummerower See verkaufen?« – Über diese Worte lachte der Ritter und rief: »Jawohl, wenn Ihr nur soviel Geld hättet. Doch ich bin reich, ich will Euch bei meinem Ritterwort so viel schenken, als Ihr diese Nacht von zwölf Uhr bis morgens vier Uhr mit einem Paar Zugochsen umhaken könnt. Doch müßt Ihr zu meinem Angedenken einen Turm bauen, und zwar am Mühlentor, woran Ihr mein Wappen anbringen sollt. Wenn Ihr aber den Turm niederreißt, so gehört das Feld meinen Nachkommen.« Dies alles wurde urkundlich verbrieft.

Nachts um zwölf Uhr hakten nun die Malchiner Bürger los und zogen eine Furche von Malchin bis Dukow, einem kleinen Dörfchen, eine halbe Stunde von Malchin entfernt, von da bis zum Kummerower See und dann in einem weiten Bogen bis Malchin wieder zurück. Gerade als es vom Turme vier schlug, gelangten sie ins Mühlentor. – Daher kommt es, daß Malchin so reich an Feld und Wiesen ist. (52)

Die verfluchte Kirchturmuhr in Friedland

Vor Zeiten hat einmal ein Ritter von Lübbersdorf bei der Stadt Friedland Geld geliehen und versprochen, dasselbe an einem bestimmten Tage, vor Ablauf der zwölften Stunde, auf dem Rathause zurückzuzahlen, widrigenfalls ein großer Teil seiner Äcker am sogenannten »Immenhofe«, die er der Stadt zum Pfande gesetzt, dieser gehören sollten.

Am richtigen Tage hatte sich der Ritter mit dem Gelde auf den Weg gemacht. Wie ihn nun die Friedländer aus der Ferne heransprengen sahen, rückten sie die Kirchturmuhr um eine Stunde vor, so daß, als der Ritter eben durchs Tor reiten wollte, die Glocke zwölf schlug. – Im Zorne sprach er einen derben Fluch über die Uhr aus, die ihm so schweren Verlust brachte.

Seit der Zeit geht die Uhr immer vor, und alle Versuche, sie in Ordnung zu bringen, waren vergeblich. Die geschicktesten Uhrmacher von nah und fern vermochten sie nicht einmal zum Stillstehen zu bringen; sie lief immer ärger, bis man sich endlich entschloß, sie durch ein neues Werk zu ersetzen. (53)

Die Gründung von Doberan

Doberan, ein mecklenburgischer Flecken, liegt zwischen Wismar und Rostock, eine gute halbe Meile von der Ostsee entfernt. Im Jahre 1793 gründete dort der Großherzog Friedrich Franz I. Deutschlands erstes Seebad. Richtiger könnte man das Bad »Am Heiligen Damm« nennen, weil eben Doberan eine halbe Meile von der See entfernt liegt und ein großer Teil der Badegäste in den prächtigen Häusern am Heiligen Damm wohnt. In Doberan wohnt der andere Teil der Gäste, und es dient als Sammelplatz aller das Bad Besuchenden. – Wer Doberan besucht, unterläßt es gewiß nicht, die dortige ehrwürdige Kirche in Augenschein zu nehmen. In der Kirche von Doberan hängt ein mächtiges Hirschgeweih. Daran knüpft sich die Sage von der Entstehung dieser Kirche:

Mehrere Herren dieser Gegend waren zu deren gemeinschaftlichem Bau entschlossen. Sie konnten aber nicht einig werden, wo die Kirche stehen solle. Sie veranstalteten eine große Hirschjagd und machten aus, wo der erste Hirsch geschossen werde, da solle die Kirche stehen. Der erste Hirsch wurde geschossen, und als man zusprang, um ihn und die Stelle zu besichtigen, flog auch noch ein Schwan auf und kreiste mit seinem Rufe »Dobber, dobber!« über dem Orte. »Dobber« heißt auf wendisch »gut«. So baute man denn hier die Kirche und nannte die Stadt, welche neben ihr entstand, »Doberan«.

Ursprünglich stand dicht neben der Kirche ein großes Zisterzienserkloster, von welchem noch heute [1879] einige Gebäude übrig geblieben sind, die nun weltlichen Zwecken dienen. (54)

Das Teufelsgitter in der Marienkirche zu Wismar

In der Marienkirche zu Wismar befindet sich um den Taufstein ein eisernes Gitter, welches so kunstreich geschmiedet worden ist, daß es das Ansehen hat, als wenn es von durcheinander geflochtenen Stricken wäre, und man dafür hält, daß kein Meister in Eisenarbeiten jetzt mehr imstande sei, ein ähnliches anzufertigen.

Der Sage nach soll es ein böser Geist vollendet haben, da der Schmied, welcher das mühsame und vielleicht unerreichte Werk unternommen hatte, es nicht zustande bringen konnte und deswegen diesen unsaubern Gesellen zu Hilfe rufen mußte. Freilich kam den bedrängten Künstler dieser Beistand und der Ruhm, ein so wunderbares Werk aufgestellt zu haben, sehr teuer zu stehen, denn er mußte sich mit Leib und Seele dem Höllenfürsten ergeben. Dafür stand aber auch nach wenigen Stunden das kunstvolle Gitter da und trotzt der Zeit und seinem bösen Gerüchte. (55)

Die Kette an der Kirchentüre zu Wesenberg

Vor langen Jahren wünschten die ehrsamen Bürger von Wesenberg ihre Kirche auf irgendeine besondere Weise zu verzieren. Zu diesem Zwecke wurde ein dortiger Schmiedemeister (andere erzählen, daß es ein Schlossermeister war) beauftragt, eine lange

Die Marienkirche in Wismar, um 1840

stattliche Kette anzufertigen, die dann an der Kirchentüre befestigt werden sollte.

Der Meister machte nun darauf eine derartige und zeigte sie dann, sich im stillen selbst über das eigene Werk, das ihn so manchen Tropfen Schweiß gekostet hatte, freuend, der verehrlichen Ortsobrigkeit vor. – Aber o Schreck! Man tadelt dieselbe nicht nur, sondern weist sie sogar ganz zurück, mit dem Bedeuten, eine zweite, bessere zu arbeiten. – Der arme verblüffte Mann geht, sich vor Verdruß den Kopf kratzend, wieder nach Hause; läßt es sich aber dennoch nicht verdrießen, frisch bei einer neuen Kette zu beginnen. Endlich ist auch diese wieder fertig, und triumphierend bringt er sie den Repräsentanten der Stadt. – Aber was geschieht? Auch diese wird getadelt, ist hier und da nicht gut genug, kurz, es heißt: »Ändere und mache sie besser!«

Noch einmal geht der bestürzte Schmied unermüdet an die Arbeit, bessert die hervorgehobenen Makel und Mängel auf das sorgfältigste aus, putzt sie auf das sauberste und bringt sie nun zum dritten Male aufs Rathaus, sich endlich des Sieges und des darauf folgenden Lohnes ganz gewiß glaubend. – Doch die mäkligen Senatoren sind auch jetzt noch nicht damit zufrieden und befehlen, nochmals eine ganz andere zu machen. – Das scheint unserm betrogenen Meister aber doch allzu toll: Zornig wirft er den Herren die Kette vor die Füße, und fluchend ausrufend: »So möge Euch der Teufel eine bessere machen!« geht er davon.

Und o Wunder! Was er gesagt, geschah, sein Ausspruch ist erfüllt. Denn als am andern Morgen die Wesenberger frisch erstehen, sehen sie mit Staunen und Grausen eine Kette, ohne Anfang und Ende, an der Türe ihrer Kirche hängen, und sich bekreuzend raunt das Volk einander in die Ohren, daß sie der Teufel dort über Nacht befestigt habe.

Wird dies auch heute noch von vielen geglaubt, so gibt es doch auch schon lange Zweifler, die da annehmen und behaupten, daß der Schmied selbst derjenige war, der in der Nacht dies Wunder getan und die Kette dort selbst, wo sie noch heutigen Tages [1857] sich befindet, befestigt habe. (56)

Das Wahrzeichen am Steintor zu Rostock

Gegen das Jahr 1314 hatte Rostock, wie damals häufig, Krieg. Die Feinde hatten die Stadt schon lange belagert, konnten sie aber nicht bewältigen; und auch der Versuch, sie auszuhungern, schlug fehl. Da nahmen sie zum Verrat ihre Zuflucht, und zwar war es einer der Bürgermeister, der sich durch das Gold der Feinde betören ließ. Er beging das Bubenstück und spielte die Stadt den Feinden in die Hände.

Der Verrat war fein genug angelegt, kam aber doch ans Tageslicht. Und als nun die Rostocker nach außen hin Frieden hatten, ergriffen sie den Verräter und sperrten ihn ein. Damals bestrafte man oft geringe Vergehen hart; und so ist es leicht erklärlich, daß man hier nicht nur hart, sondern sogar grausam verfuhr. Man schleppte den Unglücklichen nach dem Mauerturm unweit des Steintores – hinter den Häusern an der neuen Wallstraße – und schloß ihn hier in schwebender Stellung vermittelst Hals-, Arm-, Brust- und Fußeisen also an, daß er nur die Hände zum Munde bewegen konnte. So quälte man ihn jämmerlich und langsam zu Tode; denn zur täglichen Nahrung ward ihm nur ein Schillingsbrot (Rundbrot) und ein wenig Wasser gereicht.

Zur Erinnerung an diese Begebenheit und zur Warnung für die künftigen Geschlechter soll dann später das über der Inschrift am Tor befindliche Brustbild eines Mannes angebracht sein, der wie zum Schutze mit der Linken einen runden Schild vor sich hält. Man will an demselben noch die Hals- und Armeisen erkennen und hält den Schild für ein Abbild des Rundbrotes. (57)

Die Knüttel in den alten Toren von Sternberg

Einige ganz alte Sternberger Leute wissen's [1859] noch recht gut, daß in ihren Kinderjahren in jedem der drei Haupttore ihrer Heimatstadt ein großer, eichener Knittel, an einer eisernen Kette befestigt, gehangen hat. Als aber später die sämtlichen altertümlichen Haupttore der Stadt – das Pastiner, Lukower und Kütiner – abgetragen und an ihrer Stelle einfache steinerne Torpfeiler mit eisernem Staketenwerke errichtet wurden, da sind auch die alten Knittel abhanden gekommen ...

Mit dem Verschwinden der Knittel ist auch das, was die Sage darüber berichtet, nach und nach immer mehr in Vergessenheit geraten. Nur noch wenige in Sternberg wissen davon ...

In alten Zeiten wurde das früher stark befestigte Sternberg einmal gar arg vom Feinde belagert, von seinen Bürgern aber auf das tapferste verteidigt. Als nun aber später noch immer mehr feindliche Scharen heranzogen, da sank endlich den erschöpften Bürgern der Mut, und schon schickten sie sich an, die Verteidigung ihrer Stadt aufzugeben, die Waffen zu strecken und sich dem Feinde zu ergeben. – Kaum aber erfuhren dies ihre Weiber, da eilten sie mit Stöcken auf die Straßen und trieben die entmutigten Männer wieder zurück auf die Mauern und ins Gefecht. – Zur Erinnerung hieran und als ewiges Denkzeichen ihrer Gewalt über die Männer sollen die Weiber bald darauf die Knittel in den Haupttoren der Stadt aufgehängt haben.

Nach einer andern Sage aber haben bei einem feindlichen Überfall die Weiber wacker mit dreingeschlagen und also in Gemeinschaft mit ihren Männern den Feind siegreich zurückgetrieben. Worauf denn nachher, zum Andenken an diese Heldentat, in jedem der drei Stadttore Sternbergs ein an einer eisernen Kette befestigter eichener Knittel aufgehangen worden ist. (58)

Der geizige Bäcker zu Parchim

In Parchim wohnte einst ein Bäcker, ein geiziger und hartherziger Mensch. Er hatte bei seinem Vater gelernt, war nie auf Wanderschaft gegangen, sondern stets hinter dem Ofen hocken geblieben. Nach dem Tode seines Vaters übernahm er schmunzelnd das väterliche Gewese und fühlte sich wohl in dem warmen Nest. Auf schlaue und pfiffige Weise wußte er dies so zu vergrößern, daß die Leute glaubten, er habe mit dem Bösen einen Vertrag geschlossen.

Dies Gerücht verbreitete sich um so eher, weil der Meister den Namen des Teufels stündlich im Munde führte. Wenn er nämlich in seiner Rede etwas besonders bekräftigen und als durchaus wahr bezeichnen wollte, fügte er stets den Nachsatz hinzu: »Denn sall mi de Düüwel halen!«

Eines Tages kam ein Bettler ins Haus und bat mit flehender Gebärde um etwas Brot für seine darbende Familie. – Der Meister vertröstete ihn damit, daß er alles verkauft und kaum genug zum Abendessen für seinen eigenen Hausstand habe. »Un wenn dat nich wohr is«, rief er, »sall mi de Düüwel halen!« – »Dat is 'n Wort, Vaddermann!« ließ sich der Bettler plötzlich vernehmen. Ein Windstoß strich dabei durchs Haus und riß alle Türen auf. Und siehe, in der Stube lag noch Brot im Überfluß.

Dem Bettler aber waren die zerlumpten Kleider wie mürber Zunder vom Leibe gefallen; und jetzt zeigte er sich in seiner wahren Gestalt mit Hörnern, Pferdefuß und Kuhschwanz. Bald vergrößerte er sich, bald schrumpfte er wieder zusammen. Endlich verabschiedete er sich mit einem höflichen Kratzfuß und ließ einen Höllengestank zurück.

Um den Bäcker aber war es geschehen. Er, der sonst so gesunder Natur gewesen war, fing an zu siechen; und kaum war ein Jahr vergangen, so lag er auf der Totenbahre. Und als er nun begraben werden sollte und die Träger den Sarg auf die Schultern heben wollten, war er so leicht wie ein leerer Kasten. Und als sie damit nach dem Kirchhofe mehr trabten als gingen, lief dem Leichenzuge eine schwarze Sau voraus. Sobald man durch das Kreuztor gelangt war, war das Schwein plötzlich verschwunden.

In dem Hause des Bäckers aber war es seit der Zeit nicht richtig. Oft sprangen des Nachts alle Türen auf; oft hörte man auch auf dem Boden und den Treppen die schlürfenden Schritte des Meisters. (59)

Den Schatz nimmt der Meister

Die Eggebrechts stehen sich noch heute gut in Ribnitz. In alten Zeiten waren sie ganz reich. Das viele Geld haben sie auf eigenartige Art und Weise bekommen. Einer von ihren Vorfahren war Bäcker. Er wohnte am Kirchhof, der damals noch um die Stadtkirche herum lag. Die Bäcker backten ja nachts und mußten dann ja auch Feuer anmachen, um die Milch und den Ofen heiß zu bekommen. Anheizen mußte ein Mädchen, welches dort in Diensten war.

Einmal gelang es ihr nicht, Feuer anzuzünden. Da sah sie durch das Fenster, daß es auf dem Kirchhof brannte. Sie war recht resolut und dachte: »Züh, ditt kann di passen«, lief mit dem Eimer hinaus und holte sich den voll Kohlen rein. Als sie die Glut auf den Herd schüttete, verlosch sie. Sie holte noch einen zweiten Eimer voll, aber es erging ihr damit ebenso. Da wurde ihr doch so komisch zumute, und sie lief zum Meister und erzählte es ihm.

Na, der dachte sich gleich sein Teil und schickte das Mädchen zu Bett und sagte, sie solle nur schlafen gehen, er wolle schon Feuer anmachen. Er geht ja nun zum Herd, um der Geschichte auf den Grund zu gehen. – Da fand er dort zwei Scheffel Gold und wurde so ein reicher Mann. (60)

Reisen und Abenteuer

Die Gründung der Kirche zu Wasdow

Das Kirchdorf Wasdow bei Gnoien soll früher eine alte Ritterburg gewesen sein und Wasitha geheißen haben. Heute noch [1862] steht am jetzigen Hofgarten ein alter sogenannter Fangelturm, von dem ein unterirdischer Gang nach einem ähnlichen Turm auf dem eine halbe Meile entfernten Rittergute Nehringen in Pommern führen soll. Über den Ursprung der Wasdower Kirche erzählt die Sage:

Zur Zeit der Kreuzzüge zog auch der Ritter von Wasdow, Herr von Hoben, ins Gelobte Land. Mehrere Jahre vergingen, seine Gattin stieg jeden Morgen auf einen nahen Hügel und spähte hinaus in die Ferne. Als sie eines Abends wieder um die Rückkehr des Gatten flehte, gelobte sie Gott, dort eine Kirche zu erbauen, von wo aus sie zuerst ihren Gatten erblicken würde. Am nächsten Morgen, als sie wieder den Hügel bestieg, tauchte am Horizont eine Reiterschar auf, und bald lag die treue Gattin in den Armen des Ritters. – Auf demselben Hügel wurde die Wasdower Kirche dann von ihr erbaut. (61)

Die Entführung des jungen Plessen

Unter den vielen von Plessen der Vorzeit befindet sich auch ein gewisser Helmold von Plessen mit dem Spitznamen der »Kuchenbäcker«. Mit der Erteilung des letzteren Namens soll es folgende Bewandtnis haben:

Helmold von Plessens Vater war Besitzer von Barnekow [Kr. Wismar]. Einmal, zur Zeit der Ernte, als Helmold noch ein zarter Knabe war, entfernte er sich, ohne daß man es bemerkte, zu weit von seiner väterlichen Burg und ward da von einem mit Kuchen handelnden Weibe aufgegriffen und entführt. Alle Länder der Nachbarschaft durchziehend mit ihrer Ware, bei deren Verkauf

Helmold ihr hilfreiche Hand leistete, kam die Frau auch nach dem Harze und auf das Haus Plesse, woselbst sie ihre Kuchen verkaufte.

Der Herr der alten Plesse sah mit Verwunderung den schönen Knaben an und fragte neugierig: »Ist dieser Knabe Euer Sohn?« – Obgleich die Alte dies bejahte, so glaubte er doch nicht daran. Er fragte also den Knaben: »Wie heißest du?« – »Plessen«, antwortete er. – Jetzt mußte das Weib erzählen, auf welche Weise sie zu dem Knaben gekommen, und sie konnte nicht leugnen, daß sie ihn aus dem Mecklenburgischen entführt habe. – Hierauf sandte der Herr von der Plesse den Knaben wieder an die Eltern zurück, welche nicht wenig erfreut waren, den verlorenen Sohn wieder in ihre Arme schließen zu können.

Der Knabe erhielt den Spitznamen der »Kuchenbäcker«, dessen er sich jedoch so wenig schämte, daß er, als er später ein reicher Mann geworden war und man ihn scherzweise so nannte, erwiderte: »Habt nur Geduld, ich will drei Kuchen backen, davon Kind und Kindeskind noch reden sollen!« – So ließ er denn die drei Rittersitze zu Barnekow, Damshagen und Grundshagen erbauen, und diese nannte er seine »drei steinernen Kuchen«. (62)

Wovon Dreveskirchen seinen Namen erhalten hat

Das Dorf Dreveskirchen bei Wismar führte in alten Zeiten den Namen Oedeskirchen. Über den Wechsel seines Namens erzählt uns die Sage folgendes:

Ein Wismarscher Kaufmann namens Dreves kehrte einst aus fernem Weltteile mit einer reichen Schiffsladung heim. Glücklich und ohne Unfall war er bis in die Ostsee gelangt, und schon sah er aus weiter Ferne die höchsten Spitzen des heimatlichen Strandes winken. Freudig hob sich sein Herz bei dem Gedanken, nun bald wieder seine Lieben daheim in die Arme schließen zu können, als sich plötzlich ein gewaltiger Sturm erhob und das Schiff gleich einem Federballe hin- und herschleuderte, so daß alle darauf Befindlichen mit Zittern und Zagen jeden Augenblick ihren Untergang erwarteten.

In der höchsten Not flehte alles zu Gott um Rettung. Und der Herr erhörte der Armen Notgeschrei. Bald legte sich der Sturm, die dunkle Nacht verschwand, und das geübte Auge des spähenden Steuermanns erblickte in neblichter Ferne den Turm des nahe am Strande liegenden Gotteshauses von Oedeskirchen. Der kundige Mann wußte nun, wo er sich befand, und mit sicherer Hand lenkte er das Schiff in den Wismarschen Hafen.

Das erste, was der fromme Kaufmann nach seiner glücklichen Landung tat, war, daß er mit seiner Familie nach Oedeskirchen in das Gotteshaus eilte, um hier dem Herrn der Heerscharen sein Dankopfer darzubringen. Außer reichen Geschenken an die Kirche ließ er auch noch ihren Turm befestigen und um ein bedeutendes erhöhen, damit er von nun an bis in ferne Zeiten den irrenden Schiffern ein noch sichtbareres Merkzeichen werde, als er ihnen bis dahin schon gewesen war.

Den Namen der Kirche und des dazugehörenden Dorfes veränderte man hiernach auf Wunsch der dem Erbauer des erhöhten Turmes so sehr dankbaren Ostseeschiffer, denen derselbe auch noch heute [1862] als sicherer Wegweiser zum Wismarschen Hafen dient, und nannte beide fortan Dreveskirchen. (63)

Die rettende Glocke

Jeden Abend zwischen dreiviertel neun und neun wird vom Turme der Sankt-Georgen-Kirche zu Waren geläutet. Als Veranlassung dazu gibt der Volksmund folgendes an:

Ein Herr von Behr auf Torgelow kehrte einst von einer Besuchsreise bei einem grausigen Schneetreiben zurück nach seinem Schlosse. Er verfehlt bald Weg und Steg, reitet kreuz und quer und weiß schließlich nicht mehr, wo er sich befindet. Da hört er's von einem nahen Turme neun schlagen und erkennt am Klang, daß es die Glocke der Sankt-Georgen-Kirche zu Waren ist; und damit weiß er, wo er sich befindet.

Zum Andenken und auch für andere Reisende stiftete er das Läuten zu dieser Stunde. Noch alle Jahre bekommen die Nachtwächter, die das Läuten zu besorgen haben, von Torgelow zehn

Taler. Früher hatten sie einige Scheffel Korn und einen Stiefel alljährlich dafür erhalten. (64)

Der lange unterirdische Gang

Von Ankershagen [Kr. Waren] nach Kratzeburg [Kr. Neustrelitz] geht ja ein Gang. Da ist eine Sau hineingelaufen mit zehn Ferkeln... Der Junge, der das gesehen hat, erzählt das seinem Vater. Da geht der hinein [in den Gang].

Da sitzt dort ein Kerl am Tisch und schreibt. Der Mann fragt ihn, ob da eine Sau hineingelaufen wäre, die wäre nicht wiedergekommen. – Was er wohl wüßte, sagt der Kerl, er sollte weitergehen, da würde er einen Schrank finden und zehn Strumpfschäfte voll Geld; den kleinsten solle er nehmen.

Der Mann nimmt den größten. Da hat er einen Kopf bekommen wie ein Viertelscheffel groß. (65)

*

Da war ein Maurer Bartels in Ankershagen, dem habe ich noch gehandlangt. Der hat sich eine Laterne eingehakt vorne im Rock und auch eine Spule Flachsgarn festgemacht. Damit ist er hineingegangen [in den Gang]. Wenn er sie [die Spule] abgewickelt gehabt hat, ist ihm das Licht ausgegangen. So hat er das dreimal gemacht. Das vierte Mal ist er nicht wieder hineingegangen – dann hätte der Teufel ihn gehabt.

Da haben sie die Klappe aufgemacht und eine Sau mit zehn Ferkeln hineingejagt. Die Ferkel sind schon ziemlich große Ferkel gewesen, als sie wieder herausgekommen sind: In Kratzeburg am See beim Schulhaus sind sie herausgekommen. – Der Gang geht von Ankershagen über Pieverstorf und Dambeck nach Kratzeburg. So ist auch die Straße gegangen. (66)

Der Musikant in der Wolfsgrube

In dem Dorfe D. war vor Zeiten eine Grube (die in späteren Zeiten zu Acker gemacht wurde), welche von den Bewohnern zum Wolfsfange gegraben war. Ein Musikant war in der Nacht von einem benachbarten Orte, wo er musiziert hatte, gekommen und hatte sich so unglücklich verirrt, daß er in die Wolfsgrube geriet, in der sich schon ein Wolf befand. Derselbe setzte sogleich auf ihn an. In Todesangst griff der Musikant zu seiner Geige und spielte dem Wolfe vor, was ihm einfiel. Solange er spielte, hörte der Wolf ruhig zu; sobald er aber still hielt, wollte er auf ihn eindringen.

Dieses Spiel dauerte so lange, bis der arme Musicus alle Saiten abgegeigt hatte und ihm nur die Quinte übrigblieb. Mittlerweile brach der sehnlich erwartete Morgen an. Die Wolfsfänger kamen und befreiten den Musikanten aus seiner furchtbaren Lage. (67)

Der Knabe auf dem Woldegker See

Eines Tages spielte am Ufer des Woldegker Sees ein Knabe und kam auf den Einfall, sich auf einem Bunde Schilf dem Wasser anzuvertrauen und am Ufer hin und her zu fahren. Gedacht, getan. – Bald trieb das leichte Schifflein mit seinem kühnen Schiffer vom Ufer ab, und es behagte dem letzteren gar wohl auf dem flüssigen Elemente. – Aber auf einmal erhob sich ein heftiger Sturm und trieb das wankende Bündlein mit dem jungen Menschenleben in die Mitte des auf und nieder wogenden Sees. Der Knabe schrie aus Leibeskräften um Hilfe, aber obwohl Leute in der Nähe waren und seine Lebensgefahr sahen, so fand sich doch niemand zu seiner Rettung bereit, denn der Sturm wütete fürchterlich, und die Wellen tobten entsetzlich.

Da faltete der Knabe seine Hände und sang in seiner Todesangst das schöne Lied: »Wer nur den lieben Gott läßt walten . . .« – Und siehe da, er wurde wunderbar gerettet, denn das Schilfbündlein trieb ans jenseitige Ufer, und der Knabe kam unversehrt ans Land, woselbst sich schon eine große Menge Menschen eingefunden hatte, die mit ihm Gott für dies Wunder dankten. (68)

Die Entdeckung im Wald

Mein Vater war hier in Eldena [Kr. Ludwigslust] ja Büdner [Kleinbauer]. Und da kommt einmal der Ansager aus dem Dorf und sagt zu meiner Mutter, der Vater und Krischan Kröger, die sollten am nächsten Tag beide hin und Krähen jagen. Sie sollten aber erst zum Schulzen Jastram rangehen und sich ein Gewehr mitnehmen.

Na, sie gehen ja am nächsten Abend los. Zwischen Stuck und Liepe am Lieper Weg, da hatten die Krähen sich eingenistet. Nun wollten sie ja gleich das Gewehr probieren. Sie hatten nämlich nur eine Patrone gekriegt. Aber sie wurden nicht fertig damit, denn sie hatten sich freigelost [vom Militär]. Da sagt Krischan: »Wat, Schiet, ick sett mien Gewehr hier an de Dannen.« Und nun gehen die beiden denn weiter in den Tannenschlag hinein, wo an der Schneise große trockene Tannen stehen.

Nun wurden sie ja auch schon müde, und Krischan legt seine Schulter an eine große trockene Tanne. Mit einmal sagt Krischan: »Du, Willem, hürst du nicks?« – »Nee«, sagt mein Vater, »ick hür nicks.« – Da sagt er noch mal: »Hürst du nicks?« – »Nee.« – Na, da wird Krischan ja ärgerlich, und wenn er ärgerlich wird, dann fängt er immer hochdeutsch zu reden an: »Wilhelm, denn horch doch mal an diese Tanne!« – Mein Vater macht das auch: »Ja«, sagt er, »ick hür Hahns kreihgen.« – Da sagt Krischan: »Wo sallen hier Hahns kreihgen?« – Mein Vater macht den Finger naß und hält ihn hoch und wird gewahr, daß der Luftzug von Boek kommt. Aber Krischan glaubt das nicht: »Wi sünd noch fief Kilometer aff von Boek – un denn 'n Hahn kreihgen hüren?«

Und weil Krischan nun gesagt hat »Horch an diss' Dann«, heißen die Tannen zwischen Stuck und Liepe heute noch »Horchendannen«. Das Radio ist nichts Neues. Das hat doch Krischan damals schon herausgefunden. Die Boeker Hähne, das war die Sendestation, und die trockenen Tannen, das war die Empfangsstation. (69)

Kirche und Glauben

Der Heilige Damm

Eine Stunde von Doberan, nicht weit vom Meere, lag einst ein Kloster, umgeben von dem herrlichsten Laubwalde. Die Mönche dort standen in dem Rufe besonderer Heiligkeit, denn sie hatten schon manchem Kranken durch Gebet und Pflege geholfen. Einst entstand infolge furchtbarer Herbststürme eine Hochflut, so daß die Meereswellen haushoch in das Land getrieben wurden und das Kloster Gefahr litt, weggespült zu werden. Es war eine entsetzliche Nacht, als die Mönche alle in der Kapelle versammelt waren und Gott um Rettung anflehten. Schauerlich klangen die Sturmglocken im Brüllen der Brandung und im Heulen des Windes. Jeden Augenblick waren die Mönche vorbereitet, daß ihr Kloster unterginge. Daher befahlen sie Gott ihre Seelen.

So nahte indessen der Morgen, und das Unwetter hatte sich gelegt, ohne daß ihnen ein Haar gekrümmt [worden] wäre. Neu gestärkt begaben sie sich ins Freie, mit hohen Wasserstiefeln versehen, um im Dorfe Hilfe zu bringen, wo es not täte.

Aber o Wunder! Von Überschwemmung war keine Spur mehr zu sehen, und leuchtend im Sonnenglanze lagen Dorf und Wald friedlich da, gar nicht daran erinnernd, daß in der Natur noch kürzlich Sturmesgewalt gerast hatte. Als sie zum Meere schritten, sahen aber ihre Augen einen Damm, den Gottesdamm! Die Flut hatte Steine ans Land getrieben, die einen mächtigen Wall bildeten und in der Nacht das Land vor Untergang bewahrten.

Jetzt gingen alle, vereint mit den geretteten Dorfbewohnern, in die Kirche, um einen Dankgottesdienst zu feiern. Der Ort erhielt aber fortan den Namen »Heiligendamm«. (70)

Der Schäfer und die Hostie

Ein Hirte in der Nähe von Doberan sah seine Herde durch räuberische Wölfe beunruhigt und geschädigt. Das war zu der Zeit, als Herzog Heinrich der Löwe das Land Mecklenburg verwüstete und das Volk mit Gewalt zum Christentum bekehrte. Wie der Hirte einst sorgend bei sich seinen Verlust bedachte und seine Herde heimtrieb, nahte ihm eine dunkle Männergestalt und riet ihm, eine geweihte Hostie in seinen Hirtenstab einzuschließen, dann würde sie sicher weiden und sich mehren. – Wohl bangte dem Hirten, diesem gottlosen Rate zu folgen. Da es aber immer ärger wurde, entschloß er sich dazu, ließ sich im Kloster Doberan das Abendmahl reichen, trug das Brot, statt es zu essen, nach Hause und schloß es in den Hirtenstab ein.

Von da an blieben die Schafe nicht nur vom Wolfe verschont, sondern mehrten sich auch von Jahr zu Jahr. Er war bald ein reicher Mann. Einmal aber teilte er seinem Weibe sein Geheimnis mit. Diese, eine fromme Frau, erzählte es dem Abte des Klosters, und der Konvent beschloß, in feierlicher Prozession die Hostie ins Kloster zurückzubringen. – Als man den Stab öffnete, flossen Blutstropfen heraus. Die Hostie ward von da an unter dem Namen des »heiligen Blutes« im Kloster aufbewahrt. (71)

Vom heiligen Bischof Ludolfus von Ratzeburg

Vor sechshundert Jahren war in Ratzeburg der Bischof Ludolfus, ein frommer, mit allen Tugenden gezierter Mann, welcher das Stift mit großer Weisheit und Gottesfurcht regierte und die Klosterbrüder, welche bei der Domkirche wohnten, zu strenger Zucht und Heiligkeit anhielt. Er hatte ein schönes Schloß zu Varchow am Ratzeburger See, und dies begehrte der Herzog von Lauenburg, Albrecht hieß er, von ihm. Aber Ludolf wollte es ihm nicht abtreten, denn ein Haus des Herrn sollte nicht in eine Räuberhöhle verwandelt werden.

Als Herzog Albrecht immer dringender ward, wollte Ludolf lieber das äußerste ertragen, als in die Zerstörung seiner Kirche einwilligen. Daher wurde er, als er, von wenigen begleitet, ausgereiset war, sein Amt zu verwalten, von Erich vom Walde, einem lübeckischen Ritter, gefangengenommen, verspottet, hart behandelt, ins Gefängnis geworfen, in Wälder geführt und, an Händen und Füßen gebunden, den Stichen der Mücken preisgegeben, und da er alles geduldig ertrug, ward er den Juden in Hitzacker verpfändet, dann in die Wälder zurückgebracht und endlich befreiet.

Er ging nicht nach Ratzeburg zurück, denn er wußte, daß der Herzog ihm dies alles bereitet hatte, sondern nach Wismar, zum Fürsten Johann von Mecklenburg. Hier belegte er, nicht aus Haß, sondern damit ein solches Vergehen nicht ungestraft bliebe, den Herzog Albrecht und seine Nachkommen bis ins vierte Geschlecht mit dem Banne und segnete Johann von Mecklenburg und seine Nachkommen. Er blieb in Wismar und fiel, von Nachtwachen, Lasten und Alter geschwächt, in eine Krankheit und wünschte seine Auflösung. Da kamen in einer Nacht seine frommen Vorfahren, die Bischöfe Evermodus und Isfridus, zu ihm und trösteten ihn und reichten ihm den Kelch des Heils. Am folgenden Tage tat er, matt und krank, wie er war, was sein Amt von ihm forderte, und als man in der Kirche sang »Kommt ihr Gesegneten meines Vaters«, sprach er: »O großer, gütiger Gott, laß mich unnützen Knecht unter den Deinigen sein«, und verschied.

Seine Leiche ward nach Ratzeburg zurückgebracht. Da gaben die Glocken in Schlagsdorf, welche von selbst anfingen zu läuten, das erste Zeichen seiner Heiligkeit. Auf Befehl des Herzogs, der nun bereute, was er ihm Leides zugefügt, wurde seine Leiche durch Edelleute von der Brücke zum Kirchhof getragen, und von da trugen sie die Domherren bis mitten in die Kirche.

Nach seinem Tode tat er viele Wunder. Ritter Hartwig von Ritzerow hatte ein Stück von einem Pfeil im Kopfe, welches ihm beständig Schmerzen verursachte. Ein betrügender Wundarzt hatte ihn getäuscht, indem er ihm erst viele Schmerzen machte und dann ein Pfeilstück hervorzog, es für das hervorgezogene ausgab und sich mit der vorher bedungenen Belohnung davonmachte. Jedoch bald ward der Ritter den Betrug inne und, an menschlicher Hilfe verzweifelnd, wandte er sich an die Heiligen;

und da vom heiligen Ludolfus viele Wunder erzählt wurden, so flehete er, Gott möge auf sein Fürbitten ihn von seinen Schmerzen und Qualen befreien. Und bald darauf kam das Eisen von selbst in der Wunde hervor, so daß er's mit eigener Hand herausziehen konnte. Durch kostbare Geschenke bewies der Ritter der Kirche seine Dankbarkeit. (72)

Der Bischof Blücher und das Kornwunder

Zu Ratzeburg war in alten Zeiten ein Bischof, der hieß Blücher und war ein Vorfahre von dem alten »Marschall Vorwärts«, der den Franzosen so oft verkloppt hat. Dieser Bischof war ein gar zu guter Mann, der keinen Menschen Not leiden sehen konnte. Einmal bei karger Zeit hatte er all sein Korn und Mehl an die armen Leute weggegeben, so daß ihm sein Schaffer sagte: »So, nu hebben wi sülben nicks mihr!«

Da kam nun wieder eine ganze Reihe hungriger Leute, und sie baten vom Himmel zur Erde um Essen. – Der Bischof sagte zu seinem Schaffer, er sollte ihnen nur alles geben, was noch da wäre. – Der Schaffer sagte aber, daß der ganze Speicher rein ausgekehrt wäre und daß sie nichts finden könnten. – Der Bischof, der dachte, der Schaffer würde doch wohl ein bißchen aufgehoben haben, sagte: »Gah du man in Gottes Namen hen, mien Sœhn, da ward woll noch 'n bäten sien.« – Da mußte der Schaffer, der recht gut wußte, daß kein Körnchen mehr da war, denn doch hingehen. Und als er den Speicher aufmachte, da war der wieder ganz voll Korn und Mehl, und die Armen kriegten ihr reichlich Teil.

Solche Wunder tat der liebe Gott zu allen Zeiten bei frommen Leuten. (73)

Die wichtige Oblate

Eine Prinzessin hat bei der Konfirmation die Oblate nicht gemocht und hat sie fallen lassen. Da kommt eine Feuerkröte, nimmt die Oblate ins Maul und kriecht vor dem Altar unter einen Stein. – Die

Prinzessin wird zur Strafe krank und immer kränker. Kein Doktor kann ihr mehr helfen. Jeden Menschen fragt sie um Rat, doch keiner weiß etwas, das ihr helfen kann.

Zuletzt kommt auch mal ein Handwerksbursche. Als sie den auch um Rat fragt, sagt der: »Gah man nah de Kirch un böhr vör 't Altor den' einen Stein hoch. Dor wardst du 'ne Füüerhücks finden, dee 'ne Oblat in 't Muul hett. Dat is dee, dee du hest fallen laten. Nimm s' un ett s' up, denn wardst du bäter.«

Die Prinzessin macht das auch so. So sehr ihr auch graut, die Oblate aus dem alten Sabbermaul der Kröte zu nehmen, ihr Gewissen läßt ihr keine Ruhe. Sie ißt die Oblate auf, und ihr wird von Stund' an besser. (74)

Die Legende von Sternberg

An der südlichen Seite der Sternberger Kirche, nahe der Haupteingangspforte und der heiligen Blutskapelle, befindet sich in der äußeren Kirchenmauer, nicht hoch über der Erde, ein viereckiger Granitstein eingefügt, auf dem sich ein paar Vertiefungen befinden, nicht ganz unähnlich den Eindrücken zweier sehr großer nackter menschlicher Füße. Von diesem Stein wird folgendes erzählt:

Um das Jahr 1492 kam ein in Sternberg lebender Jude durch Vermittlung eines pflichtvergessenen Priesters in den Besitz zweier geweihter Oblaten. Die Juden machten sich ein Vergnügen daraus, bei einem Feste die auf einen Tisch gelegten Oblaten mit Nadeln zu durchstechen. Aber o Wunder! Es quollen Blutstropfen aus den Oblaten. – Darüber erschrocken, befahl der Jude dem bei ihm dienenden christlichen Mädchen, die in ein Tuch gewickelten Oblaten vor das Tor zu tragen und in den Mühlbach zu werfen. – Kaum hat das Mädchen das Mühlentor erreicht, als sie nicht weiterkann. Sie steht wie festgebannt, es ist ihr, als wenn sie in das Steinpflaster versinke. Sie strebt vorwärts zu kommen, aber sie kann nicht; wohl aber kann sie rückwärts. Sie wankt nach Hause und sinkt tot vor der Tür ihres Dienstherrn zusammen. – Am andern Morgen fand man vor dem Mühlentore auf einem dort

Marktplatz und Kirche in Sternberg, um 1840

liegenden Steine die Spuren zweier menschlicher Füße eingedrückt.

Die Oblaten wurden in der eigens dazu erbauten heiligen Blutskapelle aufbewahrt. Dort befand sich auch der Tisch, auf welchem die Juden dieselben durchbohrt hatten, mit der Inschrift: »Dit is de tafel, dar de joden dat hilligt sacrament up gesteken und gemartelet hefft tom Sternberge in jare 1492.« – Von den Juden aber wurden siebenundzwanzig auf dem Judenberge verbrannt. (75)

Die beiden lebendig eingemauerten Mönche von Parchim

Einst in den katholischen Zeiten besaß Parchim ein Franziskanerkloster. Es hatte in seiner Blütezeit eine Menge Ordensbrüder. Darunter befanden sich auch zwei Mönche, die gegen ihr heiliges Gelübde und trotz der strengen Klostergesetze ein Liebesverhältnis mit zwei Mädchen in der Stadt angeknüpft hatten. Häufig fanden heimliche Zusammenkünfte statt. Spätabends, wenn alles im Kloster zur Ruhe gegangen war, schlüpften die Mönche aus den Fenstern ihrer Zellen, überstiegen die Mauern des Klosterhofes und eilten nach dem Stadtwalle, wo die Auserkorenen ihrer harrten.

Bald aber wurden die nächtlichen Ausflüge der beiden Mönche entdeckt. Eine schreckliche Strafe erwartete nun die Übertreter des heiligen Gelübdes, die Schänder des frommen Ordens. Dort, wo die jungen Mönche sich mit den liebenden Mädchen in später Stunde getroffen hatten, ließ der Abt in der Stille der Nacht eine tiefe Höhle in den Wall hineingraben und mit Feldsteinen ausmauern. Dann wurden die beiden unglücklichen Mönche herbeigeführt und trotz ihres Sträubens und Flehens in das unheimliche Loch geschleppt. Dies wurde darauf sofort mit einer doppelten Mauer geschlossen und mit Erde beschüttet. Kein Seufzen und Stöhnen der lebendig Begrabenen war nun zu vernehmen, kein Angst- und Klagegeschrei zu hören. Nur die wenigen Eingeweihten wußten am nächsten Morgen, welch ein gräßliches Strafgericht in der Finsternis der Nacht vollzogen worden war.

Als die armen Mönche nach schrecklicher Qual ihr Leben ausgehaucht hatten, fanden sie in ihrem Grabe keine Ruhe. Wehklagend irrten sie in der Dunkelheit auf dem Stadtwalle umher. Mancher nächtliche Wanderer vernahm dann ihren Klageruf und sah, wie sie in ihren dunklen Ordensgewändern umherschlichen. (76)

Der schändliche Mönch zu Nemerow

Als das jetzige Klein Nemerow [Kr. Neubrandenburg] noch im Besitz der Johanniterritter war, soll sich dort eine schreckliche Begebenheit zugetragen haben, worüber die Sage also berichtet:

Einer der Nemerower Ordensgeistlichen lebte in verbotenem Verhältnis mit einem blutjungen Mädchen. Durch allerlei Kniffe und Ränke hatte der schlaue Priester das unerfahrene Geschöpf in seine Schlingen zu ziehen gewußt. Leider gingen der armen Verblendeten die Augen erst auf, als es zu spät war. Sie wurde Mutter eines holden Knäbleins.

Der schändliche Geistliche schwur sich sofort von allem ab. Ja, seine Niederträchtigkeit und Frechheit ging so weit, am nächsten Sonntag von der Kanzel herab den Fehltritt des jungen Mädchens öffentlich zu tadeln und zu rügen. – Das also verhöhnte arme Geschöpf, außer sich über eine solche teuflische Niederträchtigkeit, verfiel hiernach in Wahnsinn, und ein hitziges Fieber, das sich hinzugesellte, machte bald ihrem Seelenleiden ein Ende. Kurz vorher aber, ehe sie ihren Geist aufgab, kehrte noch einmal ihr Bewußtsein zurück; und in diesem Augenblicke schwur sie allen Umstehenden zu, daß der von ihr angegebene Ordenspriester, trotz seines Leugnens und Abschwörens, sie dennoch verführt habe, daß er nur allein und kein anderer der Vater ihres armen Kindes sei. Dann rief sie noch mit schwacher Stimme Gottes Fluch über den Schändlichen hernieder und verschied. – Ihr Kind folgte ihr bald darauf in die Ewigkeit nach.

Der Priester aber hatte von Stund' an keine Ruhe mehr; sein Gewissen war plötzlich erwacht und folterte und quälte ihn auf das furchtbarste. In einer der nächsten Nächte schon stürzte er sich in größter Verzweiflung in den nahen Tollensesee und machte also seinem Leben ein Ende. – Aber auch nach seinem Tode fand der meineidige Priester die erhoffte Ruhe nicht; denn häufig sah man ihn nach dieser Zeit in stillen Mondnächten am Ufer des Sees umherirren.

Auch noch jetzt [1860] soll sich zuweilen der Priester in seinem Ordensgewande in mondhellen Nächten am Ufer des Tollensesees zeigen, wenn sich aber ein Lebender naht, schnell in den See stürzen und dort verschwinden. (77)

Die Muränen im Schaalsee bei Zarrentin

Der Ort Zarrentin [Kr. Hagenow], am südwestlichen Ende des Schaalsees gelegen, erhielt im dreizehnten Jahrhundert ein Nonnenkloster des Zisterzienserordens. In der Mitte des Fleckens, auf dem Kirchenplatze, steht noch das mittelalterliche, massiv aus Mauersteinen aufgeführte Klostergebäude, und wo einst fromme Ordensschwestern in stiller Beschaulichkeit lebten und geräuschlosen Schrittes zur Hora und Vesper eilten, da wird jetzt [1859] über die Aufrechterhaltung bürgerlicher Gesetze gewacht und Steuer und Pacht erhoben: Die Behausung der Nonnen ist in ein Amtshaus umgewandelt worden.

Wie überall, wo Klöster angelegt wurden, ist auch der Flecken Zarrentin sehr hübsch gelegen, und besonders ist es der mit schönem Laubholz umstandene Schaalsee, der dem Orte und der ganzen Gegend einen eigentümlichen Reiz verleiht. In nicht geringem Ansehen steht der See aber dadurch, daß sich in ihm die so schmackhafte große Muräne – salmo muraena – findet. Dieser Fisch, der im Mittelländischen Meere und in den Seen Italiens heimisch ist, stand schon bei den Römern wegen seines schmackhaften Fleisches in großem Rufe, so daß die Begüterten eigene Muränenteiche hatten.

Die Nonnen des Zarrentiner Klosters hatten genug von dem schönen Fische gehört, um lüstern nach ihm auszuschauen. Aber Italien mit seinen Teichen und das Mittelländische Meer ist weit. Wo ist der Bote zu finden, der beflügelten Fußes das Verlangen der genügsamen Schwestern stillt?

Da nahet sich ihnen, wie überall, wenn die Begierde der Sinne maßlos wächst, der Teufel, und indem er noch ihre Lust zu erhöhen sucht, bietet er sich ihnen als Bote an. – Die Nonnen beben zurück vor dem Vater der Lüge. Sie wollen doch lieber dem Genusse entsagen, als mit ihm in irgendeine Gemeinschaft zu treten. Aber so leicht gibt jener seine Versuchungen nicht auf, und als die Schwestern sich nicht länger der Lust erwehren können, übernimmt der Teufel die Botschaft. Jedoch muß er sich verpflichten, die Muränen zu Mittag zwölf Uhr auf den Tisch zu stellen, wofür sich die Nonnen ihm zum Eigentum versprechen.

Schnell macht sich der Böse auf den Weg. Doch kaum ist er von dannen, als die Schwestern Reue und Grauen vor dem Schrecklichen ergreift. Sie treten beratend zusammen und kommen bald darin überein, den Zeiger der Turmuhr, der schon auf halb zwölf steht, eine halbe Stunde weiterzuschieben. – Es geschieht, und kaum ist der letzte Schlag der Mittagsstunde verklungen, als der Teufel über den Schaalsee daherfährt und in seinem Grimme, daß ihm der Lohn entgangen, die Fische in das Wasser fallen läßt.

Der Schaalsee nahm die Fremdlinge auf, und sie sollen in demselben bis auf unsere Tage herab prächtig gedeihen. (78)

Das einträgliche Abendmahl

Die Kirche in Blankenhagen [Kr. Rostock] hat ziemlich viel Geld. Hiervon erzählen die Leute:

In dem Dänschenburger Holz hat eine Burg gestanden, dort, wo das heute »Lembkenwall« heißt. Der hier gewohnt hat, hat Lembke geheißen. Der ist so eine Art Räuber gewesen. – Als er krank gewesen ist und sterben wollte, da hat er sich den Priester Beuchle aus Blankenhagen kommen lassen, denn er wollte das Abendmahl haben. Als der Priester da war, dachte der: »Ditt is 'n rieken Mann, den' kannst noch 'n bäten Geld affknüppen.« Und er sagt: »Ick heff de Oblat vergäten. Sei möten wat Schweres dan hebben. Ick möt ierst de Oblat halen.« – Er hat das getan, und als er wieder dagewesen ist, hat er keinen Wein gehabt. Der Priester hat nochmals gesagt: Er müsse etwas Schweres getan haben, weil immer etwas fehle. Holen könne er den Wein nicht mehr, denn in der Zeit bliebe er tot. Um sich von seiner Schuld zu lösen, solle er der Kirche nur Geld vermachen. – Der hat das auch getan, und daher hat die Blankenhäger Kirche ihr Geld. (79)

Der Schatz in der Kirche zu Ankershagen

Bald nachdem die Burg zu Ankershagen [Kr. Waren] zerstört worden war, haben die Mönche Besitz von dem Orte genommen. Bis zum Dreißigjährigen Kriege sollen sich dieselben hier behauptet haben, dann aber plötzlich von dort vertrieben worden sein.

Nach einer alten Sage haben nun die Mönche bei ihrer unerwarteten und schnellen Vertreibung viele Schätze in Ankershagen zurücklassen müssen. Dennoch aber sollen sie vor ihrem Abzuge doch noch so viel Zeit gefunden haben, um ihre sämtlichen Wertsachen auf die Seite zu schaffen und sie wohl zu verbergen. Namentlich, meinen die Leute, sind wohl in der Kirche viel Gold und sonstige Kostbarkeiten von den Mönchen vermauert worden, welcher Glaube durch folgende Tatsache noch mehr Nahrung gewinnt:

Nach den Berichten der Ankershagener Prediger sollen nämlich immer, in Zwischenräumen von zwanzig bis fünfundzwanzig Jahren, ausländische Männer bei ihnen erscheinen und um Öffnung der Kirche bitten. Hat man ihren Wunsch erfüllt und ihnen die Kirche geöffnet, dann sehen sie sich in derselben allenthalben ganz genau um, schlagen hier und dort prüfend mit einem kleinen mitgebrachten Hammer an die Mauern und entfernen sich darauf wieder. Die Sprache dieser Männer aber ist fremd, so auch ihr Aussehen und ihre Manieren. (80)

Das Altarbild der Kirche zu Benzin

Die Kirche zu Benzin bei Lübz hat ein geschnitztes Altarbild, einen Gekreuzigten und andere Holzfiguren darstellend, durch welches von oben bis unten ein etwa zwei Finger breiter Riß hindurchgeht. Darüber erzählt man folgendes:

Den Altar hatte ein Lehrbursche mit großer Kunst gemacht. Sein Meister aber stach ihm aus Ärger die Augen aus. Der geblendete Bursche machte hierauf einen augenlosen Kopf aus Holz und brachte ihn unter dem Kreuzesstamme am Altare an. Den Altar schenkte ein Viehhändler der Kirche zu Benzin mit der Bedingung, daß er unter dem Altar begraben werde.

Als die Amtsherren aus Lübz den Altar sahen, gefiel er ihnen so gut, daß sie meinten, er sei für eine Landkirche zu schön und müsse nach Lübz in die Kirche kommen. Er ward auf einen Wagen geladen, den vier Pferde zogen. Aber draußen vor dem Dorfe stand der Wagen still. Man spannte noch zwei Pferde vor, auch das half nichts. Auf einmal riß mit starkem Knalle der Altar von oben bis unten, so daß die Amtsherren erschrocken beschlossen, umzukehren und den Altar an seine frühere Stelle zu bringen. Man spannte vier Ochsen an, die ihn wieder zurückzogen. (81)

Die tanzenden Mädchen vor dem Altar

Zur Zeit, als meine Großmutter ein junges Mädchen war, hatte der Küster K. sein Dienstmädchen und deren Schwester, zwei hübsche junge Mädchen, in die Stadtkirche geschickt, um dieselbe zu reinigen. Die beiden flinken Mädchen kehrten und fegten nach Herzenslust. Als sie bis zu dem großen, freien, mit glatten Fliesen belegten Platz vor dem Altare gekommen waren, sagte die eine: »Hier muß es sich wunderschön tanzen lassen!« Sogleich warf die andere den Besen weg, und alsbald drehten sich beide lustig im Kreise herum. Aber o weh! Als sie bis mitten vor den Altar gelangt waren, standen sie wie in den Boden gewurzelt, und keine Kraftanstrengung, kein Jammern vermochte sie von der Stelle loszureißen.

Spät am Abend, als er die Mädchen nicht zurückkommen sah, begab sich der Küster in die Kirche und fand die beiden vor dem Altare stehen, von wo auch seine Versuche sie nicht zu entfernen vermochten. Ratlos eilte er zu seinem Vorgesetzten, dem Konsistorialrat Z., der auf die Erzählung des Küsters seinen Ornat anlegte und sich mit ihm in die Kirche begab. Er trat sogleich zu den betenden Mädchen und flehte brünstig zu Gott, ihnen ihren Leichtsinn gnädiglich zu verzeihen, worauf sich denn auch der Bann löste und die Mädchen reuig und demütig nach Hause gingen. Aber tanzen haben sie seitdem nie mehr gewollt. (82)

Die Strafe der Tänzer von Dassow

Zwischen dem Dorfe Dassow [1879] und dem lübeckischen Fischerdorfe Schlutup ist an der alten Lübecker Landstraße eine wüste Stelle, auf der weder Baum noch Strauch, weder Getreide noch sonst eine Pflanze gedeihen will. Die Leute nennen den Fleck die »Mordgrube« und erzählen folgendes:

Noch vor der Reformation stand hier ein Wirtshaus, die »Tannenschenke« genannt. Hier ging es immer lustig her, namentlich an Sonn- und Festtagen wurde hier wild gezecht und getanzt. Einmal an einem Himmelfahrtstage ging es ebenso. Nach Tisch stellte sich ein Fiedler ein, und es wurde getanzt. Plötzlich sah man in der Ferne einen Geistlichen, die Monstranz in der Hand, kommen, auf dem Wege zu einem Sterbenden. Der Fiedler hielt ein und forderte die Tanzenden auf, dem Sakrament Ehrfurcht zu erweisen, indem er selbst auf die Knie fiel. Allein die wilden Gesellen verhöhnten ihn nur. Da zog bald darauf ein finsteres Gewitter auf, ein Blitzstrahl und furchtbarer Donner, und die Erde tat sich auf und verschlang die Tänzer. Der Fiedler hatte sich noch zu rechter Zeit geflüchtet und entrann dem Gerichte. – Später hat man die Gebeine der Versunkenen ausgraben wollen, aber immer war, was man am Tage ausgegraben, am andern Morgen verschüttet. (83)

Eine Frau wird in Stein verwandelt

Nicht weit von der Stelle, wo jetzt [1879] das Körnerdenkmal steht, bei Rosenberg [nahe Schwerin], liegt auf dem Felde ein Stein, der entfernte Ähnlichkeit hat mit einer auf den Knien liegenden jätenden Frau, deren Kopf mit einem Tuche umwickelt ist und auf deren Schulter sich ein Eindruck, wie von einem Pferdehuf, befindet.

Von diesem Stein erzählt man, daß er einst ein Weib gewesen sei, welches recht gottlos war und sich gar nicht um Kirche und Gotteswort kümmerte. Sie saß an einem Sonntagmorgen auf dem Felde beim Flachsjäten. Als in dem benachbarten Kirchdorf Vietlübbe ein Zeichen mit der Glocke gegeben ward, um den Anfang der Predigt anzuzeigen, naht ihr ein weißer Reiter auf einem weißen Roß und mahnt sie, ihrem gottlosen Treiben ein Ende zu machen und des Sonntags die Kirche zu besuchen. – Die Frau achtet der Worte nicht und fährt ruhig fort in ihrer Arbeit. Aber jetzt ereilt sie das Verderben. Denn als eben der weiße Reiter verschwunden ist und die letzten Töne der Glocke verhallt sind, kommt ein schwarzer Reiter auf schwarzem Roß und reitet über das Weib hin. Und von dem Augenblick an, wo des schwarzen Rosses Huf ihre Schulter traf, ist sie in Stein verwandelt. (84)

Der gottlose Ackersmann zu Rostock

Zu Rostock lebte vor Jahren ein Ackersmann, ein recht roher, gottvergessener Mensch. Der ging einst zur Zeit einer langen Dürre hinaus aufs Feld, um seine Saaten zu besehen.

Als er hier gewahrte, wie traurig alles Getreide den Kopf hängen ließ und schier vor Trockenheit umkam, da fing er an zu toben und zu fluchen und Gott zu lästern. In wahnsinniger Wut riß er seine Flinte, die er bei sich trug, ab und schoß zum Himmel hinauf mit den Worten: »Hätt ich dich, ich wollt' dir's vergelten.«

Kaum war das gräßliche Wort aus seinem Munde, da fiel ein Wetterschlag aus der klaren Luft. Der Lästerer war getroffen und lag für tot am Boden. Wohl kehrte das Leben wieder zurück, aber die Sprache war dahin und der Nacken gekrümmt, also daß er wie das unvernünftige Vieh nur zur Erde blicken und Haupt und Auge nicht mehr zum Himmel erheben konnte. (85)

Der gottlose Fischer aus Alt Gaarz

An einem Karfreitag, als die Glocken zum Gottesdienst läuteten, fuhr ein Fischer aus Alt Gaarz, namens Hans Peter, in seinen Werktagskleidern auf die See hinaus, um zu fischen. Wiewohl von seinem Nachbarn aufgefordert, mit zur Kirche zu kommen, wies der Gottlose dies mit Spott und Hohn zurück, und auch draußen auf der See setzte er seine Spottreden fort. Da erhob sich plötzlich ein Wirbelwind und Sturm, der den Kahn des Fischers und ihn selbst in den Wogen begrub. – Seit der Zeit erscheint an jedem Karfreitag der Fischer in seinem Boot auf der See bei Alt Gaarz [heute Rerik] und fährt dort während des Gottesdienstes ruhelos umher. (86)

Warum die Tollense vor Weihnachten nicht gefriert

Einstmals um die Weihnachtszeit war die Tollense stark gefroren. Da machten sich zwei Fischer aus Neubrandenburg am Morgen des ersten Weihnachtstages auf, um zu Eise einen Fang zu tun. Es glückte ihnen auch ein reicher Zug, und sie hätten wohl nach Hause gehen sollen, um so mehr, als die Kirchenglocken den Beginn des Gottesdientes ankündigten. Aber die Habgier verleitete sie, auch während der Kirchzeit noch ihr Werk fortzusetzen. – Da stand plötzlich ein hoher, ernster Mann neben ihnen, schalt sie wegen der Entheiligung des Festtages und sagte ihnen, damit niemand mehr in Versuchung käme, das Christfest durch einen Eisfang zu entheiligen, solle die Tollense vor Weihnachten nie wieder mit Eis bedeckt sein. (87)

Aus der »Schwedenzeit«

Burg und Kirche zu Stüvendorf

Auf dem jetzigen Vietlübber Felde, unweit Lübz, stand früher das Dorf Stüvendorf, und neben demselben lag eine Ritterburg. Der letzte Ritter von Stüvendorf lebte in Fehde mit einem Ritter auf Wangelin. Dieser schlich sich als Bauer verkleidet in Stüvendorf ein, zündete des Nachts die Burg an und tötete den aus dem brennenden Hause herauseilenden Stüvendorfer. Er selbst wurde von dessen Leuten erschlagen und verbrannte mit der Burg.

Die Kirche von Stüvendorf stand noch lange, nachdem Burg und Dorf zerstört worden. Ihre Glocken zeichneten sich durch ihren schönen Klang aus. Im Dreißigjährigen Kriege wollten die Schweden des Nachts die Glocken stehlen und sie zu Kanonen umgießen lassen. Wie sie sie aber vom Glockenstuhle herabnehmen wollten, setzten sich die Glocken von selbst in Bewegung und läuteten Sturm. Die Bauern aus den benachbarten Dörfern eilten mit Hacken und Äxten herbei und zwangen die Schweden, unverrichteter Dinge die Flucht zu ergreifen. Um für die Zukunft die Glocken zu sichern, brachte man sie nach Vietlübbe, wo man bald eine neue Kirche baute, nachdem die Stüvendorfer schon baufällig geworden. (88)

Das versteckte Dorf Zachlin

Dicht am Plauer See, an dem von dort nach Ganzlin führenden Wege, hat vor dem Dreißigjährigen Kriege ein blühendes Dorf gestanden, Zachlin mit Namen. Tief versteckt in Tannen und Erlengebüsch, blieb es lange unentdeckt und von den Greueln des Krieges verschont. Die angsterfüllten Einwohner, vom wilden Kampfesgetöse rings umgeben, taten aber auch alles, um verborgen und unentdeckt zu bleiben. So war... unter anderm auch beschlossen worden, daß alle Einwohner ihre sämtlichen Haustiere töten sollten, damit der Feind nicht etwa durch ihr Schreien oder Lärmen aufmerksam gemacht und also herangelockt werden könne.

Ein Bauer, der einen ganz wunderhübschen Hahn hatte, von dem er gar zu viel hielt, handelte aber gegen den Gemeindebeschluß. Denn er ließ seinen lieben Hahn am Leben und versteckte ihn auf dem Heuboden, wo er ihn reichlich mit Futter versorgte. Einige Zeit ging alles ganz gut. Als jedoch der Bauer eines Tages das Füttern vergessen hatte, begann der hungrige Hahn plötzlich ein lautes Gekrähe, daß es weithin schallte.

Unglücklicherweise hörten dies Hahnengeschrei gerade in der Nähe lagernde feindliche Truppen. Sie gingen dem Schalle nach und fanden bald das unglückliche Dorf, welches sie nun, nachdem es geplündert und die Einwohner getötet waren, bis auf den Grund niederbrannten.

Noch jetzt [1862] liegen Reste alter Bausteine zerstreut auf der Dorfstätte umher und deuten uns den Ort an, wo einst Zachlin gestanden, zu dessen Andenken auch noch heute der zu Anfang erwähnte, von Ganzlin nach hier führende Weg der »Zachliner« genannt wird. (89)

Schweden gegen Schweden

Das war in der Zeit des Dreißigjährigen Krieges. Da haben sie ja unser Land zu einer Wüste gemacht, und fremde Soldaten hausten wie die Schweine. Viele Dörfer haben sie abgebrannt und viele Menschen totgemacht. Alles ist kurz und klein geschlagen worden. Das Kirchensilber [von Alt Strelitz] und all das Geld waren in dem unterirdischen Gang vesteckt worden, der von der Kapelle auf dem alten Kirchhof unter der Kapellenstraße nach dem Schloß gegangen ist. Die Schweden haben nun in Alt Strelitz nicht recht etwas gefunden, was kein Wunder ist: Wer hat schon in Alt Strelitz recht etwas gefunden? Die ganzen Kostbarkeiten liegen heute noch auf einer Stelle in dem unterirdischen Gang.

Die Schweden kriegten sich nun selbst in die Haare. Einer

glaubte, der andere hätte etwas gefunden und wollte ihm nichts davon abgeben. Zuerst gab es nur Prügel. Hernach war aber der Spaß vorbei. Die langen Säbel flogen aus der Scheide, die Pistolen wurden gespannt. Sogar die Musketen und die Kanonen wurden herangeholt. Die Schweden teilten sich in zwei Haufen und bekriegten sich selbst. So ist das meist immer, wenn sich welche ums Geld streiten. Die Kanonen schossen, die Musketen ballerten los. Mord und Totschlag gingen um. Die eine Partei hatte bald genug, sie riß aus, die andere hinterdrein.

Zwischen Fürstensee und dem Bauhof kriegten sie sich noch einmal das Schlagen. Nun gerieten beide Parteien tief in die Wiesen hinein. Da war ein Torfbruch. Das ist überwachsen gewesen, und das haben sie im Dunkeln nicht gesehen. Da sind sie alle hineingeraten und ertrunken. Nicht einer ist wieder herausgekommen. Sie liegen da heute noch drin.

Nun geht der Kanal dicht an der Stelle vorbei. Weil die Schweden im Leben unter sich keinen Frieden gehalten haben, halten sie im Tod erst recht keinen. Im November spuken sie alle Jahre in der Gegend herum und schlagen die Schlacht um das Geld weiter. (90)

Zimmermann verrät Schloß Wesenberg

Dicht vor Wesenberg liegt auf einer kleinen Anhöhe am See die Ruine des alten Schlosses, von dem noch der sogenannte Fangeturm, halb verfallen, und einige Mauerreste stehen. Das ist im Dreißigjährigen Kriege zerstört worden. Aber es hat sich lange gewehrt, und Tilly, welcher davor lag, würde es nicht bekommen haben, wenn nicht ein Verräter gewesen wäre.

Tilly hatte nämlich die Stadt bereits eingenommen und fast niedergebrannt, so daß noch lange nachher ein Teil derselben wüst gelegen und in einem Hause am Tor, wie die Alten immer erzählt haben, die Bäume aus den Fenstern wuchsen. Da rückte er auch vors Schloß und schoß lange vergeblich auf die festen Mauern, bis endlich ein Bürger aus Wesenberg, Zimmermann hat er geheißen, ihm die Schliche und Wege zeigte, wie er hineinkommen könnte.

Da hat er es überrumpelt und zerstört und ist dann davongegangen.

Die Bürger haben's aber dem Zimmermann gedacht, und als der Feind fort war und er sich nun auch auf und davon machen wollte, da sind sie ihm nachgeeilt und haben ihn auf einem Berge bei der Stadt, der noch der »Zimmermannsberg« heißt, eingeholt, wo sie ihn bei lebendigem Leibe zu Tode gesteinigt haben und er den Lohn für seinen schändlichen Verrat erhalten hat. (91)

Der Junge und Wallenstein

Als Wallenstein auf dem Schlosse in Güstrow residierte, stellte sich ein Pferdejunge daselbst ein, um dem Herzog einen Fuchs und einen Hecht zum Geschenke zu bringen. Er hatte die beiden Tiere in einem Sumpfe miteinander ringen gesehen und beide gefangen. Vom Schlamm beschmutzt, wie er war, fand er bei der Torwache Schwierigkeit und erlangte den Eintritt erst, als er die Hälfte des erhaltenen Dankes ihr versprach. Ebenso mußte er dem an der Tür des Saales stehenden Diener die andere Hälfte versprechen.

Endlich zu Wallenstein durchgedrungen, überreicht er ihm das Geschenk mit den Worten: »Hier bring ick Sei, wat Sei in Ehren ganzen Läben noch nie nich seihn hebben.« – Der Herzog heißt ihn, sich eine Gnade auszubitten. – Da verlangt der Pferdejunge fünfzig Stockschläge. – Nach dem Grunde der seltsamen Bitte befragt, erzählt er seinen Pakt mit den beiden Wachen, die dann auch richtig jeder ihre Fünfundzwanzig ausbezahlt bekamen.

Den Pferdehirten aber, an dem der Herzog Gefallen fand, hieß er abwaschen. Ein hübsches Kammerfräulein brachte Schüssel und Handtuch herbei. Als er sich gereinigt, durfte er noch um etwas bitten. – Da bat er um den Nagel, an dem das Handtuch hänge. Dieses hatte nämlich das hübsche Mädchen über ihre Schultern gehängt. Lächelnd gewährte Wallenstein auch diese Bitte und behielt den klugen Burschen unter seinen Soldaten, wo er bald durch Klugheit und Tapferkeit sich auszeichnete. (92)

Das Güstrower Schloß, um 1850

Der Schweinehirt von Hohen Luckow

Als Hohen Luckow, zwei Meilen südwestlich von Rostock, noch ein Bauerndorf war, wütete im Lande ein lange dauernder Krieg, der auch diese Gegend nicht verschonte. Ein feindlicher Kriegshaufe zog durch das Dorf, dessen Bewohner geflüchtet waren. Nur ein Junge hütete sorglos die Schweine. Diesen griffen sich die Soldaten als Wegweiser auf und behielten ihn, da sie Gefallen an ihm fanden, bei sich.

Nach Jahren kam der ehemalige Schweinejunge als reicher Oberst wieder, kaufte dem im Kriege verarmten Edelmann Hohen Luckow ab und baute das jetzige Herrenhaus. Allein sein einziger Sohn brachte alles wieder durch und soll im Elend verkommen sein. Der Vater aber hatte im Grabe keine Ruhe, sondern soll im Rittersaale des Schlosses noch jetzt [1879] sein Unwesen treiben. (93)

Fremde Kriegsscharen

Aus dem Dreißigjährigen Kriege hat sich manche Erinnerung erhalten. Der Schäfer in Striesenow [Kr. Güstrow] berichtete davon folgendes:

Katholische Kriegsscharen kamen auch nach Striesenow. Den Vortrab bildeten die Bayern, die plünderten furchtbar. Jeder hatte vor sich über sein Pferd zwei Säcke gehängt, in die er alles Wertvolle hineinstopfte, was er fand. Die Striesenower Herrschaft hatte sich in das Holz geflüchtet und dort ihre besten Sachen vergraben auf einer Stelle, die noch bekannt ist.

Der Sohn des Herrn war aber auf dem Hofe in Knechtskleidung zurückgeblieben, um zu sehen, wie es dort abgefahren würde. Er half den Soldaten beim Pferdetränken, wurde aber sehr mißtrauisch von ihnen angesehen. Als alles ausgeraubt war, ging Striesenow in Flammen auf, und die Soldaten spießten kleine Kinder auf und warfen sie ins Feuer.

Auch Warnkenhagen [Kr. Teterow] hatte von den Kriegsscharen viel zu leiden. Der dortige Pastor flüchtete und versteckte vorher den Kelch in einer alten hohlen Kropfweide. Nach vielen Jahren kehrte er wieder in sein Dorf zurück. Da lag alles in Trümmern, und ein großer Fliederbusch war durch das Dach seines Hauses gewachsen. Er lenkte auch seine Schritte nach jener alten Weide und fand den Kelch noch wohlbehalten in ihrer Höhlung. (94)

Das verlassene Dorf

Vater erzählte vom Dreißigjährigen Krieg: In Laupin [Kr. Ludwigslust] ist alles verwüstet gewesen. Nur ein Haus ist stehen geblieben (das steht noch), darin ist der Hund zurückgeblieben. – Als der Krieg zu Ende ist und der Bauer wieder zurückkommt, stürmt eine große Schar Hunde auf ihn los und will ihn angreifen. Er ruft: »O Murrjahn, kumm doch her!« Da hat der Hund ihn erkannt und sich gefreut. – Das Haus ist sehr verfallen gewesen; ein Fliederbaum ist aus dem Dach herausgewachsen. (95)

Die letzte Kuh

Nach dem Kriege, das ist schon lange her – das ist wohl der Dreißigjährige Krieg gewesen –, da ließ der Landesherr bekanntgeben: Wenn noch ein Tier sich finden ließe, das solle eine goldene Krone aufhaben. Damals, so hab' ich von den Alten gehört, haben sie weite Strecken gehen können, ehe sie einen Menschen getroffen haben. Wenn sie dann ganze Wegstrecken gegangen sind, und da haben sich zwei getroffen, dann haben sie sich gefreut. Und die Tiere sind auch alle weg gewesen. Zuletzt haben sie im Gühlholz [einem Ackerschlag von Redefin, Kr. Hagenow] – da ist damals noch alles Unkraut und Gesträuch gewesen – noch eine Kuh und ein Kalb gefunden. Die waren dort verborgen. Die haben dann die goldene Krone aufgesetzt bekommen.

So habe ich es früher nur gehört, wenn die Alten sich das erzählten. (96)

Die versenkte Kriegskasse im See bei Wackstow

Nicht weit vom Hofe zu Wackstow [Kr. Röbel], nach der ehemaligen Karchower Mühle zu, liegt ein kleiner See, in dessen Tiefe sich ein großer Schatz befinden soll. Als nämlich – so erzählen sich die Leute – im Dreißigjährigen Kriege einmal ein kleiner Trupp Schweden, der seinem Heere die schwergefüllte Kriegskasse nachführte, über das Wackstower Feld trabte und so in die Nähe dieses Sees kam, wurde er plötzlich von einer umherstreifenden, sehr starken Patrouille Kaiserlicher bemerkt und sofort auf das hitzigste verfolgt. Die Schweden jagten zwar in rasendster Eile mit ihrer schweren Kriegskasse dahin, doch gewahrten sie sogleich zu ihrem größten Schrecken, daß sie nur zu bald von ihren Verfolgern, die ihnen wohl um das Zehnfache überlegen waren, eingeholt und überrumpelt sein würden. Um keinen Preis aber wollten die wakkeren Reiter dem nach ihrem Schatze lüsternen Feinde die wertvolle Kriegskasse in die Hände fallen lassen. Als sie daher keine befreundete Hilfe in der Nähe sahen und auch solche nicht mehr erwarten konnten, stürzten sie, indem sie über die kleine Hügelkette sprengten, an deren Fuße sich der Wackstower See ausbreitet, schnell die Kriegskasse rücklings hinunter in das tiefe Wasser, wo sie denn auch alsbald untergesunken und dem Auge entschwunden war.

Die bald danach eintreffenden Kaiserlichen versuchten zwar dieselbe wieder herauszuheben, aber ohne jeglichen Erfolg. Der See war zu morastig, die Kiste sank nur noch immer tiefer, und bald mußten sie von der Erlangung derselben abstehen und ihre vergeblichen Bemühungen aufgeben. – Die Schweden hatten indes dadurch einen bedeutenden Vorsprung gewonnen und entkamen somit sämtlich glücklich den Händen ihrer feindlichen Verfolger.

In späteren Zeiten hat man sich noch oft und vielfach wieder bemüht, die versenkte Kriegskasse an das Tageslicht zu fördern, aber immer vergeblich. Die letzten derartigen Versuche wurden vor etwa vierzig Jahren [um 1817] noch angestellt. Es hatte sich hierzu eine eigene, ziemlich große Gesellschaft, namentlich aus Röbelschen Einwohnern bestehend, gebildet, die alles nur irgend Mögliche und Denkbare taten, versuchten und unternahmen, um sich in den Besitz des vermeintlichen Schatzes zu setzen. Die Mitglieder dieses Unternehmens hatten sich dieserhalb von dem damaligen Besitzer Wackstows Erlaubnis erwirkt und begannen nun ihre Nachforschungen auf die großartigste Weise. Doch obgleich sie auch keine Ausgaben, keine Mühen und Arbeiten scheuten, obgleich sie auch allen möglichen Zauber- und Sympathiekram anwendeten und sich Schatzgräber und Teufelsbanner kommen ließen, worunter auch der damals so sehr berühmte Beschwörer aus Strelitz war, so blieb doch auch jetzt wieder alles ohne Erfolg. Einmal glaubten sich die Nachforscher zwar schon am Ziele ihrer Bemühungen, es klang etwas in der Mitte des Sees so hohl und eigentümlich, und allgemein hieß es, man habe den Ort, wo die versenkte Kriegskasse stehe, jetzt endlich gefunden. Doch zum höchsten Leidwesen der guten Schatzgräber erwies es sich bald, daß es nur Täuschung gewesen. Denn ein großer Stein war es, der in der Tiefe des Sees lag und beim Aufstoßen mit der Untersuchungsstange so eigen geklungen hatte.

Mehrere Männer, die damals vergeblich mitsuchten, leben noch jetzt [1857] in Röbel, wie auch noch ein von ihnen gezogener

Graben vorhanden ist, der zum Ablassen des Sees diente. Seitdem ist aber den Leuten nun doch der Appetit und die Lust zu noch ferneren Nachforschungen vergangen, und allgemeiner ist von der Zeit an der Glaube geworden, daß es wohl nur bloß eine reine Sage war von der versenkten schwedischen Kriegskasse im Wackstower See, oder daß dieselbe sonst auch schon vorher von andern in der Stille herausgeholt und somit längst der Schatz gehoben worden ist. (97)

Der Kriegsknecht am Groß Radener See

Ein alter Mann in Witzin erzählte: Mein Vater, der Weber in Neukrug war, brachte einmal Leinwand nach Groß Raden. Als er über die »Purmühle«, bei der es nicht geheuer sein soll, kommt, nähert sich ihm ein alter Kriegsknecht in sonderbarer Kleidung. Er schien von dem Burgwall, der am nordöstlichen Ende des Sees liegt, hergekommen, war an den Füßen mit blauen Strümpfen und Schnallenschuhen bekleidet, trug einen alten abgeschabten Spitzrock und auf dem Kopf einen dreieckigen Hut. – »Ich bin ein Kriegsknecht, der unter Carolus XII. gedient hat. Hier (er wies nach dem Burgwall) hat unser König sämtliche Kanonen versenkt, die wir mit uns führten. Hast du einen Spaten, so will ich dir die Stelle zeigen.« – »Was geht mich das an?« sagte mein Vater und ging weiter. – Als er etwa hundert Schritte entfernt war, drehte er sich um, aber da war der Alte spurlos verschwunden. (98)

Unter Preußen und Franzosen

Die Flucht vor den Werbern

Der berüchtigte Jäger Brandt hat in der Zeit gelebt, wo preußische Werber überall, wo sich Gelegenheit dazu geboten hat, große und starke Leute zu Soldaten geworben, und wenn sie nicht gutwillig sich dazu haben verstehen wollen, sie mit Gewalt fortgeschleppt haben.

So haben die Werber damals auch in Oberhagen bei Rostock einen Tagelöhner im Auge gehabt, den sie gerne bewogen hätten, Soldatendienste zu nehmen. Da sie aber gefürchtet haben, daß er nicht gutwillig sich dazu verstehen werde, so haben sie mit Gewalt ihn dazu zwingen wollen. Sie dringen deswegen des Nachts in sein Haus.

Der Mann wird dies gewahr und springt aus dem Fenster. Die Preußen laufen ihm nach. Es liegt Schnee; er aber ist barfuß und im bloßen Hemde. Deshalb will er nicht gerne weit vom Hause abgehen. Er läuft deswegen nach einem in der Nähe sich befindenden Brunnen. Die Werber jagen ihn um den Brunnen herum. Er gerät jedoch endlich so in die Klemme, daß er nicht weichen kann, und springt deswegen über den Brunnen. Dabei ergreift einer seiner Verfolger den Zipfel seines Hemdes, behält aber nur diesen Zipfel in der Hand, während der Tagelöhner selbst mit dem übrigen Teile des Hemdes entkommt und Aufnahme findet bei jenem Jäger Brandt in Hinrichshagen, welches jetzt [1859] ein ziemlich großes Dorf ist, wo damals aber nur die Jägerwohnung allein gelegen haben soll. Es liegt eine halbe Stunde von Oberhagen entfernt.

Jener Tagelöhner soll viel Kraft gehabt haben, aber auch sehr viel haben essen können. Er soll einen ganzen Grapen voll Klöße mit einem Male aufgegessen, dann aber auch drei Tage genug gehabt haben. Er ist dann drei Tage im Walde beim Ausroden der Stämme geblieben und hat, je mehr der Hunger angedrängt hat, desto mehr den Schmachtriemen angezogen. (99)

König Fritz als Werber

Zu König Fritz seiner Zeit haben sie ja immer welche aufgegriffen, die haben Soldat spielen müssen. Einen Schäfer haben sie ein paarmal gefaßt, aber er ist immer wieder weggekommen. Sie haben seine Hütte mit ihm in einen Kahn gesetzt und sind damit über den See gefahren. Er ist aber durch den Boden herausgekommen und durch den See geschwommen.

Das haben sie König Fritz erzählt. – Da kommt König Fritz selbst zu dem Schäfer: Das wundere ihn, daß sie ihn noch nicht geklaut hätten. – Ja, wenn er nicht so klug wäre, hätten sie ihn schon längst gefaßt bekommen. – »Nu will ick di noch 'n Stück lihren«, sagt König Fritz, »dor warden se di woll mit kamen.« – Er muß die Arme gerade machen. »Dat mööẞt du œwer nich don!« sagt König Fritz. Und dann werden sie an einem Stock auf dem Rücken festgebunden. »Kannst du nu wedder loskamen?« fragt König Fritz. – »Nee.« – »Na, denn kumm man mit mi mit!«

Er hat ihm doch zeigen wollen, daß er noch klüger wäre. (100)

Pumpfot und König Fritz

Pumpfot hat sich einmal mitten in den Weg gelegt, als König Fritz angefahren kommt. – »Majestäten«, sagt der Kutscher, »hier liggt 'n Kierl in 'n Wegg.« – »Oh, dee kann sick jo wohren.« – Der Kutscher fährt über ihn drüber, aber er hat ihn nicht berührt; Pumpfot hat sich so durchgewunden.

Als sie ein kleines Stück weiter sind, laufen alle vier Räder ab, und die greifen sich. Der Wagen fällt um, König Fritz liegt auf der Erde. – »Das hat wieder der verfluchte Pumpfuß getan!« ruft der König. Er schickt den Kutscher hin: Pumpfot solle hinkommen und die Räder wieder aufstecken. – Erst will er nicht. Zuletzt kommen die Räder wieder angelaufen, und jedes Rad geht wieder rauf auf seinen »Schinken« [hier: Achse]. – Da muß er [Pumpfot] sich zum König in den Wagen setzen und hat zu fressen und zu saufen gekriegt und noch ein Trinkgeld dazu. (101)

König Fritz als Spion

König Fritz ist ja immer dicht an der Front gewesen. Und in dem Quartier, wo er gewesen ist, hat er gerne mal die feindliche Stellung auskundschaften und sich genau über alles orientieren wollen. Da hat er sich als Händler verkleidet und einen Korb mit weißen Bohnen besorgt. Damit ist er ins feindliche Lager gegangen und hat Bohnen verkauft. Und als er sich dort über alles ordentlich orientiert hat, da hat er gesagt: »Von de witten Bohnen heff ick nich mihr hatt as dissen Korw vull. Œwer ick heff noch 'n ganz Deel blaagen to Huus.« Ob sie die wohl auch kaufen würden. – Ja, haben sie gesagt, er solle nur ruhig wiederkommen. Aber was er damit gemeint hat, das ist ihnen wohl nicht ganz klar gewesen. (102)

Die Glocke in Schwaan

Zur Zeit der französischen Kriege lag ein französischer Offizier bei einer Witwe in Schwaan im Quartier. Als er zur Schlacht ausziehen mußte, übergab er ihr eine Summe Geldes mit der Weisung, es ihm aufzuheben. Ein Jahr lang solle sie warten; sei er dann nicht zurückgekehrt, so solle das Geld ihr gehören.

Das Jahr verging, und er kam nicht. Da schenkte sie von dem Gelde der Kirche eine Glocke und behielt das übrige als Notpfennig für sich. Nach längerer Zeit kam unerwartet der Offizier zurück. Wie er aber seinen Fuß über die Feldmark der Stadt setzte, tönte die Glocke von selbst, bis er im Hause der Witwe war. – Diese gestand erschreckt, was sie getan, und händigte ihm das übrige Geld ein. – Der Offizier erklärte, daß er ganz damit einverstanden sei. Als er sie verließ, läutete die Glocke aufs neue und so lange, bis er die Grenze des Stadtgebietes erreicht hatte. (103)

Der alte Veteran und die Franzosen

1800 und etwas, als Napoleon über die ganze Welt hergefallen ist, da hat [in Alt Strelitz] an der Lehmkuhle beim Fasanerieberg in einer alten Hütte ein alter Musikant gewohnt. Der hat noch bei König Fritz gedient. Bei Roßbach haben sie ihm ein Bein abgeschossen. Der Musikant war nur ein armer Teufel. Er hatte nichts als seine Violine und seinen Hund.

Einmal in der Nacht sind ein paar Franzosen gekommen und haben ihn herausgeklopft. Die Franzosen waren ihrem Kaiser ausgerissen. Nun wollten sie Brot haben und Branntwein. Der alte Musikant hatte aber selber nichts. Jetzt wollten die Kerle Geld haben. Das konnte ihnen der Alte auch nicht geben. Nun zog der eine die Pistole heraus und wollte den Alten totschießen, wenn er ihnen kein Geld gebe. Der Hund hatte den Franzosen nicht aus den Augen gelassen. Als sie nun mit scharfem Geschirr auf seinen Herrn losgegangen sind, sprang er zu. Nun schoß der Franzose den Hund tot und mit dem zweiten Schuß den alten Musikanten. Was aber nun kam, das hätte keiner vermutet.

Die Glocken in der Stadt fingen mit einmal ganz von allein an zu läuten. Der tote Hund ist auf die Mörder losgegangen und hat sie vor sich hergetrieben. Er hat sie durch die ganze Stadt gejagt, bis draußen an den Galgen vor dem Neubrandenburger Tor. In der Angst haben die Franzosen sich dort alle beide aufgehängt.

Seit diesem Tag schleicht der Hund Nacht für Nacht vom Fasanerieberg bis an die Kreuzung bei Wolters Mühle umher. Wie es heißt, sollen in dem Hund die Seelen von den aufgehängten Franzosen sein. So lange, bis ein guter Mensch den Hund anredet und einen frommen Spruch betet, muß der Hund dort herumschleichen. Dann erst ist er erlöst. (104)

Der Ringkampf

In der Franzosenzeit haben die Franzosen hier im Dorf [Spornitz, Kr. Parchim] Soldaten gehabt, und da ist so ein starker Franzose zwischen gewesen. Da haben die Franzosen zu hören bekommen, daß das im Dorf auch so einen Bauern gibt, Marten hat er geheißen. Und da hat der Franzose nicht nachgelassen, er wolle sich mit dem Bauern einmal fassen. Das ist an einem Sonntagvormittag gewesen. Der Bauer hat ganz am Ende des Dorfes gewohnt, und die Franzosen gehen die Straße hoch. Da begegnet ihnen Marten mit seiner Frau, er ist mit ihr zur Kirche gegangen. Die Franzosen haben ihn nicht weitergelassen, er hat sich auf der Stelle fassen müssen. Da hat Marten seinen blauen Kirchenrock ausgezogen, und das Fassen ist vor sich gegangen. Marten hat den Franzosen um den Leib gefaßt und an sich herangedrückt, daß ihm das Blut aus Mund und Nase gekommen ist, und hat ihn dann vor sich niedergelegt: Der Franzose ist tot gewesen. (105)

Ein Marodeur

Da kam einmal ein Franzose nach Tollow [Kr. Wismar] geritten und kommandierte, alle Bauern sollten ihr Geld und was sie sonst an Kostbarkeiten hätten, auf einer Scheunendiele zusammenbringen, wo er mit seinem Pferde hielt: Das hatte schon einen großen vollgepackten Mantelsack auf dem Buckel zu tragen. Aber zwischen den Bauern war ein ganz Beherzter, der schlug dem Franzosen mit einem »Däsen« [einer hölzernen Handwaage] von hinten her über den Kopf. Dann ließen sie den Franzosen und sein Pferd im Tollower Moor versacken.

Es dauerte nicht lange, da kamen richtige französische Soldaten, die fragten, ob sie nicht so einen Franzosenmarodeur gesehen hätten. – Aber kein Mensch im ganzen Dorf hatte einen Franzosen gesehen.

Was in dem Mantelsack gewesen war, das hatten sie unter sich aufgeteilt – und daher haben die Tollower Bauern immer noch so viel Geld. (106)

Mord an Marodeuren

In der Franzosenzeit kamen zwei alte Marodeure nach Sietow [Kr. Röbel] und blieben da eine Nacht. Als sie hörten, am nächsten Tag solle ein Regiment französischer Husaren anrücken, sagten sie morgens zu dem Bauern Ahnsorg, er solle sie über die Müritz nach Speck [Kr. Waren] fahren.

Ahnsorg mit seinem Sohn Jochen, einem Bengel von zwanzig Jahren, und die beiden Franzosen setzen sich in den Kahn, Ahnsorg hinten ans Steuer, Jochen vorn in die Spitze und zieht die Ruder. Die Franzosen sitzen in der Mitte auf dem Brett mit gespanntem Gewehr. Als sie so mitten auf der Müritz sind, sagt Ahnsorg: »Wi willen ierst 'n bäten äten un 'n Lütten drinken.« Er holt seine Kiepe hervor, kriegt Brot, Butter und Buddel heraus, schneidet sich erst etwas ab, langt Jochen ein Stück hin und nötigt auch die Franzosen. Erst will die Rackerbande nicht, aber zuletzt langen sie auch tüchtig nach der Buddel und trinken umschichtig. »Jochen«, sagt Ahnsorg, »nu is 't Tiet!« – »Ja«, sagt Jochen, »gliek, paß up!« Er langt nach dem Ruder, tut, als wenn er ziehen will, holt es aber herum und schlägt die Franzosen ins Genick, daß sie pardautz über Bord gehen. Sie greifen nach den Gewehren, werfen sie ihnen nach und schlagen die Franzosen, die schwimmen können, so lange auf den Kopf, bis sie zugrunde gehen.

Als sie hinterher die Tornister besehen, sind da vierhundert Taler drin. Die bringt der alte Ahnsorg nach dem Dobbertiner Bürgermeister. Der sagt zu ihm, er hätte ein großes Malheur angerichtet, er solle aber nichts weitersagen, er wolle es auch nicht tun. (107)

*

In der Franzosenzeit hatten meine Großeltern mütterlichereits, welche den Meierhof zu Boddin bei Wittenburg [Kr. Hagenow] bewohnten, ihre Wohnung verlassen. Mit Kindern, Leuten und Vieh waren sie in das Gehölz geflüchtet. Da bemächtigte sich ein französischer Marodeur ihrer Wohnung. Als sie dieselbe wieder beziehen wollen, schießt der Franzose auf alle Menschen, die sich dem Hause nähern. Schließlich fangen drei Leute aus Boddin den Franzosen und ertränken ihn trotz aller Bitten um Gnade in einem Wasserloch.

Von Gerichts wegen sind sie nicht bestraft worden, aber Glück haben alle drei nicht gehabt: Alle drei hatten keine Kinder, und wenn welche geboren sind, sind sie gleich darauf gestorben. Das Wasserloch hat noch immer die »Franzosenkuhl« geheißen. Die Stube ist, solange meine Mutter da gewesen ist, nie wieder bewohnt [worden]. Auch soll es in der »Franzosenstube«, so wurde sie genannt, gespukt haben. Man hat es zuweilen da schrecklich wimmern hören. (108)

Mecklenburger Französisch

Die Mecklenburger sind 1812 nicht so freudig in jenen fürchterlichsten aller früheren Feldzüge gezogen! Es war nicht ihr Land, das sie rief, sondern sie waren Söldner eines Landes, dessen Sprache sie nicht einmal verstanden . . .

Kurz bevor die mecklenburgischen Truppen nach Rußland abrücken sollten, wollte Napoleon sie besichtigen. Darob große Verzweiflung des Höchstkommandierenden. Wenn Napoleon zu einer Truppenschau kam, verlangte er als Gruß der Soldaten ein brausendes »Vive l'empereur!«. General Fallots rang die Hände über dem Problem, seinen braven Soldaten diesen französischen Gruß beizubringen.

Aber es gab auch damals schon Leutnants! Und ein Leutnant Tarnow erbat sich vom General die Erlaubnis zur Instruktion der Truppe. Die ging sehr fix vonstatten und hatte eine einfach fabelhafte Wirkung. Denn Leutnant Tarnow gab den französischen Unterricht auf dem Wege über das Plattdeutsche.

Als die Kompanien angetreten waren, baute Tarnow sich vor der Front auf und fing an: »Kinnings, hürt mal tau! Ji kennt doch all 'n oll Wiew?« – »Jawoll, Herr Leutnant!« – »Un 'ne oll Lamp kennt ji ok?« fragte Tarnow weiter. – »Jawoll, Herr Leutnant!« – »Un 'n oll Piepenrühr?« – »Jawoll, Herr Leutnant!« kam zum dritten Male die Antwort. – »Na«, sagte Tarnow darauf, »denn ruft nun mal alle so laut, wie ihr könnt: Wiew-Lamp-Rühr!« – »Wiew-Lamp-Rühr!« erscholl es darauf herzhaft wie aus einem Munde.

Der Ruf wurde einige Male geübt, und als Napoleon die Truppen besichtigte, klappte es großartig: »Wiew-Lamp-Rühr!« – Napoleon grüßte wieder und rief: »Salut, salut!«

»Wat hett hei seggt?« fragte nachher ein Soldat seinen Kameraden. – »Je«, antwortete dieser, »hei hett sick wundert, dat wi Französch kœnen. Un dorüm säd' hei: Süh, süh!« (109)

Der große Viehraub

Das hat meine Mutter erzählt: 1870 ist das nicht gewesen, da ist ein Krieg vorher gewesen, unter Napoleon. Da sind die Franzosen hier durchgezogen. Die jungen Menschen, die haben sich alle versteckt. In den Wäldern sind sie in die Bäume geklettert. Die hätten sonst alle mitmüssen, Gepäck tragen. Dann haben die [Franzosen] das Vieh alles mitgetrieben, und bei Stolp, da haben sie das Vieh alles abgeschlachtet. So haben sie die Menschen beraubt und alles beräubert hier.

Und einem haben sie auch das Vieh weggenommen, und der hat sich einen ganz alten Kittel angezogen und hat gejammert, er wäre so arm, sie sollten ihm das Vieh wiedergeben. Und der Oberste hat das gehört; da haben sie ihm das Vieh wiedergegeben. Er ist ja gar nicht so arm gewesen. – Das ist unter Napoleon gewesen, das waren schlimme Zeiten. Der Vater meiner Mutter, der hat das miterlebt.

Das hat Mutter viel erzählt. Das ist in dieser Gegend [bei Blankensee, Kr. Neustrelitz] passiert. Damals war das ja noch nicht mit Panzern und Flugzeugen wie nun. (110)

Die Todesnachricht

Als Preußen dem Korsen Napoleon Truppen zum Heeresdienst stellen mußte, wurde auch ein Bruder von meinem Großvater dazu bestimmt. Bevor er eingezogen wurde und die Heimat verließ, brachte er eine Tanne mit nach Hause und pflanzte sie ein. Er sagte zu seinen Eltern: »Wasst disse Dann, denn kam ick wedder, wasst se nich, kriggt ji mi nich wedder to sehn ...« Es waren sieben junge Leute aus Dewitz [Kr. Neubrandenburg], die den Feldzug nach Rußland mitmachen mußten. Sie glaubten, daß doch einer von den sieben die Heimat wiedersehen würde und den Angehörigen Auskunft geben könnte. – Aber keiner von ihnen kehrte zurück. Die Tanne war grün, aber sie wuchs nicht.

Einmal war eine bitterkalte Nacht, der Mond schien, und die Sterne flimmerten hell. Unser Großvater war damals ein junger Bursche. Er begleitete an diesem Abend Besuch bis ans Hoftor, um es für die Nacht zu schließen. Er sah einen Mann die Landstraße herunterkommen und hörte deutlich den Schnee unter seinen Stiefeln knirschen. Der Großvater ging über die Brücke, die vor dem Tor ist, bis auf die Straße. Er sieht einen Soldaten in voller Ausrüstung und seine Knöpfe an der Uniform hell blitzen. Beim Näherkommen erkennt er deutlich seinen Bruder Fritz. Vor Freude ruft er: »Broder Fritz, wo kümmst du her?«

Als er das gesagt hat, ist sein Bruder weg. Er schließt das Tor, geht in die Stube und sagt zu seinen Eltern: »Eben heff ick Fritz sehn, dee kümmt nich wedder!« – Er gab Nachricht für alle sieben, die beim gleichen Regiment dienten und auf den Schneefeldern in Rußland erfroren waren. (111)

Kosaken auf Geldsuche

In der Franzosenzeit sind hier ja auch viele Kosaken gewesen. Wenn die ins Dorf gekommen sind, haben sie immer nach Geld gesucht. Dann haben die Leute aber immer erst ihre Spiegel weggebracht oder auch ganz entzweigeschlagen. Wenn die Kosaken in den Spiegel geguckt haben, dann haben sie sehen können, wo die Leute ihr Geld versteckt gehabt haben. Gewöhnlich haben die Kosaken ein Buch gehabt, das haben sie vor den Spiegel gehalten und darin gelesen. In einem Haus haben sie das Geld auch richtig gefunden. Die Stücke und Splitter von dem Spiegel haben noch an der Erde gelegen, da haben sie das doch noch drin sehen können.

Das Schweriner Schloß. Lithographie von Theodor Boehden, um 1857

Mein Großvater in Stintenburg [Kr. Hagenow] hat sein Gold in zwei Blechkästen im Rohr im Schaalsee versenkt gehabt. Der eine Kasten ist nachher auch weg gewesen. (112)

Der Goldschatz aus Schwerin

Wann das gewesen ist, weiß ich nicht. Lang aber ist es schon her, und Krieg ist gewesen, und die Franzosen waren hier bei uns in Mecklenburg und stahlen und raubten.

Sie kamen auch ins Schweriner Schloß. Da haben denn die Franzosen die Schatzkammer ausgeräumt und all das Geld auf einen Wagen geladen und sind damit heidi durch unser Mecklenburg hindurch nach Pommern zu gefahren. – Daß aber gestohlenes Gut keinen Segen hat, damit haben die Franzosen wohl nicht gerechnet.

Und wie denn alles so kommt: Als die Franzosen mit ihrem Wagen voll Gold nun von Wasdow [Kr. Teterow] ins Pommersche hinüber wollten, sind sie unten in den Trebelwiesen mit Mann und Maus versackt im Sumpf, daß nichts mehr von ihnen blieb bis auf unsere Tage hin – ersoffen sind sie.

Als nun im letzten Krieg [1914/18] gefangene Franzosen hier auf den Gütern arbeiteten und einer davon auch in Wasdow, ist der beim Grabenmachen in den Trebelwiesen auf den Wagen mit dem Gold gestoßen. Was aber der Besitzer von Wasdow war, Herr Schmidt, der hat nicht erlaubt, daß danach gegraben wurde. Der Wiesengraben ist zugemacht worden, und heute weiß keiner mehr die Stelle, wo der Schweriner Goldschatz bei Wasdow in den Trebelwiesen liegt. (113)

Am Tage der Schlacht

Der alte Prütz in Hohenzieritz [Kr. Neustrelitz] – er ist ein Jahr älter als ich – hat mir erzählt: Da ist jemand wohnhaft gewesen in Ehrenhof, der kommt von Hohenzieritz und will geradezu gehen, dann muß er ja über den Hellberg. Als er zum »Knechtmorgen« kommt, dicht vor Ehrenhof (da wurde früher Torf gestochen), ist da so ein breiter Damm wie eine Straße nach Ehrenhof zu, und er sieht lauter Pferde, alle so truppweise. Die Pferde haben ordentlich geprustet und mit den Eisen geklappert. Wie ein ganzes Regiment ist das gewesen. Zum Teil waren die [Männer] aufgesessen, zum Teil haben sie daneben gestanden. Sie haben Soldatenzeug angehabt. – Die Alten sagten, das sei wohl der Tag von einer Schlacht gewesen, daß dort eine Schlacht stattgefunden hätte, daß nun der Tag gewesen sei, an dem sie sich wieder zeigen mußten. – Er hat das Ende nicht erkennen können von all den Pferden. (114)

Allerlei Frevel

»Spuk« und tödliches Erschrecken

Vor langer Zeit lebte in Malchin ein alter Küster mit seinem Weibe; die hatten eine einzige Tochter. Als dieselbe achtzehn Jahre alt war, wurde sie einem jungen Handwerker verlobt. Dieser pflegte sie nun fast allabendlich zu besuchen. Mehrere Male geschah es, daß bei solchem Besuche die Unterhaltung auf Spukgeschichten gelenkt wurde. Das junge Mädchen aber sprach sich dann jedesmal frei von aller Furcht vor Gespenstern aus. Da dachte ihr Verlobter bei sich, sie einmal bei passender Gelegenheit auf die Probe zu stellen.

Eines Sonntagabends kam er etwas später, als er sonst zu tun pflegte. Es war mittlerweile neun Uhr geworden. Als er bei dem alten Küster eintrat und seine Braut nicht in der Stube gewahrte, fragte er sogleich nach derselben. – Der alte Mann erzählte ihm, daß er sie kurz vor seinem Eintreten in die Kirche geschickt habe, um ein Buch zu holen, welches er am Tage auf dem Altar habe liegenlassen und an diesem Abend noch notwendig brauche. Sie werde aber sogleich wieder zurückkehren.

Ohne ein Wort zu sagen, kehrte der Bräutigam sogleich wieder um. Er wußte sich ein weißes Bettuch zu verschaffen; indem er sich darein hüllte, eilte er der Kirchtür zu und stellte sich in derselben auf. Das junge Mädchen, nichts ahnend, hatte den Auftrag ihres Vaters ausgeführt, das Buch vom Altar genommen und kehrte nun wieder zurück. Als sie aber an die Kirchtür kam und die weiße Gestalt erblickte, stieß sie einen Schrei des Entsetzens aus und sank zu Boden. Der erschrockene Bräutigam warf seine Hülle von sich, ergriff das Mädchen und trug es unter Tränen in das Elternhaus, aber als Leiche. Auch er starb vor Gram am dritten Tage.

Er vermachte der Kirche sein Vermögen mit der Bedingung, daß alle Abend um neun Uhr zum Andenken an die Todesstunde seiner Braut geläutet und vom Turme geblasen würde. Dies geschieht auch bis auf den heutigen Tag [um 1879]. Nur durch die Luke, die dem Küsterhause gegenüberliegt, blasen die Musikanten nicht, weil sie dann eine Maulschelle und am andern Morgen ein dickes Gesicht bekämen. (115)

Der Fischer und sein Weib

In Waren lebte einst ein Fischer, ein recht schlechter, gottvergessener Kerl. Aus Habsucht hatte er sich eine bucklige, schwächliche Person zum Weibe genommen, weil sie ein hübsches Vermögen besaß. Gerne wäre er sie nun gleich wieder los gewesen, um sich ungehindert ihres Geldes erfreuen zu können, das sie ihm schon vor der Hochzeit hatte verschreiben lassen müssen. Deshalb behandelte er das unglückliche Geschöpf auch fürchterlich schlecht und stieß und prügelte sie alle Tage, hoffend, der Tod werde ihn desto früher von ihr befreien. Dabei sang sein Lästermund fast fortwährend, wo er ging und stand:

»Ein Kreuz, ein Leid, ein bucklig Weib
Hat mir der Herr gegeben.
Nimm's Kreuz von mir, nimm's Weib zu Dir,
Dann kann ich ruhig leben.«

Als er eines Tages auf die Müritz hinaus zum Fischen fuhr, dort bei Sturm und hohem Wellenschlag wiederum sein Lieblingslied anstimmte und dabei weidlich auf Gott schimpfte, daß er seinen Wunsch noch immer nicht erfüllen wolle, da ereilte den Spötter und Frevler endlich des Höchsten strafender Arm. Ein Wirbelwind erhob sich, warf den Kahn um und stürzte den Fischer tief hinab in die brausenden Fluten, wo er sein schmähliches Ende fand.

Nicht also der Fischer sollte sich seines Weibes Tod, sondern umgekehrt, diese sollte sich des seinen freuen. Denn sie lebte noch lange Jahre hiernach in Ruhe und Frieden, dessen sie sich an der Seite ihres rohen, gottlosen Gatten nie zu erfreuen gehabt hatte. (116)

Der strafende Blitz

Zu Beginn der siebziger Jahre [des 19. Jahrhunderts] wollte der Schmied Heß in Jabel [Kr. Waren] Roggen mähen. Er suchte Mäher und Binder, hatte aber einen Binder mehr als Mäher und sagte, einen Mäher möchte er noch dazu haben, es möge gehn, wie es wolle, und wenn er auch einen aus den Wolken holen sollte. Und dabei fluchte er auf eine greuliche Art.

Sie gehen hin mähen. Nachmittags kommt ein starkes Gewitter herauf, das sich auf die Erde legt, indem daß solch ein Nebel wird, daß man keine fünf Schritte weit sehen kann. In der Stube war es so dunkel, daß man nicht lesen konnte, und dabei war ein Donnern und Blitzen, als wenn die Welt unterginge. Der Donner war fürchterlich, der Blitz war nur daran zu sehen, daß der Nebel rötlich wurde, regnen tat es aber gar nicht.

Heß ist gerade dabei und will eine Garbe aufnehmen und nach der Hocke tragen. Sein kleiner Junge steht dicht bei ihm. Da kommt ein Blitz und schlägt ihn mausetot. Dem Jungen und den Leuten, die um ihn herumstehen, tut er nichts.

Sie sagten nachher, er habe sich einen Mäher aus den Wolken geholt, der habe aber ihn gemäht, Gott habe ihn gestraft. (117)

Der Erbsendieb zu Klein Niendorf bei Lübz

In einem der Klein Niendorfer Hofgebäude, in dem sogenannten Schweinehause, soll's nachts nicht recht geheuer sein. Ein Geist soll dann dort sein Wesen treiben, gewaltig herumpoltern und toben und die in seinem Spukreviere sich gerade aufhaltenden Menschen gar sehr beunruhigen und necken...

Der Sage nach diente vor vielen Jahren ein Knecht auf dem Hofe, der es ganz ausgezeichnet verstand, sich des Nachts unbemerkt in die Rollkammer zu schleichen, von wo er dann auf den Boden stieg und für seine Pferde das beste Korn stahl. Die andern Hofknechte zerbrachen sich viel den Kopf darüber, wovon es wohl komme, daß das Gespann ihres Kameraden immer so auffallend schön, voll und wohlgenährt aussah, obgleich er doch auch nicht mehr Korn für seine Pferde bekam wie jeder andere. Oft stellten sie ihn dieserhalb zur Rede und verschwiegen dann auch ihm gegenüber nicht ihre Vermutung, daß er sich gewiß Korn stehle. Denn sonst, meinten sie, sei es nicht möglich, daß seine Pferde, die doch früher auch nicht besser als die ihrigen gewesen waren, jetzt so gut im Stande sein könnten.

Beharrlich leugnete dieser aber stets seinen nächtlichen Diebstahl, und als eines Abends seine Kameraden wieder in ihn drangen und ihn mit Fragen und Bitten förmlich bestürmten, sagte er endlich, um sich Ruhe zu verschaffen: »Nee, Jung'ns, ick stähl wahrhaftig keen Kuurn nich, un will 't Knick bräken, wenn ick leegen do!«

In derselben Nacht aber schon, als alles schlief, schlich unser Knecht wieder auf den Kornboden. Schon hatte er sich einen ganzen Sack mit Erbsen vollgeschaufelt, schon lag derselbe auf seinem breiten Rücken, und eben war er im Begriff, sich damit zu entfernen, als er plötzlich fehltrat und die Treppen hinunterstürzte. Am nächsten Morgen fand man ihn mit gebrochnem Genicke als Leiche auf den Dielen der Rollkammer liegen und ihm zur Seite den vollen Sack mit den gestohlenen Erbsen. – Gott, der die freche Lüge gehört, hatte sie schrecklich und so bald schon gerächt!

Das bereits erwähnte Spuken stammt nun noch von diesem Knechte her, der noch immer keine Ruhe gefunden und daher allnächtlich umgehen soll . . . (118)

Die sieben Steine bei Spornitz

Auf der Feldmark des Dorfes Spornitz, nicht weit von der Parchimschen Landwehr (der Stadtfeldgrenze), liegen dicht an der Chaussee sieben große, länglich-runde Steine, sechs dicht beieinander, der siebente eine kleine Strecke davon entfernt. Von diesen Steinen erzählt man sich folgendes:

In früheren Zeiten, als die Bauern ihre Pferde des Abends und des Nachts weiden ließen, hüteten einmal sieben Knaben die Pferde von Spornitzer Bauern. Um sich die Zeit zu vertreiben, verfielen sie aufs Kegelspiel, und da sie nicht Kegel noch Kugeln hatten, so machten sie aus den Würsten, die sie als Zehrung mitbekommen hatten, Kegel und aus Brotkrumen Kugeln.

Aber mit dem lieben Gottesbrot soll man nicht spielen! Das mußten die Knaben an sich erfahren. Einer hatte nur zugesehen. Zu dem trat ein kleiner Mann und gebot ihm, schnell fortzulaufen und sich ja nicht umzusehen. Die sechs andern wurden in Steine verwandelt. Den Weglaufenden plagte die Neugierde, zu erfahren, was aus seinen Kameraden geworden sei. Um das Gebot zu umgehen, sah er zwischen seinen Beinen hindurch, doch auch er wurde nun zu Stein.

Einmal nahm der Spornitzer Müller einen der Steine mit nach Hause, um ihn bei seiner Gartenmauer zu verwenden. Da fing der Stein an zu bluten. Der Müller erschrak und brachte ihn eilends an seine Stelle zurück. Seitdem liegen die Steine ungestört, und selbst beim Bau der nahen Chaussee hat man sie unberührt gelassen.

Eine ganz ähnliche Sage erzählt man von einer Steingruppe bei dem Dorfe Dambeck in der Nähe von Wismar. (119)

Der Gesundbrunnen von Dänschenburg

In der Kirche zu Dänschenburg bei Ribnitz sieht man gerade unter der Kanzel eine fortwährend feuchte Stelle, über welche die Sage also berichtet:

Vor vielen Jahren befand sich hier ein Gesundbrunnen, dessen Wasser eine besondere Heilkraft gegen allerlei Krankheiten hatte. Bald verbreitete sich der Ruf von diesem Brunnen durchs ganze Land. Scharenweise strömten die Kranken aus allen Gegenden herbei. Weil der Brunnen aber alle Krankheiten heilte, so suchte hinfort niemand mehr Hilfe bei den Ärzten. Diese wurden darüber neidisch und wußten einen Schäfer zu bewegen, seinen Hund in den Brunnen zu werfen. Sofort hörte die heilende Kraft dieses Brunnens auf, der daher zugeworfen wurde. Die Stelle aber, wo er gewesen, ist seit der Zeit feucht geblieben. (120)

Recht und Unrecht

Die Raubmorde bei Dassow

In alten Zeiten waren die Wege nicht sicher wie jetzt. Überall lauerten Räuber auf, welche den Reisenden, bei dem sie Schätze vermuteten, niederwarfen, ihn beraubten, und von Glück hatte der Beraubte zu sagen, wenn er mit dem Verlust seiner Güter sich seine Freiheit, sein Leben erkaufte. Denn gar oft ward er in tiefe Keller geworfen, aus denen er sich nur durch großes Lösegeld befreien konnte, oder mußte auch sein Leben lassen. Besonders waren es die Kaufleute aus Lübeck, auf welche die Schnapphähne lauerten, denn die brachten viel Gold und schöne Waren in ihre siebentürmige Stadt von ihren weiten Reisen zurück.

So zog denn auch einmal ein reisender Kaufmann über Dassow seiner Heimat zu. Da wurde er auf der Straße von zwei Räubern angefallen, welche ihn beraubten und erschlugen. Weit umher war niemand zu sehen, den er als Zeugen seiner Ermordung anrufen konnte, nur drei Kraniche zogen hoch in der Luft; nur diese konnte er zu Zeugen bestellen.

Nach zehn Jahren kamen die Räuber wieder an diese Stelle, und sie erinnerten sich einander beim Anblick einiger daherziehender Kraniche an den begangenen Mord. Ein Mädchen, das ihre Worte gehört, ward ihre Angeberin. Des Ermordeten Anverwandte wandten sich an den strengen Fürsten, der überall die Räuber verfolgte; sie wurden ergriffen, gestanden und starben eines schmählichen Todes. – An die Stelle des Mordes aber ward ein Kreuzstein gesetzt, welcher noch [1857] steht und die Worte in lateinischer Sprache hat, die vielleicht des Getöteten letzter Gedanke gewesen: »Erbarme dich meiner, o Gott!«

Nicht weit davon stand späterhin eine Mühle, von der aber jetzt kaum noch die Spur zu finden ist; die »Martensmühle« heißt noch die Stelle. Ein Müller hatte einen einzigen Sohn, der in die Fremde ging, und lange hörten Vater und Mutter nichts von ihm. Diese aber vergaßen Gott und sein Gebot und mordeten die Fremden, die bei ihnen einkehrten, und gossen ihnen geschmolzenes Blei in die Ohren und nahmen zu sich, was sie bei ihnen fanden. Von diesen Greueltaten wußte der Sohn nichts, welcher nach Jahren, reich mit Schätzen beladen, zurückkehrte und seine Eltern überraschen wollte, als er des Abends ankam und ihnen nicht sagte, wer er sei. Sie erkannten ihn nicht und ermordeten ihn im Schlafe.

Am andern Morgen kam sein Freund, der nach Schlutup gegangen war, und wollte sich mit ihm des Wiedersehens zwischen Eltern und Sohn erfreuen. Ach die Unglücklichen, sie hatten den Sohn ermordet! Ihr Jammer ließ sie die Untat bekennen, sie erlitten die verdiente Strafe. – Darum soll es auch dort gar nicht geheuer sein, und als einst spätabends Vorbeifahrende ein Geplätscher im Wasser vernahmen und riefen: »Wat platscht dor denn so?« antwortete ihnen eine Stimme: »Ick wasch den' Möller den' Dust [Spreu] ut de Hoor!« (121)

Ein Gottesurteil zu Wittenburg

Wie gar leicht es am Abend anders werden kann, als es am frühen Morgen war, und nicht nur mit uns schwachen Menschenkindern, sondern selbst mit einer Stadt, erfuhren auch die Bewohner Wittenburgs im Jahre des Heils 1351:

Es war an einem unfreundlichen Tage. Der Sturm heulte und tobte und entwurzelte Bäume, die ihm jahrelang getrotzt hatten, und schlug den Regen gegen die Fenster, daß einem ganz unheimlich zumute wurde. Tätige Frauen waren eben in der Küche beschäftigt und bereiteten das Mittagbrot. Fleißige Männer saßen bei ihrer Arbeit oder gingen ihren Geschäften nach. Fromme falteten zuweilen ihre Hände und baten Gott, er möge doch jeden vor Schaden und Gefahr bewahren.

Da ertönte plötzlich vom Turme die Sturmglocke. Es brannte in dem Hause eines reichen und angesehenen Bürgers. Was nur Hände hatte, eilte der Stelle zu und versuchte nach Kräften, dem verheerenden Elemente Einhalt zu tun. Trotzdem aber verbreitete sich dasselbe, vom Sturme angeschürt, immer weiter und weiter, und bald war ein großer Teil der Stadt in einen Schutt- und Aschenhaufen verwandelt.

Da war des Jammers viel. Viele Familien hatten nicht nur ihr Obdach, sondern auch alles andere Hab und Gut verloren. Nur der Gedanke, daß der Herr es ihnen genommen, der es ihnen auch gegeben, vermochte ihren Schmerz zu lindern.

Endlich war man des Feuers Herr geworden. Der wackere christliche Ortsvorsteher, dessen Umsicht und Leitung man es nächst Gott verdankte, daß noch ein Teil der Stadt verschont geblieben war, war eben beschäftigt, den Verunglückten ein einstweiliges Obdach anzuweisen, als sich ihm ein tobender Haufe Menschen nahte. In ihrer Mitte hatten sie einen Arbeiter, den sie unter Stößen und entsetzlichen Flüchen fortschleppten und der Brandstiftung anklagten. Der Ortsvorsteher stellte sogleich ein Verhör mit demselben an.

In alter Zeit und auch noch damals war nämlich der jedesmalige Vorsteher eines Ortes oder einer Gemeinde auch zu gleicher Zeit Richter, und die Erfahrensten der Gemeinde halfen ihm das Recht finden. Auf weitläufige Untersuchungen ließ man sich nicht ein. Konnte weder durch Zeugen noch durch Eidesschwur die Wahrheit ermittelt werden, so nahm man seine Zuflucht zu den Unschuldsproben, die man Gottesurteile nannte. Man war der Meinung, der gerechte Gott werde dem Unschuldigen beistehen und ihn in der mit ihm vorzunehmenden Probe durch ein Wunder retten. Ein solches Gottesurteil bestand gewöhnlich . . . in der Feuerprobe, wo der Angeklagte über neun glühende Pflugscharen hinwegschreiten oder ein glühendes Eisen in der Hand halten, einen glühenden eisernen Handschuh anziehen, oder, mit einem wächsernen Hemde angetan, durchs Feuer gehen mußte. Zeigte sein Körper keine Spur von Brand, so galt er für unschuldig.

In dem mit dem Arbeiter angestellten Verhöre konnte ihm nichts nachgewiesen werden und er nur seine Unschuld beteuern. Da die Wahrheit nicht anders zu ermitteln war, so wurde er zur Feuerprobe verurteilt und sofort ein Eisen glühend gemacht. Mit heiterer Miene, und als wollte er den Richtern und Umstehenden gleichsam sagen »Gott, dem ich vertraue, wird mich nicht verlassen!« ergriff der Angeklagte dasselbe und hielt es aufrecht, ohne einen Schmerzenslaut auszustoßen. Seltsam war es, daß seine Hand nicht das mindeste Brandmal zeigte, aber noch seltsamer, daß das Eisen in seiner Hand plötzlich verschwand und keine Spur davon wieder entdeckt werden konnte. – Das Volk jubelte. Die Richter aber dankten Gott, daß er sie vor so schwerer Verantwortung bewahrt habe.

Ein Jahr darauf, als der niedergebrannte Stadtteil bereits mit neuen Häusern bebaut war, legte man auch Hand daran, die Straßen neu zu pflastern. Ein dabei beschäftigter Arbeiter, der eben einige Steine aufnahm, stieß plötzlich einen gellenden Schrei aus. Die übrigen Arbeiter, auf sein Geschrei herbeigekommen, untersuchten die Stelle, und siehe: Sie fanden das vor einem Jahr so plötzlich verschwundene Eisen im Sande liegen, das noch glühend heiß war und an dem der Arbeiter sich die Hände furchtbar verbrannte. – Dieser bekannte sogleich, daß er der Brandstifter sei, und wurde nun zur Strafe für sein Verbrechen vom Leben zum Tode gebracht.

Das Eisen wurde noch lange Zeit auf dem Rathause zu Wittenburg aufbewahrt und gezeigt. (122)

Der junge Brandstifter

Wenn man von Plau nach Güstrow eine halbe Stunde auf der Chaussee geht, sieht man in der Nähe des Dorfes Quetzin auf der Feldmark einen Pfahl, über dessen Herkunft folgendes erzählt wird:

Vor vielen Jahren lebte in Quetzin ein Büdner mit seiner Familie und seiner Mutter. Sein ältester Sohn vergaß einmal die Ehrfurcht gegen seine Großmutter so weit, daß er sie schlug, als der Vater nicht zu Hause war. Dieser bestrafte ihn bei der Rückkehr hart dafür. Der Knabe beschloß, das Haus anzuzünden. Er tat es auch. Als aber das Dach Feuer gefaßt hatte, bekam er Angst und rannte durch das Dorf, um sich hinter einer Dornhecke am Ende desselben zu verstecken. Der Nachtwächter sah ihn laufen und gewahrte bald darauf das Feuer, das einen großen Teil des Dorfes einäscherte. Der Verdacht fiel auf den Knaben, der denn auch zitternd gestand und von der erbitterten Bewohnerschaft ins Feuer geworfen wurde. – Zum Andenken daran steht auf einem kleinen Hügel ein hölzerner Pfahl. (123)

Das Bleichermädchen in Rostock

Vor vielen Jahren lebte in Rostock ein schönes und tugendsames, aber sehr armes Bleichermädchen. Ein reicher Kaufmannssohn knüpfte ein Liebesverhältnis mit ihr an und erfreute sich auch ihrer Liebe. Als er aber das Ziel seiner Wünsche erreichte, verließ er sie und verlobte sich mit einem vornehmen Mädchen.

Das Bleichermädchen aber war schwanger von ihm und machte ihm, als sie ihn einst auf der Bleiche traf, bittere Vorwürfe, daß er sie verlassen. – Vor den Folgen bange, beschloß der junge Mann, sich des Mädchens zu entledigen, und stürzte sie in das nahe Wasser, wo man sie am andern Tage fand.

In der Meinung, daß sie sich selbst das Leben genommen, verweigerte man ihr ein ehrliches Begräbnis. Da aber fingen an dem Beerdigungstage – es war Dienstag abend – die Glocken der Marienkirche an, von selbst zu läuten, die Lichter brannten in ihr, als wenn ein Vornehmer begraben würde, und die Orgel spielte von selbst. Alle Leute liefen staunend zusammen, der Mörder aber, von Gewissensqual ergriffen, gestand und verfiel der verdienten Strafe.

Seitdem wurden alle Dienstag abend die Glocken der Marienkirche geläutet. Als man es einmal abschaffen wollte, da läuteten sie zur bestimmten Stunde von selbst, worauf man den alten Brauch wieder aufnahm. In neuerer Zeit ist er aber auch abgekommen. (124)

Der Stein mit der ausgehauenen Hand zu Boizenburg

Der rechten Rathauspumpe gegenüber liegt zu Boizenburg auf dem Marktplatze, zwischen den ziemlich gleich großen Steinen des Straßenpflasters, ein Stein, der augenscheinlich seine Kameraden bedeutend an Größe übertrifft. Er ist oben flach, und die Leute sagen, auf der andern, nach unten gekehrten Seite sei eine Hand ausgehauen.

Ursprünglich – im alten Straßenpflaster nämlich – ist die jetzt untere Seite dieses Steines nach oben gekehrt gewesen, und wer nur die Augen offen gehabt hat, der hat sich die Hand ansehen können. Allein durch die Fußtritte der darüber Hinschreitenden und die Wagenräder ist die Hand bis auf drei Finger allmählich ausgetilgt. – Damit im neuen Steindamme die Hand nicht ganz verschwinde, sollen die klugen Steindämmer dem Stein eine umgekehrte Lage gegeben haben.

Vor vielen Jahren lebte am Marktplatz in Boizenburg ein Ratsherr, bei dem ein bildschönes Mädchen im Dienste stand. Aber Schönheit ist nicht Tugend; und eines Tages hatte das Mädchen ein Kindlein geboren, das wohl »Mutter«, nicht aber »Vater« sagen konnte, auch nicht, wenn es erwachsen sein würde. Aber es hat auch nimmer »Mutter« gesagt, denn dieser graute vor der öffentlichen Schande, nicht aber vor einem schrecklichen Verbrechen. Darum tötete sie das arme Würmlein und suchte die Gebeine desselben im Ofen zu verbrennen.

Kein Menschenauge war Zeuge des Verbrechens, und die Mutter mochte sich schon der gelungenen Tat freuen. Da wurden die Gebeine des Kindleins selbst zu Anklägern der mütterlichen Untat. Durch das Verbrennen derselben verbreitete sich durch das ganze Haus ein so unerträglicher Geruch, daß jedermann im Hause in größter Eile alles aufbot, die Ursache desselben zu entdecken.

Nach kurzem Suchen wurden die halbverkohlten Gebeine des Kindes aufgefunden. – Die Verbrecherin wurde des Mordes überführt und büßte die blutige Tat mit dem Leben. Auf dem Marktplatze fiel ihr Haupt unter dem Schwerte des Henkers.

Der Stein mit der Hand soll die Stätte bezeichnen, auf welcher die Mörderin verblutete. (125)

Der Hexenbaum von Ulrichshusen

Wie von allen alten Ritterburgen die Sage gar viel und mancherlei Schauriges und Schauerliches zu erzählen weiß, so ist dies auch bei Ulrichshusen [Kr. Waren] der Fall:

Zu jener traurig-trüben Zeit der Hexenverfolgungen und Hexenverbrennungen war auch ein Untergebener des Ulrichshusener Burgherrn, ein alter Arbeitsmann mit blöden Augen und grauem Haar, böswilligerweise von einem ihm feindlich gesinnten, gottlosen Schäfer der Hexerei angeklagt worden. Sogleich wurde dem Alten der Prozeß gemacht und er, trotz seines Flehens und heiligsten Beteuerns, daß er unschuldig und nur verleumdet worden, zum schrecklichen Feuertode verurteilt.

Am nächsten Tage schon führte man den Unglücklichen auf einen nach Marxhagen hin liegenden Hügel, band ihn erbarmungslos an den Pfahl und türmte ein hohes Feuer um ihn auf. Ehe jedoch der alte Mann unter den gräßlichsten Martern seinen Geist aushauchte, flehte er laut zu Gott: Er möge, zum Zeichen seiner Unschuld, ein Wunder geschehen lassen. Und der Allmächtige erhörte sein Flehen. Als der Scheiterhaufen heruntergebrannt und des Gerichteten Leib in Asche verwandelt war, da schoß plötzlich auf der Brandstätte, aus dem noch heißen Erdboden, ein gar wunderbarer, hoher Baum hervor, wie ihn noch nie zuvor ein Menschenauge gesehen. Der Baum hatte weder Blätter noch trug er Früchte. Seine dürren Äste aber streckten sich mahnend zum blauen Himmel empor, als forderten sie Sühne von oben herab für das schuldlose Opfer. Und alles Volk, das da herbeigeströmt war, das schreckliche Schauspiel mit anzusehen, entsetzte sich ob dieses Gotteswunders und erkannte jetzt mit Schrecken die Unschuld des alten Arbeitsmannes.

Den gottlosen Schäfer, seinen böswilligen Verleumder und Mörder, aber fand man am nächsten Morgen mit gräßlich verzerrten Zügen und mit ausgerissener Zunge tot auf dem Acker liegen. Der Teufel hatte ihn in der Nacht zu Tode gehetzt und ihn also, wie er's verdiente, gerichtet.

Lange, lange Jahre hiernach, bis in die neueste Zeit, stand noch der wunderbare Baum mit seinen kahlen, geisterhaft in die Höhe gerichteten Ästen und Zweigen, dessen Holz anfänglich so hart gewesen sein soll, daß auch die schärfste Axt nicht hineinzudringen vermochte, und das Volk nannte ihn allgemein nur den »Hexenbaum«. (126)

Der Hexenkeller in der Burg zu Penzlin

Von der alten Burg zu Penzlin erzählt man sich grauenhafte Geschichten, namentlich von dem darin befindlichen Hexenkeller. Derselbe liegt noch achtzehn bis zwanzig Stufen unter dem eigentlichen Keller. Hier kann man noch die Nischen sehen, worin die Hexen mit einer eisernen Stange über die Brust geschlossen waren. In dem oberen Keller befindet sich der sogenannte Brennofen, in welchem die der Hexerei Beschuldigten verbrannt wurden.

Der letzte soll ein Kuhhirte gewesen sein, der dem Freiherrn seine Kühe hütete. Da nun bei einer Kuh zwischen der Milch Blutstreifen sich zeigten, so war ein böses Weib bereit, den armen Hirten als Behexer anzuklagen. Obgleich er seine Unschuld beteuerte, wurde er doch zum Feuertode verurteilt. Vor seinem Tode sagte er, der liebe Gott werde seine Unschuld ans Licht bringen. Und siehe da, am Morgen nach seinem Tode stehen drei wunderschöne Blumen vor dem Burgtor, die niemand kannte. (127)

Unschuldig verbrannt

Zu Schimm [Kr. Wismar] war in alten Zeiten ein böser Herr, der alle Frauen, die ihm als Hexen bezeichnet wurden, einfach verbrennen ließ. Eine Frau hatte eine Tochter. Sie ärgerte sich aber, daß ein junges Mädchen nebenan besser aussah als ihr eigenes. Da ging sie zum Herrn und sagte, daß das andere junge Mädchen eine Hexe wäre.

Er ließ gleich einen Faden Holz anfahren; in der Mitte war ein ganz dicker Eichenstamm. Daran wurde das Mädchen festgebunden, und darauf wurde das Ganze angesteckt. – In ihrer Todesangst rief sie noch ganz laut: »So unschüllig as ick hier starw, so gäw' de leiw' Gott, dat ut dissen Boomstamm een grönen Twieg' ruutwasst!«

Als der Herr anderntags zu Felde ritt und an der Stelle vorbeikam, wo das unschuldige Mädchen verbrannt war, sah er, daß aus dem kahlen Eichenstamm ein großer grüner Ast gewachsen war. Er riß ihn ab. Am nächsten Morgen war der Ast noch einmal so groß herausgewachsen, und der Herr riß ihn wieder ab. Am dritten Morgen aber war da wieder ein Ast, der noch größer war als vorher. Diesmal ließ der Herr ihn daran sitzen und ritt aufs Feld. (128)

Die Strafe des Meineids

In Boizenburg wohnte vor Zeiten ein Zimmermann, den man, weil sein Haus vor der Stadt lag, den »Buten-Peter« nannte. Derselbe machte sich bei einer Bauunternehmung für die Stadt großer Betrügereien schuldig, wußte aber, als er deshalb gerichtlich belangt wurde, sich dadurch frei zu machen, daß er einen Meineid schwur. Er fügte hinzu: »Wenn ich falsch geschworen, so soll mir die Zunge aus dem Halse faulen.«

Dies wurde zur furchtbaren Wahrheit. Er starb unter den schrecklichsten Schmerzen und konnte auch nach dem Tode keine Ruhe finden. In Gestalt eines schwarzen Pudels irrte er in der Nähe seines Hauses umher und erschreckte des Nachts die Menschen durch sein Geheul. Den Kindern, die nicht zur Ruhe kommen wollten, pflegte man drohend zuzurufen: »Warte, der schwarze Peter kommt!« (129)

Der Schwur des Schäferknechts zu Raguth

Der alte Kirchenjurat Schmidt zu Tessin erzählte: Wohl noch vor dem Jahre 1740 lebte auf dem Hofe zu Raguth [Kr. Hagenow] ein Schäferknecht. Er war ein gottloser Mensch. Nun begab es sich, wenn er die Schafe hütete auf der Seite, wo die Raguther mit der Tessiner Feldmark zusammenstößt, daß er sehr oft seine Schafe weit auf das Tessiner Feld gehen ließ. Stellte man ihn darüber zur Rede, so pflegte er trotzig zu entgegnen, daß all der Acker bis nahe an Tessin seinem Herrn gehöre.

Er hatte schon geraume Zeit diesen Unfug getrieben, als er eines Tages, da er dasselbe Stück aufführte, von Tessiner Leuten gepfändet wurde. In damaliger Zeit hatte jeder Edelmann an seinem Hofe eine eigene Gerichtsbarkeit. Das war auch in Tessin der Fall, und vor dieses Gericht wurde der Schäferknecht geführt. Hier sollte er schwören, daß er zu seinem Tun berechtigt gewesen sei. – Und er schwur: »Ick stah up mienen Herrn sien'n Sand un Land.« Er hatte nämlich Sand von der Raguther Feldmark in seine Schuhe oder Stiefel getan, und so schwur er, daß er auf seines Herrn Sand und Land stehe. – Nun sollte er schwören, daß er jetzt auf Raguther Acker gehe. – Und er schwur weiter: »Ick gah up mienen Herrn sien'n Grund und Bodden.« – Kaum hatte er aber diesen Eid geleistet, so wurde seine Zunge schwarz, seine Sprache war fort, und am dritten Tage war er eine Leiche.

Seit dieser Zeit muß er in den Zwölften des Abends und Nachts auf der richtigen Scheide wandern, wobei er spricht: »Hier geiht dei Scheid', hier, hier!« – Sehr oft sind Leute in der Gegend, wo der Schäferknecht sein Wesen hatte, bis zu unsern (den Tessiner) Bauernhöfen verirrt und in das Torfmoor geraten, von wo heraus sie nur mit Mühe kommen konnten. Mir selber ist es einmal ähnlich ergangen, als ich spätabends am Neujahrstage von Döbbersen zurückkehrte ... (130)

Schmied Born

Der Schmiedegeselle Born soll den Inspektor getötet haben. Er hat gerade einen Hirsch ausgeweidet gehabt, und seine Hosen sind daher voll Blut gewesen. – Es hat keine Untersuchung und Verhandlung stattgefunden. – Als er geköpft ist, wird der Schäfer wahnsinnig und hängt sich auf. Sie machen Haussuchung bei ihm und finden das Geld des Inspektors unter einem Stein. Da wissen sie, daß er es getan hat. (131)

*

Das folgende hat sich in Vietzen [Kr. Neustrelitz] zugetragen: Der Schmied Born ist ja geköpft worden. Nun wollen die Pflüge nicht mehr gehen, die Born gemacht hat. Da ist ja ein neuer Schmied gekommen, der soll sie in Ordnung bringen.

Als die Leute nach Hause kommen, ist da in der Schmiede noch Licht. Da denken sie: »Worüm arbeit't de Smidt noch so lat?« Da ist Born in der Schmiede und arbeitet immer heftiger. Morgens haben die Pflüge alle dagestanden. – Da haben die Knechte gemeint: »Wat uns' Pläugen hüüt gahn! Dee möt doch mit Unrecht dotmakt sien!« (132)

Der Trommelschläger im unterirdischen Gang

Etwa zwei Meilen von Dömitz, jenseits der Elbe, liegt das hannoversche Städtchen Dannenberg, der Hauptort einer alten Grafschaft, die 1303 durch Kauf an Lüneburg kam. Zur Zeit nun, als den Grafen von Dannenberg auch Dömitz gehörte, waren beide Festungen durch einen unterirdischen Gang, unter der Elbe hindurch, miteinander verbunden, dessen Zweck wohl war, der Besatzung Hilfstruppen und Lebensmittel zuzuführen, wenn einmal die eine oder die andere Festung hartnäckig und lange belagert werden sollte. – Nur wenige haben sich später durch diesen Gang begeben. Gewöhnlich war die Luft in demselben dumpf und unerträglich, und man sah sich alsbald genötigt, den Rückweg anzutreten.

Der letzte Wanderer dieses Weges war ein Trommelschläger der Dömitzer Besatzung (zur Zeit, als Herzog Carl Leopold dort residierte), der wegen eines Vergehens gegen seinen Vorgesetzten in einen dumpfen Kerker geworfen wurde. Es gelang ihm, aus demselben zu entkommen. Aber kaum war er am jenseitigen Ufer der Elbe angekommen, da packten ihn auch schon seine Verfolger. Er wurde zurückgebracht, in ein noch festeres Gewahrsam geworfen und endlich verurteilt, sich zur Strafe für sein Entlaufen trommelnd durch den unterirdischen Gang nach Dannenberg zu bege-

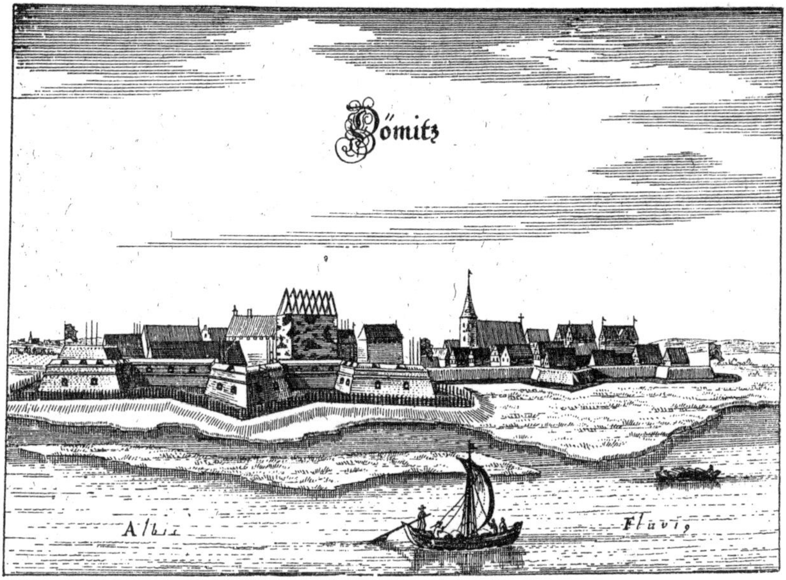

Die Feste Dömitz im 17. Jahrhundert

ben. Wohl bat er flehentlich, ihm doch diesen Gang zu erlassen, aber vergebens.

Zur festgesetzten Stunde trat der Trommelschläger im vollen Paradeanzuge, der auch zugleich sein Totengewand werden sollte, den Marsch an. Wacker schritt er vorwärts, so daß seine Freunde, die ihn zu Kahn auf der Elbe und dann zu Fuß auf der Oberfläche der Erde begleiteten, kaum so schnell dem dumpfen Klange der Trommel folgen konnten. Bald war die Hälfte des Weges zurückgelegt. Immer weiter ging es, man war nur noch eine halbe Stunde von Dannenberg entfernt. Aber ach! Als man den Soldaten schon für gerettet hielt und vor Freude jauchzte, da hielt er plötzlich zu trommeln inne und wurde nicht wieder gehört.

In Dannenberg, wo es inzwischen bekannt geworden war, daß der Trommelschläger der Stadt schon auf eine halbe Stunde nahe sei, war alles auf den Beinen, um ihn zu empfangen. Aber er kam nicht. Es wurde Abend, es wurde Mitternacht, und noch immer kam er nicht; er ist auch nie angekommen...

Nach dieser Zeit hat niemand wieder diesen unterirdischen Gang zu betreten gewagt; der Trommelschläger ist der letzte gewesen. Sein Geist soll noch heute [1860] in dem Gange herumwandeln, und will man ihn zuweilen noch dort unten trommeln hören. (133)

Untergegangene Orte

Die Unglücksglocke zu Granzendorf

Nicht weit von Walkendorf bei Tessin hat früher das große Dorf Granzendorf gelegen. Längst ist dasselbe aber schon untergegangen. Keine Spur ist mehr davon vorhanden, und nur die Sage erzählt uns von dem ehemaligen Dorfe und zeigt uns den Ort, wo es gestanden:

Die Bewohner von Granzendorf waren hiernach schlechte, böse Leute, die alles nahmen und raubten, was ihnen gefiel und wessen sie nur immer habhaft werden konnten. So war es ihnen denn auch möglich geworden, bei Nacht und Nebel aus der nahen Kirche zu Walkendorf eine Glocke zu stehlen und dieselbe in ihrem Kirchturme aufzuhängen, wo sich bis dahin eine solche noch nicht befunden hatte.

Dieser Kirchenraub sollte ihnen aber teuer zu stehen kommen. Es brach nämlich einmal in der Nacht plötzlich Feuer in Granzendorf aus. Gewaltig stürmte der Wind und fachte das gierige Element auf das erschreckendste an, so daß bald das ganze Dorf in lichten Flammen stand. Vergebens zog man die Sturmglocke, um die Bewohner der Umgegend zu Hilfe und Rettung herbeizurufen. Aber niemand hörte sie, denn o Wunder, die geraubte Glocke schwieg und wollte, so viel man sich auch anstrengte und abmühte, keinen Ton von sich geben.

Und so blieben denn die entsetzten Bewohner Granzendorfs in ihrer größten Not und Angst ganz allein auf sich angewiesen, und bald war das große, schöne Dorf nur noch ein rauchender Schutt- und Trümmerhaufen. Nichts war von demselben übrig geblieben – als nur der Kirchturm mit der geraubten Glocke.

Die armen Abgebrannten erkannten jetzt diesen sie so schwer getroffenen Schicksalsschlag mit Recht als eine wohlverdiente Strafe des zürnenden Gottes ob ihres schlechten Lebenswandels, ihres Glockendiebstahls und all ihrer sonstigen vielen Sünden an.

Deshalb wanderten sie auch sämtlich fort von dem Schauplatze ihrer bisherigen Missetaten und siedelten sich in andern Dörfern und Gegenden wieder an. Ehe sie jedoch gingen, nahmen sie die freventlich geraubte Glocke von dem Turm und versenkten sie in den Granzendorfer See, um dadurch, wie sie meinten, wenigstens in etwas ihr schweres Verbrechen zu sühnen.

Öde und wüst blieb lange Zeit die Dorfstelle. Kein Mensch wagte sich ihr zu nahen, geschweige sich dort wieder aufzubauen. Und so verfiel denn auch der vom Feuer allein verschont gebliebene Kirchturm immer mehr, bis er endlich ganz einstürzte. Dorn und wildes Gesträuch überwucherten bald die ganze Gegend, und eine neue Erdschicht bildete sich nach und nach über der alten Brandstätte.

Jetzt [1860] durchfurcht der Pflug des Landmannes den Boden, und üppige Saatfelder zieren den Ort, wo einst das alte Dorf Granzendorf stand. Die versenkte Glocke ruht noch immer in der Tiefe des Granzendorfer Sees. Alle Johannismittage soll man sie läuten hören können, wenn man alsdann nämlich ein weißes Taschentuch in dem See auswäscht. (134)

Die versunkene Dorfstelle bei Grabow

Unfern der Stadt Grabow befindet sich eine sumpfige Gegend, welche man allgemein die »Dorfstelle« nennt. Hier stand einstmals ein großes, blühendes Dorf. Da aber die Bewohner desselben zu schlecht und gottlos waren, so ließ der liebe Gott es spurlos von der Erde verschwinden.

Es war nämlich an einem Sonntagvormittag. Als allenthalben gute und fromme Christen in die Kirche gingen, um Gott den Höchsten zu verehren, schlenderten statt dessen die Bewohner des Dorfes nach ihren Schenken, um dort diese dem Dienste des Herrn gewidmete Zeit bei Bier und Branntwein, mit unzüchtigen Reden und Gotteslästerungen zu töten. Nur zwei brave und gottesfürchtige Edeldamen, die ebenfalls in diesem Sodom wohnten, waren nach Grabow, wohin das Dorf eingepfarrt war, in die Kirche geeilt...

Während nun also die beiden frommen Frauen in der Grabower Kirche weilten und Gott, ihren Schöpfer, priesen, die übrigen Mitbewohner ihres Dorfes aber daheim saßen und den Tag des Herrn aufs gröblichste entweihten, geschah plötzlich ein gewaltiges Donnern und Krachen: Die Erde öffnete sich und verschlang das ganze Dorf mit allen seinen gottlosen Einwohnern. – Nichts war von dem Dorfe übriggeblieben; kein Bewohner desselben als nur die beiden einzigen Guten, die Edeldamen, waren dem allgemeinen Verderben entgangen.

An der Stelle des ehemaligen Dorfes entstand aber ein großer Sumpf, der zur Erinnerung hieran noch heute, wie schon gemeldet, den Namen »Dorfstelle« oder »Dörpstär« führt. (135)

★

Wenn man den' Landwegg nahgeiht von Grabow nah Kremmin [Kr. Ludwigslust], denn kümmt man dörch dei Diekwischen. Dor is ein Flach, dat ward »Dörpstäd'« nennt. Œwer disse Städ' vertellen dei Lüüd':

Vör väle Johren hett hier ein Dörp stahn, dat hett Lassahn heiten. Dei Lüüd' in Lassahn sünd œwer gottlos wäst. Sei hebben unner dei Kirchtiet in 'n Kraug' säten un Koorten spält. An einen Stillen Friedag sünd twei Eddelfräuleins nah Grabow tau Kirch gahn. Donn hebben sei achter ehr an spijökt. Donn hett dei leiw' Gott ehr dat dull œwel nahmen un dat ganze Dörp versacken laten.

An dei Städ' von dat Dörp wier donn ein See. Disse See wier so deip, dei Grund wier mit 'n Wes'boom nich afftolangen. Dei is nahher drög'leggt un tau Wischen makt worden. Dat Land von Lassahn is tweiunviertig Hauwen grot wäst un hadd an Grabow genau so väl Affgifften tau betahlen as Neese [Kr. Ludwigslust]. Ditt Land mitsamt dei Wischen is tau Grabower Rebeit schmäten worden. (136)

Der Teufelssee bei Güstrow

Eine halbe Meile von Güstrow, an der von dort nach Teterow und Krakow führenden Chaussee, liegt, recht romantisch von hohem Nadelholze umgeben, ein kleines Wasser, der sogenannte »Teufelssee«.

Da, wo sich jetzt die blauen Wellen dieses kleinen Sees kräuseln, soll früher festes Land gewesen sein und darauf ein Kirchlein gestanden haben. Dies Gotteshaus aber wurde, wie die Alten erzählten, durch seine eigenen Diener entweiht, und deshalb verschwand es von der Oberfläche der Erde.

Es sollen nämlich einmal Mönche in der Sakristei dieser kleinen Kirche arg gehauset, geschwelget und gezecht, kurz, das Haus des Herrn auf die roheste und gemeinste Weise entweihet und verunreiniget haben. Darob entbrannte alsbald Gottes gerechter Zorn: Er sendete den Teufel aus, sich die ihm verfallenen, pflichtvergessenen Priester zu holen und mit ihnen in die Hölle zu fahren. – Als dies geschehen, da tat sich die Erde auf, und tief, tief in dieselbe versank auf immer das Kirchlein; an seiner Stelle aber entstand der bereits schon genannte »Teufelssee«.

Bei stillem Wetter, wenn alles ruhig in Gottes Natur und kein Lüftchen sich regt, dann soll man noch jetzt oftmals, jedoch nur an gewissen Tagen, tief unten im See die Glocken der versunkenen kleinen Kirche läuten hören. (137)

Der Untergang der Stadt Ramm

Von dem Dorfe Ramm, welches zwischen Hagenow und Lübtheen liegt, erzählt man, daß es früher eine Stadt gewesen [wäre] und daß die Russen im Befreiungskriege bei Lübtheen noch nach der Stadt Ramm gefragt hätten. Die Sage vom Untergang der Stadt ist diese:

Die Leute in der Stadt Ramm waren sehr böse, und ihr Treiben wurde immer sündlicher. Da ward ihnen verkündet, der Untergang ihrer Stadt sei beschlossen: Sie hätten nur zu wählen, auf welche Weise er herbeigeführt werden solle, ob durch Feuer, durch

Wasser oder durch Sand. Sie wählten das letztere, weil es ihnen am unwahrscheinlichsten schien. Aber das Gericht blieb nicht aus. Gott der Herr erwählte sich diesmal zu seinem Werkzeuge einen Bullen. Dieser kam dahergesprungen und schlug mit seinen Hinterfüßen unaufhörlich Sand in die Stadt. Jetzt eilte man hinaus mit Schaufeln und Spaten, um den Bullen zu vertreiben. Allein dieser blickte seine Verfolger so grimmig an, daß sie erschreckt zurückwichen. Er aber lief fortwährend um die Stadt und schlug nach allen Seiten Sand hinein, bis sie zuletzt ganz damit bedeckt waren. Jetzt wächst ein ansehnlicher Tannenwald über der verschütteten Stadt. (138)

Die versunkene Stadt Grabow

An der Grenze des Demminer Kreises, dort, wo heute Wüstgrabow liegt, stand früher eine reiche Stadt, die man Grabow hieß. Weil die Bewohner aber durch ihren Reichtum übermütig geworden waren, so wurde sie am Johannistag mittags zwischen zwölf und ein Uhr von den Wellen des Grabowsees verschlungen. Um diese Zeit kann man alljährlich die Glocken der versunkenen Kirche ganz leise läuten hören. Nachts aber zwischen zwölf und ein Uhr wandert eine weiße Frau am See entlang. Wer sie sieht, der kriegt 's im Kopf.

Bei Wüstgrabow aber, am Wege nach Leuschentin, steht seit alter Zeit im Walde eine Pappel, die nicht abstirbt. Wenn sie aber umgeschlagen und aus dem Pappelholz eine Wiege gemacht wird, dann wird das erste Kind, das in der Wiege liegt, Grabow erlösen. Dann wird aus Wüstgrabow wieder eine Stadt Grabow werden. (139)

Bestrafte Habgier

Nicht weit von Wichmannsdorf [Kr. Doberan] liegt ein Bruch, und hier soll in früheren Zeiten der Gutshof gelegen haben. Zur Winterzeit ist einmal ein Mann gekommen und hat um ein Ei gebeten. Die Frau aber hat gesagt, sie habe kein Ei. Und um die Sache noch zu bekräftigen, sagt sie: »Wenn ick up mienen Hoff 'n Ei heff, denn will 'ck glieks mit mienen Hoff in de Ierd sacken!«

Der Mann geht weiter, und als er ein kleines Ende gegangen ist, merkt er, daß er seine Handschuhe vergessen hat. Er geht zurück, und als er an den Ort kommt, wo der Hof gestanden hat, findet er dort einen Teich, und darauf schwimmen seine Handschuhe. (140)

Stadt Demen

Dor ward von Stadt Demen seggt. Wi nennen dat hier noch »Demsch Strat« un »Demer Moor«. In de Koppel, wo de »Papedönkenbarg« in liggt, sallen se Kellers ruutgrawt hebben. Up een Stell sall de Backabenstäd' sien, säd' Vadder. 1806 oder 1813 hebben de Franzosen de Stadt Demen söcht. Se hebben se up de Landkoort hatt. Bie den' Demer Barg heff ick Urnen dörchpläugt, dor leg' de schwarte Asch. In de Hütter Dannen sall 'ne Glashütt stahn hebben. In 't Holt hett 'ne Teegelie stahn, an 'n »Smerenbarg«. De ganze Gegend hett wat Unheimliches. (141)

MYTHISCHE SAGEN

Orakel und Schicksal

Die unheimlichen Männer

Zwischen Alt Strelitz und Fürstenberg fuhr einmal der Postwagen an einem kalten Wintertage. Nicht weit von Drevin sah der Postillon links einen weißen Mann im Schnee stehen, der bittend die Hände erhob und in den Postwagen zu steigen begehrte. Dem Postillon wurde es unheimlich, und er fuhr schneller. Nach einiger Zeit sah er wieder nach links. Da trat ein roter Mann an das Sattelpferd und verlangte einzusteigen. Der Postillon fuhr, von Angst ergriffen, im Galopp weiter. Im Grunde vor Düsterfurt standen die Pferde plötzlich still. Ein schwarzer Mann stand drohend vor ihnen. In dem Augenblicke trat der Krüger von Düsterfurt heran und sagte, er habe sich nur umsehen wollen, ob er nicht im Schnee steckengeblieben sei. Der schwarze Mann war verschwunden.

Als aber der Postillon in Fürstenberg einfuhr, sah er hinten im Postwagen die drei Männer sitzen. Und als derselbe endlich still hielt, flatterten aus dem jetzt leeren Wagen drei Zettel heraus.

Auf dem einen stand: »So hoch ich bin, so hoch der Schnee«, auf dem andern: »Bis an die Knöchel watet ihr im Blute«, auf dem dritten: »Es naht euch allen der schwarze Tod.«

Diese Prophezeiungen – großer Schneefall, Krieg, Pestilenz – sollen auch später eingetroffen sein. (142)

Die Erbbibel

Mutter Schult [in Alt Strelitz] hatte eine alte Erbbibel. Die war ihr ganzer Stolz. Da waren Bilder drin von den Kurfürsten und von anderen Großen. Vorne drin standen all die Namen von den ganzen Schulten, die vor ihr gelebt hatten. Auch Sprüche und geschriebene Schrift waren darin. Mit dieser alten Bibel war das so eine eigene Sache. Wollte sie etwas wissen, dann holte sie den ganz alten Hausschlüssel, der auch schon aus Urgroßmutters Zeiten war, aus dem eichenen Koffer auf der Diele. Da hatte sie ihn immer in der Beilade zu liegen. Diesen Schlüssel legte sie auf die Bibel. Sie sagte auch einen Spruch vor sich hin. Wie der lautete, das hat sie nicht verraten. Das dauerte dann auch gar nicht lange, dann hat der Schlüssel angefangen, sich zu drehen. Sagte der Schlüssel »ja«, dann drehte er sich rechts herum, sagte er »nein«, dann links herum. Mutter Schult hatte auch eine große Papptafel. Da waren im Kreis wie bei der Uhr das Abc und allerhand Nummern aufgeschrieben. In die Mitte hinein kam die Erbbibel, und der Erbschlüssel obenauf. Nun drehte sich der Schlüssel immer nach einem Buchstaben hin oder nach einer Nummer. Wenn man das zusammensetzte, dann konnte man lesen, was der Schlüssel wahrgesagt hatte: Mutter Schult hat noch den Weltkrieg [1914/18] vorausgesagt.

Als sie starb, lag in der alten Bibel ein Zettel. Darauf stand, sie wolle die Bibel mit in die Erde haben, unter den Kopf. Das ist auch geschehen. Den großen Schlüssel hat zum Andenken der aufgehoben, der diese Geschichte erzählt hat. (143)

Fiterkascher und das »Zweite Gesicht«

Von »Fiterkascher« (das war nur sein Spitzname, richtig hat er Luten Heinz geheißen) sagen sie alle, er solle etwas [haben] sehen können. Er hat schon immer vorher gewußt, wenn einer starb. Wenn es ein Unglück geben sollte, wußte er das immer im voraus. Er konnte hellsehen, wie die Leute sagten. Wenn er im Stall sein Pferd fütterte, dann redete er immer mit welchen, die gar nicht da waren: »Gah weg, du Schinner! Büst all wedder dor, du Messmaker? Hest all wedder keen Rauh, du oll Sülwstmürder?« Und so redete er in einem fort.

Die das mit anhörten, dachten, Fiterkascher hätte seinen Klug nicht mehr. Die Gören lachten ihn aus und hatten ihn zum besten. Er sagte aber bloß: »Wüßten ji, wat üm mi rüm is un wat ick all sehn möt, denn würden ji mi woll in Fräden laten. Wenn eener dotschlagen ward, wenn sich eener uphängt un süss noch wat, dat möt ick all sehn. All de Geister von dee, dee up de Ierd' nich got dan hebben, dee sünd üm mi rüm. Dee kœnen keen Rauh finnen, un dorüm kamen s' to mi...«

Einmal fuhr Fiterkascher über den Jungfernbach. Mit einmal ruft er lauthals: »Kiek, dor löppt Rehfeld, kiek, dor löppt he splitternakt.« Die anderen auf dem Wagen haben nichts gesehen, aber Fiterkascher sagte, da wäre etwas geschehen. So war es auch. Als sie nach Hause kamen, kriegten sie zu wissen, Rehfeld hätte sich aufgehängt. – Ein andermal traf er Tischler Denkert und sagte zu ihm: »Fernand, gah rasch nah Huus! Eben wier Schmidt bie mi un vertellte mi, he hadd' sick up 'n Stallbœhn uphungen. Ick seh, wur he dor bummelt un zappelt. Loop fixing to!« – Das ist akkurat so gewesen, wie Fiterkascher das gesehen hatte. Sie haben ihn noch rasch abgeschnitten; es war aber schon zu spät, er war tot.

Wenn es in Alt Strelitz Feuer gab, und das war in alten Zeiten alle nasenlang, dann sah Fiterkascher einen langen Kerl mit großen Wasserstiefeln und einer Sense auf dem Puckel dorthin gehen, wo es hinterher brannte.

Wenn ihn welche ärgerten, dann wurde er grob. Er konnte es auch nicht vertragen, wenn sie »Fiterkascher« zu ihm sagten. Emil Bruhn kam einmal mit einem Fuder Langholz die Straße herunter. Er wollte Fiterkascher ärgern und rief: »Fiterkascher, lat dat doch mal eens spöken!« – Fiterkascher sagte: »Schäm di wat, een'n ollen Mann to argern.« – Nun sagte Emil. »Du weetst doch mit 'n Düüwel Bischeed. Kriggst du dat fardig, dat de Pierd' den' Wagen nich mihr trecken kœnen?« – »Du sallst tietsläbens an mi denken, dat sall di begriesmuulen«, rief Fiterkascher. »Wenn du dat so hebben willst, sallst du dat kriegen.« Er stieß mit seinem

Handstock auf die Erde und rief: »Nu staht!« Die Pferde standen steif wie ein Pfahl. Kein Zureden und keine Peitsche brachten sie von der Stelle. Eine Zeitlang schaute Fiterkascher das mit an. »Büst du nu tofräden, un wardst du mi nu in Rauh laten?« sagte er zu dem Langholzfahrer. »So, nu gaht!« Und die Pferde gingen los, als wenn der Teufel hinter ihnen her wäre. (144)

Der »Spökenkieker«

Mein verstorbener Mann hat mir von einem »Spökenkieker« in seinem Heimatdorf Dambeck zwischen Lübstorf und Grevesmühlen folgendes erzählt:

Zu meines Mannes Vater, der vor ungefähr siebzig Jahren in Dambeck Tischler war, kam oft der Bauer Wolter aus diesem Dorf und »klœnte« am Feierabend gern ein wenig mit ihm. Dieser Bauer ging bei keiner Beerdigung im Dorf mit, obgleich es doch Sitte war, daß dann alle Frauen und Männer im Dorf mitgingen. Mein Schwiegervater hat ihn einmal nach dem Grund dieses merkwürdigen Verhaltens gefragt. Bauer Wolter hat ihm geantwortet: »Früher bün ick mitgahn, œwer denn heff ick jedesmal up den' Karkhoff seihn, wie dei, wecker as ierster nah den Doden starben würd', sick dei Städ' für sien Graff utsöchte. Un dorüm bün ick nahst to Huus bläben.«

Eines Tages kam er auch wieder zu meinem Schwiegervater und sagte: »Meister, du möößt dat Sark för mienen Koorl maken!« (Das war sein Schwiegersohn.) – Mein Schwiegervater hatte erstaunt gesagt: »Œwer dei läwt doch noch un is gesund.« – Der Bauer sagte nur: »Legg di dei Bräd' trecht!« – Kurze Zeit darauf wurde der junge Bauer beim Holzschlagen im Walde von einem fallenden Baum getroffen und starb. (145)

Die Todesbotschaft

Einmal geht ein Seiler aus Parchim über Land. Als er wieder auf dem Rückweg ist, wird es schon Abend. Darum läßt er sich über die Elde setzen. Der Fischer sagt zu ihm, er solle man die Nacht bei ihm bleiben, denn er müsse ja durch den Buchenwald, und dort solle es ja manchmal nicht ganz richtig sein. – Er sagt aber, nein, er könne nicht dableiben, denn seine Frau wisse das ja nicht, und wenn er nicht nach Hause käme, würde sie sich die ganze Nacht um ihn ängstigen. Er geht also auf Parchim zu.

Als er im Buchenwald zu dem Rondell kommt, sieht er da Lichter. Er ist ja neugierig, was dort los ist. Da sieht er da den früheren Bürgermeister und eine ganze Reihe früherer Parchimer Ratsherren um einen Tisch sitzen, die zum Teil schon seit langem verstorben sind. Da wird ihm ja nicht gut zumute, und er will deshalb weggehen. Da steht der eine von den Ratsherren auf und winkt ihm zu und sagt ihm, er solle zu dem und dem Ratsherrn hingehn und ihm sagen, er solle sich bereithalten; binnen drei Tagen würde er abberufen werden.

Der Seiler kommt nun totenblaß nach Hause und erzählt seiner Frau ja, was ihm passiert ist. Er geht aber nicht zu dem Ratsherrn hin, denn er meint, der würde ihn gleich einstecken lassen, wenn er ihm das sage.

Was geschieht aber? Am dritten Tag danach stirbt der Ratsherr wirklich. Da bekommt der Seiler das so mit der Angst, daß er drei Tage später auch tot ist. (146)

Die späte Tollwut

Vor vielen Jahren sitzt der Revierjäger Zierk zu Schönhausen bei Woldegk in Gedanken vertieft in seiner Wohnstube, worin sich eben auch seine Frau befindet, als er sich gegen diese äußert: »Heute sind es gerade achtzehn Jahre, als mich ein toller Hund gebissen. Man hat mir damals geraten, mich nicht zu verheiraten. Mir hat ja aber bis jetzt noch nichts geschadet.«

Kaum hat er dies aber gesprochen, da stellen sich bei ihm alle

Symptome der Hundeswut ein, so daß die auf das Geschrei der Frau herbeigeeilten Leute sich genötigt sehen, ihn an Händen und Füßen gefesselt an den vier Bettpfosten zu befestigen. Am dritten Tage, da trotz aller angewandten Mittel keine Hoffnung zur Besserung bleibt, öffnet der Arzt ihm eine Ader und läßt ihn so zu Tode bluten. (147)

Das Omen zu Silvester

Da sind zwei alte Leute gewesen. Am Neujahrsabend sagt der alte Mann zu seiner Frau: »Mudder, ick will uns' Läbenstiet eins seihn.« Er nimmt sich ein Bettlaken um und hält dort eine Leuchte drunter und geht rückwärts aus dem Haus. Da sieht er auf dem Dach zwei Särge. Da sagt er zu seiner Frau: »Mudder, nu willen wi man allens vertehren: Wi läben nu doch nich mihr lang'.«

Am andern Tag kommen zwei Reisende zu ihnen, die bitten ganz kläglich, sie sollten sie doch aufnehmen. – Sie tun das auch: Morgens liegen beide tot im Bett.

Da sind das die beiden Särge gewesen. (148)

Der Ring im Fisch

Eine Dame ist so reich gewesen, die hat so viel Geld gehabt. Sie hat gar nicht gewußt, wieviel sie hatte. Die hat einen Schiffer ausgesandt, mit einer vollen Ladung Korn. Das hat er ins Wasser schütten sollen, den Armen hat sie es nicht gegönnt. – Der Schiffer hat so viel gejammert, sie tue unrecht, ihr Geld könne auch mal alle werden. – »Nimmermehr!« hat sie gesagt. Einen goldenen Ring hat sie ins Wasser geworfen: Sowenig wie der Ring wieder zum Vorschein käme, sowenig könne ihr Geld jemals alle werden.

Nun hat ein Fischer einen Fisch gefangen und an die Dame verkauft. Der hat den Ring der Dame im Bauch gehabt. Von der Zeit an ist sie verarmt. Das Korn soll in den See hineingewachsen sein (das Wasser ist abgeflossen), und das Korn ist so fruchtbar gewesen. (149)

Zauberkundige und Hexen

Die hexenkundige Braut

Der Bauer Ernst N. [in Vietlübbe, Kr. Lübz] hatte eine Schwester, ein hübsches Mädchen, welche aber von ihrer Mutter, die eine arge Hexe war, das Zaubern gelernt hatte. Dies war jedoch damals noch nicht bekannt, und so war sie die Braut des Sohnes eines Bauern geworden, der in demselben Dorfe wohnte.

In dem Hause des Bräutigams hatte man zu dieser Zeit zu verschiedenen Malen die Bemerkung gemacht, daß Katzen in dem sogenannten »Wiem« (dem Ort, wo in den alten Bauernhäusern, die noch keinen Schornstein haben, das Fleisch geräuchert und der Kuhkäse aufbewahrt wird) von dem Fleisch und Käse gefressen hatten. Deshalb beschlossen der Bräutigam und der Knecht, den Dieb zu züchtigen, oder, wenn derselbe eine in eine Katze verwandelte Hexe sei, zu entlarven. Zu diesem Zwecke banden sie in ihre Peitschen vorne Nägel, um die Schläge gewichtiger zu machen, und versteckten sich in der Nähe des gedachten Ortes.

Bald danach schlich auch eine schwarze Katze ins Haus, kletterte in die Höhe und fing an, bei dem Käse zu fressen. Jetzt sprangen die beiden jungen Leute aus ihrem Verstecke und schlugen mit ihren Peitschen so die Katze, daß Blut aus den Wunden floß. In diesem Augenblicke, da durch die Blutwunden der Zauber gelöst war, verwandelte sich die Katze in die Gestalt der Braut, welche hinter dem Schwibbogen hervorkam, aber nun mit Schimpf und Schande aus dem Hause gejagt wurde, wo sie sich nicht wieder sehen lassen durfte.

Der Gehöftserbe heiratete nach einiger Zeit ein anderes junges Mädchen aus dem Dorfe; und es gelang seiner früheren Braut nicht, trotz ihrer Zauberkünste, einen andern Freier daselbst zu bekommen. Erst nach mehreren Jahren heiratete sie ein Mann aus dem benachbarten Dorfe Wangelin, der sie nur wegen ihres nicht unbedeutenden Vermögens nahm. – Von ihr und ihrer einzigen

Tochter, die vor vielen Jahren schon gestorben ist und keine Kinder hinterlassen hat, werden noch jetzt allerlei Hexenkünste erzählt, so daß auch ihr Wohnort hiervon den Namen »Hexen-Wangelin« erhalten hat. (150)

Gott einmal verschworen – ewig verloren

Ein junges Mädchen ließ sich von einem alten Hexenmeister verführen und sie seine höllische Kunst lehren. Der ging in der Nacht mit ihr nach dem Kirchhof, und sie mußte den Ring von der Kirchentüre anfassen und dabei sagen:

»Hier fat ick an den' Kirchenring
Un schwöre Gott aff un sien Kind!«

Aber das Mädchen war noch nicht schlecht genug zu solchen Gottlosigkeiten und hatte keinen frohen Tag mehr. Sie war immer still und fleißig, kriegte auch einen Mann und liebe Kinder, aber weinte die ganzen Nächte hindurch ihre bitteren Tränen. Das kann kein Mensch auf die Dauer aushalten, und so war denn auch bald ihre letzte Stunde da.

Dem Pastor sagte sie, daß sie eine Hexe wäre und daß all sein Beten nichts helfen könnte. – Der Pastor meinte: »Dor is kein Sünder so grot, dei sick nich leggt in Christi Schot.« – Und sie sprachen ab, daß sie ihm nach ihrem Tode Nachricht geben sollte, ob sie Gnade gefunden hätte oder nicht, und sollte ihm dann als Taube oder als Krähe erscheinen.

Die Frau war schon lange begraben, da sitzt der Pastor einmal in seinem Garten, und eine Krähe setzt sich gerade vor ihn hin und schreit. Er will sie wegjagen, aber sie bleibt sitzen und schreit immer lauter. Da fällt ihm die Hexe ein, und er fragt: »Also büst du doch nich tau Gnaden kamen?« – Und die Krähe antwortet ganz jämmerlich: »Gott einmal verschworen, blifft ewig verloren.« (151)

Die Reise eines Schäferknechts nach dem Blocksberg

In Spornitz bei Parchim wohnte einstmals ein Bauer, dessen Frau eine Hexe war. Wie alle Hexen pflegte auch sie in der ersten Mainacht nach dem Blocksberg zu reisen. Einst machte sie dem in ihrem Hause dienenden Schäferknecht, auf welchen sie ein Auge geworfen hatte, den Vorschlag, doch einmal mit ihr nach dem Blocksberg zu reisen.

Der Knecht, der sehr einfältiger, aber dabei auch höchst neugieriger Natur war, ließ sich bereden, und so ging denn schon in der nächsten Mainacht die Reise wirklich vor sich. – Die Bauersfrau befahl ihrem Auserkorenen, gleich ihr einen Besenstiel zu besteigen und ihr folgende Worte nachzusprechen: »Auf und davon und nirgends an!« – Der Schäferknecht, der nicht genau zugehört haben mochte, rief in der Hast: »Auf und davon und allenthalben an!«

Sein hölzernes Roß schwang sich hiernach auch richtig in die Höhe und fuhr mit ihm durch die Lüfte dahin, dem Blocksberge zu. Aber er stieß allenthalben an, bald an einen Kirchturm, bald an einen hohen Baum, während seine Hausfrau ungehindert über alles hinwegsauste.

Endlich auf dem Blocksberg angelangt, findet unser Schäferknecht schon die ganze saubere Gesellschaft versammelt. Die ausgelassenste Freude und Lust herrscht überall. Es erschallt eine rauschende, prächtige Musik, so schön wie er sie noch nie gehört. Alles jubelt und lacht, tanzt oder macht Musik.

Nachdem sich auch unser Freund aufs meiste gütlich getan hat und eine Masse der im Überfluß bereitstehenden herrlichen Speisen und Getränke zu sich genommen hat, wird ihm, da er nicht tanzen will, eine Trompete gegeben, um sich damit zu vergnügen und lustig mitzublasen. Obgleich er niemals Musik getrieben, geschweige je eine Trompete geblasen hat, so will er in seiner frohen Laune darauf doch einmal sein Heil versuchen. Er setzt also dreist das Instrument an den Mund. Und siehe da, es geht ausgezeichnet, und er bläst besser als der Neustädter Stadtmusikant, wenn er in Spornitz zu Hochzeiten oder Erntebier aufspielen mußte.

Als kaum der Morgen zu grauen beginnt, hat das Fest ein Ende. Alles schwingt sich auf und eilt der Heimat zu. Auch der Schäferknecht besteigt wie seine Hausfrau sein Holzroß, spricht jetzt richtig die bekannten Worte und kommt glücklich und ohne diesmal wieder gegen Türme oder Bäume anzufahren nach Hause. Hier legt er sich zu Bette, um noch die paar Stunden bis zum gänzlich angebrochenen Tage zu verschlafen und sich also von den Anstrengungen der Reise zu erholen.

Seine Trompete, die er auf dem Blocksberge so herrlich geblasen, und die er sich dort hatte schenken lassen, legt er bei sich ins Bett. Aber o Wunder! Als er am andern Morgen aufwacht und nach seiner Trompete greift, ist dieselbe ein Katzenschwanz. (152)

Der eingebildete Hexenritt

Fast ein gleiches erzehlet Godelmann. lib 2. cap. 4 n. 23 von einem Mecklenburgischen Weibe / welches ihren Edelmann bekandt / daß sie eine Hexe wäre / und allezeit mit den andern nach Blocksberg hinreisete. Der Edelmann als welcher der Sachen Gewißheit gerne haben wolte / bat den Prediger des Orts zu sich nebst andern Gezeugen auch von seinen Dienern / und begab sich mit ihnen hin zu dem Weibe in der Nacht / da sie weg fahren wolte hin zu dem Hexen-Feste. Das Weib nam damahls ihre Hexen-Salbe und beschmierete sich damit / allein sie fiel darauf in einen tieffen Schlaff / und blieb in demselben nicht allein die gantze Nacht über / sondern auch den folgenden Tag durch. Da sie auch am Morgen darauf erwachete hat sie steiff gesagt sie wäre abgefahren / und hat keine Gegenrede gelten lassen wollen. (153)

Der Hexenzaum

In einem Kirchdorfe im südwestlichen Mecklenburg, nahe an der Elde, wohnte eine Hexe, die allerhand Unfug trieb, aber nicht entdeckt werden konnte.

Einmal schlief der Großknecht eines Bauern im Dorfe mit dem Ochsenjungen in demselben Bette. Der Knecht lag hinten, der

Junge vorne, auf der Seite also, wo die bösen Geister am liebsten ankommen. Am Maitagsmorgen lag der Junge in Schweiß gebadet und mit klopfendem Herzen im Bette und teilte dem Großknecht mit, es komme ihm vor, als wenn ihn diese Nacht die Hausfrau als Pferd geritten hätte. – Der Knecht lachte ihn aus, legte sich aber in der nächsten Mainacht vorn hin und stellte sich schlafend.

Da kam auch wirklich die Hausfrau in die Kammer, einen Zaum und eine Peitsche in der Hand. Wiewohl er sich zur Wehr setzte, warf sie ihm doch den Zaum über die Ohren, und er sah sich plötzlich in einen schwarzen Hengst verwandelt, auf dem sie nach dem Blocksberg ritt. An einem Holunderstrauche machte sie halt und befestigte des Pferdes Zügel.

Schlag zwölf kamen von allen Seiten die Hexen auf Besenstielen, Ofengabeln, Feuerzangen, Dreschflegeln, Ziegen und Böcken reitend. Auch der Teufel kam, in rotem Mantel, einen spitzen Hut mit Hahnenfeder auf. Aus dem Hute guckten ein paar Hörner, an den Fingern hatte er lange Krallen, am After einen Kuhschwanz, und einen Krähen- und einen Pferdefuß. Der Knecht sah, wie sie aßen und tranken und dann tanzten – und zuletzt miteinander buhlten.

Beim ersten Hahnenschrei brach alles auf. Die Hausfrau des Knechtes bestieg wieder ihr Pferd. An einem Wasser unterwegs hielten die Hexen an, um ihr Vieh zu tränken. Dabei ließ sie den Zügel einmal los, und nun wurde der Hengst so ungebärdig, daß er sie abwarf und sie ins Wasser fiel. Er schüttelte nun den Zaum ab und stand als Mensch vor der Hausfrau da. Nun warf er den Zaum über den Kopf der Hexe, und die Hausfrau ward sofort zu einer schwarzen Stute, auf die er sich schwang und weiterritt. Unterwegs hielt er an einem Wirtshause an und kam auf den Gedanken, sein Pferd beschlagen zu lassen. Es wurden vom Schmiede vier tüchtige Eisen auf ihre Hufe genagelt, wobei sie sich gar jämmerlich anstellte. Darauf ritt er ins Dorf zurück, wo er noch vor Tage ankam.

Am andern Morgen hieß es, die Hausfrau sei krank und liege zu Bette. Nach ein paar Tagen war sie tot, und man fand an ihren Händen und Füßen vier blanke Hufeisen. (154)

Das Hexenfest

Ein Bauer kommt in der Maitagsnacht aus Kröpelin. Als er eine Strecke gegangen ist, kommt er an einem hübschen Haus vorbei, da ist die schönste Musik drin. Er geht heran und schaut durch eine Ritze: Da sieht er einen ganzen Teil seiner Bekannten, die trinken Wein aus goldenen Bechern. Er geht hinein und trinkt mit. Dabei denkt er so bei sich, er möchte wohl einen von den goldenen Bechern haben, und steckt sich einen in die Tasche. Als er nun genug getrunken hat, wird er müde und will nach Hause gehen. Da sagen sie ihm, er könne sich dort niederlegen, und weisen ihm ein feines Bett. Er legt sich da hinein, und das Bett ist so weich, daß ihm die Kissen um die Ohren schlagen.

Als er aufwacht und aufsteht, sitzt er in einem dichten Dornenbusch, und als er in die Tasche langt, hat er da einen großen Kuhfladen drin. – Das Haus und alles ist weg gewesen. (155)

Die Frau als Hase

In Panstorf [Kr. Malchin] lebte ein Tagelöhner, der frühe des Morgens immer für seine Kuh Häckerling schnitt. Fast immer, wenn er bei diesem Geschäfte war, kam ein Hase und machte bei ihm herum Männchen. Schlug nun der Tagelöhner nach dem Hasen, so traf er nicht diesen, sondern allemal sein eigenes Schienbein. Der Tagelöhner sagte hiervon zu seiner Frau; diese aber gab ihm zur Antwort: »Vadding, lat den' ollen Hasen sien, hei deit di jo nicks.«

Als nun der Tagelöhner mit seinem Nachbarn einmal im Walde mit Holzhauen beschäftigt war, erzählte er, wie es ihm mit dem Hasen ginge. – Da sagte der Nachbar: »Wenn du nu wedder Hackels schnieden willst, denn sett di vörher dei Messfork prat und twors so, dat dei Tinnen nah baben stahn. Wenn dei Has' kümmt, denn griep du mit vörwinner Hand so nah dei Fork, dat du dat Krüüz von dei Tinnen in dei Hand kriggst, und giff düchtig den' Hasen mit den' Stäl einen rœwer.«

Der Tagelöhner befolgte diesen Rat. Als der Hase nun den ungewaschenen Schlag bekommen hatte, humpelte er davon. Der

Tagelöhner ging darauf in die Stube zu seiner Frau, fand diese aber im Bette kläglich wimmern: Ihr einer Fuß war jämmerlich zerschlagen. – Sie sagte zu ihrem Manne: »Heff ick di nich ümmer seggt, lat den ollen Hasen sien, hei deit di jo nickts; œwer du hest mi nich hürt.« – Es war also seine eigene Frau gewesen, die sich in den Hasen verstellt hatte, und zwar aus Eifersucht. Sie glaubte nämlich, zwischen ihrem Manne und dem Dienstmädchen finde ein unerlaubtes Verhältnis statt, und deshalb suchte sie in der angenommenen Gestalt dahinterzukommen. (156)

Der dreibeinige Hase

Etwa ums Jahr 1800 lebte in Dändorf [Kr. Ribnitz-Damgarten] ein Bauer mit Namen J. Voß. Dieser bemerkte, daß alle Abende von Dändorf nach Dierhagen ein dreibeiniger Hase trabte. Da denkt Voß: »Wart, dich soll der Tausend kriegen.« Er lud seine Flinte und setzte sich hinter einen Zaun am Wege. Als nun der Hase kam, schoß Voß nach ihm, traf aber nicht, und der Hase humpelte ruhig weiter.

Am folgenden Abend lud Voß in seine Flinte einen silbernen Erbknopf und setzte sich in einen Backofen, nahe am Weg. Der Hase kam, und Voß brannte ihm die Ladung auf den Pelz. Da rannte der Hase, all was er konnte, hinten rum dorfein.

Voß hatte gut getroffen. Denn als der Arzt der Schifferfrau, welche sich in den dreibeinigen Hasen verstellt hatte, den silbernen Erbknopf und die Hagelkörner wieder aus dem Körper zog, sagte er: »Der, welcher geschossen hat, hat wie ein Kerl geschossen.« (157)

Die Butterhexe

Ein Bauer ist einmal mit seiner Frau zur Hochzeit gefahren. Sie kommen durch ein Dorf, da steht eine Frau, die buttert. Da sagt die Bauersfrau zu ihrem Mann: »De Botter möten wi woll mitnähmen to de Hochtiet.« – Der Knecht hört das. – Als sie ein bißchen weiter sind, sagt die Bauersfrau: »Züh, wat schöne Botter!« Da hat sie die Butter auf dem Wagen. Da sagt sie: »Wenn de Fruu 'ne Schal vull Melk nimmt un kakt, denn möt ick verbrennen.«

Der Knecht erzählt das der andern Frau, die gebuttert hat. Die kocht die Milch: Da ist die Bauersfrau gestorben auf der Hochzeit. (158)

War sie der Kater?

Meine Mutter hat in Groß Welzin [Kr. Gadebusch] gedient. Da ist den Knechten in der Leutestube immer die Butter weggekommen. Die Köchin hat gemeint, sie hätte keine Butter weggenommen; das täte der große graue Kater, der sich da immer zeigen täte. – Nun kommt einmal ein neuer Knecht. Zu dem sagen sie, er solle seinen Schrank gar nicht zuschließen, die Butter käme trotzdem weg. – Der Knecht schärft sich seine Peitsche an und haut nach dem Kater. – Zehn Minuten später kommt ein Tagelöhner aus dem Dorf: Er solle rasch zur Stadt fahren und den Doktor holen, seine Frau wäre in die Sense gefallen. – Da haben sie gewußt, wer der Kater gewesen ist. (159)

Mit Läusen behext

Zu Klink [Kr. Waren] war auch ein Junge, dessen Großmutter hieß Mareilies'. Von der sagten sie immer, sie wäre eine alte Hexe. Wenn einer durch das Dorf ging, kam zuerst der Brunnen, dann Mareilies' ihr Haus und dann unser. Als ich nun einmal aus dem Fenster guckte, sah ich, daß der Junge, der Mareilies' zur Großmutter hatte, meinen Bruder verhaute. Da lief ich fix raus und haute ihm das Fell voll. Als das genug war, liefen ich und mein Bruder nach Hause. Die alte Mareilies' stand gerade in der Türe.

Zu Hause hatten meine Eltern Kaminfeuer an. Als ich reinkam, sagte meine Mutter: »Jung', wo sühst du ut? Di sitt jo dat ganze Uhr vull Lüüs', so 'n Klumpen as een Duumen grot!« Da griff ich mit der Hand nach dem Ohr und riß sie ab. Als wenn man eine

Klette abreißt, so »gnarschte« das. Dann schmiß ich das sofort ins Feuer rein. – Ich hab' zeitlebens keine Läuse am Körper gehabt, viel weniger an den Ohren. Diesmal hat sie mir die Alte, die alte Mareilies', richtig angehext. So ein Klumpen wie mein Daumen von der rechten Hand war es. (160)

Die Hexe von Camin bei Wittenburg

Vor mehreren Jahren erzählte mir der damalige Vogt B., er habe von seinem Großvater gehört, daß in früherer Zeit eine bitterböse Hexe im Dorfe ihr gottloses Wesen getrieben hätte. Es war so leicht keiner daselbst, dem sie nicht eine Unbill zugefügt hätte: Der eine konnte von dem schönsten Rahm nicht buttern, dem andern fraß die Sau die Ferkel auf und dergleichen mehr.

Als die Hexe es nun immer ärger machte, so wurde sie angezeigt und zum Feuertode verdammt. Auf dem Wege zum Scheiterhaufen, der auf dem Schlage an der Dadower Scheide errichtet war, bewies sie ihre Macht zu guter Letzt noch an den dort am Wege pflügenden Knechten, so daß sie den ganzen Tag mit ihren Pflügen nicht arbeiten konnten. Dem einen aber konnte sie nichts anhaben, das machte, er hatte einen Kreuzdornsticken an seinem Pfluge, der ihn dagegen geschützt und worüber sie sehr geklagt haben soll.

Der Erzähler fügte noch hinzu, daß nach dem Tode der Hexe sich alles wieder gebessert hätte. (161)

Frauenlist geht über Teufelslist

Ein Müller hat mit seiner Frau ganz friedsam gelebt. Da kommt der Teufel ins Dorf und guckt ins Fenster und sieht, wie die beiden herrlich leben. Da denkt er: »Wo stellst du dat an, dat dor mang de beiden wat mang kümmt?« Nun ist dort eine alte Frau im Dorf, die fragt er um Rat. – »Oh«, sagt die, »dat is so schlimm nich, dat will'n wi woll kriegen.« – »Ja«, sagt der Teufel, »wenn du dat fardig kriggst, sallst du 'n Poor Puschentüffel [Pantoffeln] hebben.«

Eheleute in Biestower Tracht

Nun geht der Müller ja einmal ins Dorf. Da ruft ihn die alte Frau an: »Du, töw [warte] doch 'n bäten!« – Der Müller denkt: »Stah man still un hür dat an, süss kann se di noch behexen.« – Da sagt die Frau: »Ick will di wat seggen: Du kannst di gor nich vörstellen, wo niederträchtig dien Fruu gegen di is. Du hest jo twee Gesellen, eenen wittköppten un eenen schwartköppten; mit den' wittköppten höllt se dat.« – Der Müller sagt: »Nee, dat glööw ick nich.« – »Ja«, sagt die Frau, »as ick nüülich mi 'n Almosen halen ded, heff ick in 't Finster käken. Dor heff ick sehn, dat de beiden sick küßt hebben.«

Hinterher geht sie zu der Frau: »Dien Mann höllt dat mit anner Fruugens.« – »Nee, dat kann ick nich glööben.« – »Ja, ganz gewiß.« – »Je, wo lihr ick em denn dat aff?« – »Ja, ick will di woll 'n Rat gäben, wo du dat makst: Wenn dien Mann to Bett geiht, krieg' di man sien Putzmetz (Rasiermesser) her. Wenn he in 'n Schlap liggt, makst du 'n Krüüz mit dat Metz, so hen un her vör sienen Hals, dat helpt.«

Nun geht sie wieder zu dem Müller: »Dien Fruu will di de Kähl affschnieden, paß man got up œwer Nacht!« – »Got.«

Der Mann geht ja zu Bett, und richtig, als er sich so stellt, als wenn er eingeschlafen wär, kriegt sie das Messer her und will so tun, wie die Frau gesagt hat. – »Halt, du Hund«, ruft da der Müller, »ick will di bie Kähl-affschnieden!«

Nun kriegt ja die Frau die Pantoffeln, aber der Teufel hat solche Angst vor der Frau: Anstatt der Hand hält er ihr eine lange Stange hin – da hat er die Pantoffeln draufgesteckt – und sagt: »Mit di will ick nicks wedder to don hebben: Fruugenslist geiht œwer Deuwelslist.« (162)

Mißglückter Liebeszauber

Da ist ein Schäferknecht gewesen. Das Melkmädchen will ihn zum Bräutigam haben; sie weiß aber nicht, wie sie das angehen soll. Zuletzt hat sie das mit List herausgehorcht von einem Abdekkerknecht, was sie zu machen hat: Von den süßesten Birnen im Hofgarten soll sie ihm drei geben. Er hat ihr etwas gegeben, was sie da reinmachen soll.

Sie bringt ihm Mittag nach. Der Schäferknecht hat in seiner Schäferhütte eine Borte gehabt, da legt er die drei Birnen drauf, die er nachher essen will, wenn er raustreibt. Er vergißt das. Am andern Morgen denkt er an seine Birnen. Er langt hinauf und will sich die Birnen herunterlangen. Da kriegt er drei Schlangen zu fassen. Die rafft er sich in seine Schäferschürze und geht damit nach Hause. Das Mädchen sitzt vor dem Feuerherd und schält Kartoffeln. Da sagt er: »Rike, dee dree Beeren kann ick nich äten. Dee bring' ick di wedder.« Und schüttet ihr die Schlangen in den Schoß.

Das Mädchen legt das Messer nieder, geht nach dem Hofgarten mit den drei Schlangen und springt in den Teich und ertränkt sich. (163)

Wundertäter, Freimaurer und Wildschützen

Grünberg-Harm, der Banner

Südlich vom Burgwall liegt an der Ausgangsschleuse des Eldekanals in der Fahrenhorst ein Berg, welcher der »Spinnberg« genannt wird. In diesem Berge will man regelmäßig in der Morgen- und Abenddämmerung ein Geschnurre gleich dem des Spinnrades hören. Es geht die Sage von diesem Berge und von dem Geschnurre in demselben also:

Zu Daschow brachte die Frau eines Edelmannes, welche eine Hexe gewesen, die Müllergesellen, die in der dortigen, dem Edelmann gehörigen Mühle gearbeitet, alle um; und zuletzt wollte kein Müllergeselle bei dem Herrn mehr dort arbeiten. – Nachdem nun die Mühle lange Zeit stillgestanden, meldet sich wieder mal ein Müllergesell bei dem Herrn und spricht um Arbeit an. – Dieser macht ihn auf die große Gefahr aufmerksam. – Aber der Geselle, Grünberg-Harm, erwidert, er habe keine Angst, und zeigt dabei auf einen Degen, welchen er unter seinem Jöppchen hervorzieht. Abends zieht er mit der Spitze seines Degens einen ziemlich weiten Kreis um die Mühle. Darauf macht er sich innerhalb dieses Kreises ein Feuer an, bläst dreimal geheimnisvoll darein und zündet sich drob gemütlich seine Pfeife an. Als er nun so rauchend mit übergeschlagenen Beinen dasitzt, hört er leise Tritte. Er blickt in die Höhe, und eine große schwarze Katze stiert ihn mit feurigen Augen an. Kauernd duckt sie sich und schickt sich wie zum Sprunge an. Sie schnellt sich in die Höhe. Doch plötzlich wie vom Donner gerührt, stürzt sie miauend zurück: Die magische Kreislinie hat ihre Wirkung getan. – Höhnend spricht jetzt unser Grünberg-Harm: »Kätzchen, komm heran und wärme dich!« – Worauf die Katze erwidert: »Spricht Müllergesell Grünberg-Harm zu mir?«

Dies wiederholt sich an drei Freitagabenden. Am dritten Abend wird die Katze so dreist, daß sie mit einer Pfote über die Kreislinie langt, um mit ihren Krallen den sie neckenden Müllergesellen zu packen. Da, ehe die Katze es sich versieht, zieht dieser seinen Degen und haut der Pfote zwei Zehen ab. Schreiend rennt die Katze davon. Grünberg-Harm besieht sich die Zehen jetzt näher und sieht, daß es der kleine und der Goldfinger einer Frauenhand ist. Auf dem Goldfinger steckt ein Ring mit einem Diamant. Neugierig besieht er denselben näher und findet darauf den Namenszug der »gnädigen Frau«.

Er steckt die beiden Finger in die Tasche und geht am andern Morgen auf das Schloß. Die »gnädige Frau« ist krank, liegt im Bett und hat die linke Hand mit einem Tuche umwunden. Der Forderung des Gesellen, die linke Hand hervorzuziehen, widersetzt sie sich. Da zieht Grünberg-Harm die Finger mit dem Ringe aus der Tasche und zeigt sie dem Herrn. – Diesem aber wird unheimlich zumute, es graut ihm vor seiner Frau, und er bittet den Grünberg-Harm, ihn von derselben zu befreien.

Grünberg-Harm peitscht und treibt sie mit Zauberruten in ein Bierlegel, worauf er dem Edelmann erklärt, daß seine Frau, wenn sie nicht wiederkehren und noch ärger hausen solle, als sie bisher getan, über ein fließendes Wasser gebracht werden müsse. – So trägt jetzt Grünberg-Harm das Bierlegel mit der Hexe über die Elde nach dem Orte, welcher jetzt noch der »Spinnberg« heißt und der damals von allen menschlichen Wohnungen am weitesten entfernt lag.

Hier hängte er das Bierlegel an eine Buche. – Da fragt sie ihn: »Welches ist meine Stelle, wenn die Buche gefällt wird?« – »Der Stamm.« – »Und welches ist meine Stelle, wenn der Stamm gerodet wird?« – »Die Stammstelle.« – »Und welches ist meine Arbeit?« – »Spinnen.« – Es wird ihr nun noch von Grünberg-Harm ein verzaubertes Spinnrad gebracht, worauf sie jedoch nicht bei Tage, sondern nur während der Abend- und Morgendämmerung spinnt. (164)

Pferde fest- und losmachen

Es haben eines Tages eine Anzahl Häker am Landweg gehakt. Da kommt ein Fuhrmann angefahren. Der eine der Häker, der das Festmachen versteht, sagt zu den andern, ob er den Wagen mal festmachen soll. – Seine Kameraden warnten ihn, wozu er den Menschen anhalten wolle. Er solle ihn ruhig fahren lassen. – Doch er ließ sich nicht raten, sprach im stillen seine Zauberformel, und sofort stand der Frachtwagen, und die Pferde konnten ihn auf dem ebenen Wege mit Aufwendung aller Kraft nicht wieder losziehen.

Der Fuhrmann aber war auch nicht dumm. Er merkte sogleich, um was es sich hier handelte, und wandte sich an die Häker mit der Bitte, man möge ihn ruhig fahren lassen; er habe ja niemandem etwas zuleide getan. Wozu sie ihn aufhalten wollten? – Doch sein Zureden half nichts. Jener Häker stand und sah lachend zu, wie die Pferde sich vergeblich abmühten.

Aber der Fuhrmann wußte auch was: Er ging rund um sein Fuhrwerk herum, hing dann seinen Mantel am Wagen auf und begann mit dem Stiel seiner Peitsche aus Leibeskräften auf diesen Mantel loszuprügeln. Alsbald aber fing der Häker an zu springen und sich vor Schmerz zu krümmen. Er schrie dem Fuhrmann zu, mit dem Prügeln aufzuhören. – Dieser aber prügelte den Mantel erst eine geraume Zeit, und sowie er damit aufhörte, beruhigte sich auch der unsichtbar bestrafte Ackersmann. – Der Fuhrmann fuhr nun ohne jedes Hindernis wieder seines Weges. (165)

Der Feuerreiter

Vor mehr als hundert Jahren (vor 1760) war in Stavenhagen ein großes Feuer ausgebrochen, das, vom Winde begünstigt, die ganze Stadt zu verzehren drohte. Da sprengte hoch zu Roß der in der Nähe wohnende Ritter von Oertzen heran, ritt um das Feuer und besprach es. Dann jagte er von dannen, das Feuer ihm nach, hinaus zum Stadttore in einen Teich, in den er sich mit seinem Pferde warf. In dem Teiche erlosch das Feuer, und der Ritter kam wohlbehalten ans andere Ufer.

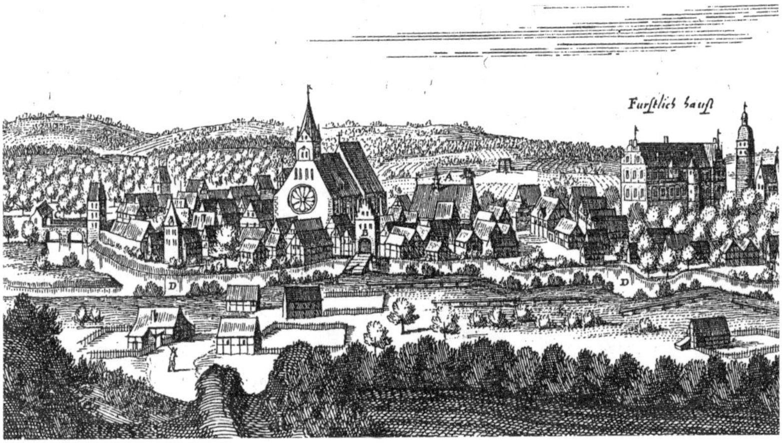

Gadebusch im 17. Jahrhundert

Das soll derselbe kleine Teich sein, in dem die Mädchen gewöhnlich ihre Wäsche spülen. Auch das Feuer soll dort noch fortbrennen. Die Jungfern behaupten, das Wasser darin sei gar nicht kalt, auch wenn's im Winter noch so stark friert. (166)

Der Rattenfänger von Gadebusch

In Gadebusch sind auch einmal gefährlich viele Ratten gewesen. Da kommt ein Rattenfänger an, der läßt sich beim Bürgermeister anmelden: Er könne alle Ratten wegfangen, aber zweihundert Mark müßte er dafür haben. – Ja, darin willigt der Bürgermeister ein.

Er [der Rattenfänger] stellt sich auf den Markt, holt sich eine Pfeife heraus und fängt an zu flöten: Da kommen all die Ratten angelaufen. Er geht voraus, wie wenn ein Schäfer mit einer Herde Schafe austreibt, und all die Ratten hinter ihm drein. Zwischen Gadebusch und Jarmstorf ist ein breiter Graben, da ist ein Steg drüber. Auf diesen Steg geht er rauf und weist die Ratten immer in den Graben hinein: Da müssen sie alle drin ersaufen.

Nun geht er ja hin zu dem Bürgermeister und will sich das Geld holen. – Nein, sagt der, das wäre zuviel. – Na, sagt der Rattenfänger, dann nehme er ihm all die Kinder weg aus Gadebusch. – Das könne er tun, sagt der Bürgermeister.

Der Rattenfänger stellt sich wieder auf den Markt und pfeift auf dem andern Ende der Flöte: Da komen all die Kinder aus der Stadt angelaufen und stellen sich alle bei ihm hin. – Da kommt der Bürgermeister an und sagt, er solle ihm die Kinder wiedergeben, er solle auch die zweihundert Mark haben. – Da pfeift der Rattenfänger wieder: Da gehen die Kinder alle wieder nach Hause. (167)

Der Müllergeselle Pumpfuß

Bei Dömitz fand sich einst auf der dortigen Mühle ein Müllergeselle namens Pumpfuß ein, der nach Aussage der Leute mit der Zauberei sehr vertraut sein sollte. Da er hier nicht die gewünschte Aufnahme fand, so machte er sich alsbald wieder aus dem Staube. Auf der Mühle aber hatte man eine neue Welle gezimmert, die jetzt gerade eingebracht werden sollte. Doch o Wunder! Als man sie hineinpaßt, ist sie plötzlich zwei Fuß zu kurz, während sie doch früher die gehörige Länge hatte. Bald erkennen alle, daß der Pumpfuß hier gewiß seine Hand im Spiele gehabt. Schnell wird daher ein reitender Bote abgesendet, um ihn wieder zurückzuholen.

Nach vielem Bitten kehrt denn auch der glücklich vom Boten wieder eingeholte Pumpfuß zurück nach Dömitz und versteht sich, nach großen Versprechungen von seiten des Mühlenbesitzers, endlich dazu, den Schaden wieder zu kurieren. Geselle Pumpfuß befiehlt nun hierauf der einen Hälfte der arbeitenden Mannschaft, das eine Ende, der andern Hälfte aber, das andere Ende der Welle anzufassen und aus Leibeskräften zu ziehen, während er selbst eine Axt ergreift und gewaltig mit ihrer verkehrten Seite auf die Welle losschlägt. Endlich läßt er die Arbeiter mit dem Ziehen aufhören, und siehe da, die Welle hat sich noch einen halben Fuß über die nötige Länge ausgedehnt. – Darauf haut Pumpfuß allein wieder zwei- bis dreimal gegen das eine Ende der Welle. Wie er dies getan, hat sie zum größten Erstaunen aller wieder das richtige Maß.

Die Welle wird nun sofort in die Mühle eingebracht, wo sie, wenn sie nicht schon vergangen ist, sich noch heute und diesen Tag befinden mag. (168)

Das Zauberbuch

In Groß Welzin [Kr. Gadebusch] war ein Weber, der hatte einen Gesellen. Einmal am Sonntagmorgen sagt der Meister: »Kumm man mit! Wi willen beid' nach Perlin to Kirch gahn.« – »Ach, wat de Preester up de Kanzel prädigt, dat weit ick all von mien Scholjohren her.« – Aber der Meister kriegt ihn doch überredet.

Als nun der Priester predigt, sagt der Geselle: »Ick möt nah Huus. Ick heff mienen Kuffer apen laten, dor heff ick 'n Bok in. Dat hett dien Jung' sick ruuthaalt un hett sick fastläst.« – »Oh«, sagt der Weber, »lat doch den' Preester ierst to End' sien mit sien Prädigt.« – »Nee, se maken den' Jung' dot.«

Als er zu Hause ankommt, ist das ganze Haus schwarz voller Leute. Das sind alles feine Herren mit einem Zylinder auf dem Kopf. – »Was wollt ihr hier?« ruft der Geselle. – »Arbeit söken«, sagen die Herren. – Nun haben die Kinder gerade Erbsen gesammelt gehabt und aus den Schoten gelöst. Die stehen da im Sack, ein Faß voll Erbsen ist da wohl drin gewesen. Der Geselle kommt bei und schüttet die ganzen Erbsen auf der Erde entlang. »So«, sagt er, »hier is Arbeit!« Dabei kriegt er das Buch zu fassen und liest wieder zurück.

Der Junge hat drei Tage wie tot im Bett gelegen. Das Buch hat der Geselle ins Feuer geworfen: Da sollten sich nicht noch andere Leute mit unglücklich machen. (169)

Der Aufpasser in Tiergestalt

Ein Gutsherr in der Güstrower Gegend ist immer als Fuchs umhergegangen. Er hat oft bei den Holzhauern nach dem Rechten gesehen. Wenn sie einen Faden Holz gesetzt haben, hat er (als Fuchs) obenauf gesessen und zugeguckt. Einmal haben sie einen

Balken auf dem Nacken und gehen in einer Reihe. Da ruft der hinterste, der vorderste solle nicht so schnell gehen; er könne nicht mitkommen, der Fuchs trete ihm immer auf sein Stück. – »Ach wat«, ruft der vorderste, »schlah den' Deuwel œwer 'n Nacken!« – Da steht der Fuchs mit einmal vor dem vordersten und setzt sich hin und bleckt die Zähne. Da haben sie alle drumherumgehen müssen. Schießen hat ihn keiner können. Wenn einer angelegt hat, hat sich das Gewehr immer herumgedreht. Der Jäger war ein ganz firmer Schütze, aber der hat es auch nicht gekonnt.

Nun wird der Gutsherr einmal krank, und eine Frau ist bei ihm zum Wachen. Da verhandelt er mit ihr: Sie solle einmal aus dem Fenster schauen, es wäre so schöner Mondschein. – Sie tut das auch. – »Na, sühst du nicks?« fragt er. – Ja«, sagt sie, »dor sitt jo de Foss up 'n Dack (die Dächer waren ja so niedrig früher), de Schwanz hängt so dal; dor hett he mi mit in 't Gesicht rakt.«

Die Frau wird krank und stirbt; der Herr ist wieder gesund geworden. Die Leute meinten ja alle, die Frau hätte er für sich hingeschickt nach dem Bösen. – Als er gestorben ist, ist er noch immer als Kerl ohne Kopf umgegangen. (170)

Die Freimaurer von Cammin

Von der Kirche in Cammin [Kr. Neubrandenburg] – ganz früher war sie katholisch – ging früher ein Gang unter der Erde nach Godenswege und weiter nach Stargard zur Burg und dann weiter nach Sponholz. Nun ist das ja alles eingefallen. Aber die alten Raubritter sind da unten früher langgegangen, und nachher die Freimaurer. Die hatten ihren Sitz hier in der Camminer Kirche. An der Wand hingen all die Bilder von den Freimaurern, die in dem Verein waren. Und ein Sarg war da mit all dem Handwerkszeug, das sie hatten. Und wenn einer aufgenommen wurde, der mußte sich in den Sarg legen, und dann wurde er ein bißchen geritzt und mußte mit seinem eigenen Blut unterschreiben. Und dann halfen ihm die anderen, wenn er [wirtschaftlich] nicht in Gang kommen konnte. Und wenn seine Zeit abgelaufen war und er keinen andern einkaufen konnte, wurde er umgebracht. So ist das auch Böhmer gegangen. Daran kann ich mich noch genau erinnern. (171)

Der Logenbruder Böhmer

Hier in Cammin hat sich ein Herr ertränkt. Das war Böhmer, der hatte das Gut nach Hoth, aber nur zwei Jahre. Der war unter die Freimaurer gegangen, und als seine Zeit abgelaufen war, wollte er sich ja einen einkaufen, der für ihn sterben sollte. Er hat hundert Mark hingelegt gehabt auf die Kommode, und wenn die einer genommen hätte, dann hätten sie den umgebracht, oder er wäre von allein gestorben, das weiß ich nicht mehr so genau. Jedenfalls hat der Inspektor Eichholz den alten Vater Mussehl, das war der Statthalter [Aufseher], gewarnt, daß er das Geld nicht nehmen solle.

Und als Böhmers Zeit abgelaufen war, ist er an dem Abend nicht mehr bei den Büchern gewesen; er hat sonst immer bis zwölf Uhr bei seinen Büchern gesessen. An dem Abend hat seine Frau auch mit dem Pantoffel gebutzt, und da ist er nicht in der Stube unten gewesen. Er ist an den See gegangen und hat sich ausgezogen und hat in jede Tasche einen halben Zentner Steine gesteckt und ist dann hineingesprungen bei dem Rohr hier gleich vorne.

Ich war zu der Zeit Mädchen auf dem Hof. Wenn wir dann zum Melken gingen, war da immer eine schwarze Katze oder ein schwarzer Hund, und ich will Ihnen das geradehin sagen: Das war der Teufel – wegen des Herrn, der sich ertränkt hatte! O was hatten wir Mädchen für Angst. Wir mochten da gar nicht langgehen . . . (172)

In den Fängen des Ordens

Einmal wollte eine Frau in Cammin bei dem Obersten von den Freimaurern ihren Mann loskaufen: Sie hätten beide nun schon genug Geld zusammen, und sie wolle ihn gern frei haben. – Der Oberste sagte: Ja, sie könne ihn loskaufen. Er ist mit ihr in die Kirche hineingegangen. Da war der Sarg mit dem Handwerkszeug, und an der Wand hingen die Bilder von den Freimaurern, und ihr Mann war dazwischen. Da hat er ihr ein großes Messer gegeben und hat zu ihr gesagt, sie solle das ihrem Mann auf dem Bild in die Brust stechen, dann wäre er frei. – Das hat sie getan. Sie hat sich ja nichts dabei gedacht. Da hat sie das Bild mitgekriegt. Und als sie nach Hause kommt, was sieht sie da? Da liegt ihr Mann tot im Bett.

Die Frau wohnte [nachher] in Neustrelitz in einer Kellerwohnung. Und einmal hat mich der alte Lehrer Knispel zu ihr geschickt. Ich kam herein in die Küche. Da war alles fein eingerichtet. »Na«, hab' ich sie gefragt, »sünd Se denn hier glücklich?« – In der Wohnung hatten die Freimaurer ihre Treffen. Nun wollte ich ja auch einmal in die Stube sehen, aber sie sagte: Wenn ich nur an die Tür fassen tät, das merkten die gleich, und dann ginge es ihr schlecht. In der Stube stand der Sarg, den durfte sie mir nicht zeigen. Nur das Bild hat sie mir gewiesen – mit dem Loch in der Brust von ihrem Mann. Das hatte sie ja freigekauft, das konnte sie mir zeigen. (173)

Das eingekaufte Opfer

Der Herr in Klein Nemerow [Kr. Neubrandenburg] ist Freimaurer gewesen. Rullwitz ist sein Reitknecht gewesen. Erst soll er [der Herr] einen Tagelöhner zu sich hereingerufen haben. Ein Haufen Geld hat da bereitgelegen. Aber als der Tagelöhner schreiben soll mit seinem Blut, fällt ihm sein Federhalter herunter. Da sieht er, daß da ein schwarzer Pudelhund unter dem Tisch liegt. Da ist er fortgegangen. – Der Reitknecht hat das unterschrieben und einen Hut voll Geld bekommen. Das hat er seiner Mutter hingebracht. Der hat sich nachher ertränkt im »Rullwitzbrunnen«. (174)

Freimaurerspuk

Der Pächter Hamann in Hohenzieritz [Kr. Neustrelitz] hat sich die Kehle durchgeschnitten. Der ist unter den Freimaurern gewesen. Jedes Jahr hat er sich einen gekauft, der für ihn gestorben ist. Zuletzt hat er doch selbst heran müssen. Der ist dort nachher, nach seinem Tod, auf einem Schimmel geritten. Der Nachtwächter hat dort gar nicht mehr hingewollt.

Das war ein Nachtwächter Möller. Wenn der den Pferdestall und den Kuhstall abgeleuchtet hat – dann kommt er [der Herr] und hilft ihm leuchten. Der kommt mit einem Schimmel angeritten. Auch auf der Mauer ist er gelaufen und hat sich kaputtgelacht. Möller hat zuletzt gesagt: »Ick möt mienen Posten affgäben, ick kann dat nich mihr uthollen.« (175)

Der Jäger als Freischütz

Ein großer Herr hatte einen Jäger, der hatte, solange er in seinem Dienst war, noch kein Stück Wild getroffen. Da ließ ihn der Herr gehen. Der Jäger, der vorher so gut hatte treffen können wie einer, ging traurig ab.

Da begegnete ihm ein altes Weib, das fragte, was ihm fehle, und sagte, er solle man, wenn er zu Gottes Tisch ginge, das Abendmahlsbrot hinter dem Altar wieder aus dem Mund nehmen und das an einem Baum festmachen und danach schießen.

Der Jäger tat das und ging nun wieder zu dem Herrn und sagte, er möchte gern wieder in seinen Dienst: Er hätte sich im Schießen geübt und könnte nun schön treffen. – »Gaut«, sagt der Herr, »wi willen 't versäuken.« – Als sie nun hinausgehen, flogen da drei wilde Enten hoch über sie hinweg, und der Herr sagte zu dem Jäger, er solle eine davon schießen. – »Weckein?« fragt der Jäger. – »Den' Arpel«, sagt der Herr. – Der Jäger schießt, und richtig fällt der Erpel. – Da merkte der Herr, daß die Sache nicht richtig sein konnte, und sagte: »Ick kann di nich bruuken, du schüttst bäter as ick!« Und ließ ihn wieder gehen.

Und am andern Tag fanden die Leute des Jägers Hut unter der roten Brücke und ihn selbst hundert Schritte entfernt unter den Erlen am Weg, in vier Stücke zerrissen. (176)

Der Probeschuß

Ein Förster hat auch einmal einen Jägerburschen lehren wollen, Freischütz zu werden. Der Förster hat ihm gesagt, er solle die Oblate, die er beim Abendmahl bekäme, aus dem Mund nehmen und an einen Baum nageln; das Gewehr solle er dem Förster auf die Schulter legen und dann hinter sich auf die Oblate schießen; wenn er das täte, könne er alles treffen.

Der Junge macht das auch alles so. Aber als er losdrücken will, kann er es nicht lassen und schaut sich um. Da sieht er eine weiße Taube und einen schwarzen Kater bei dem Baum. Der Kater sieht so sauber aus, aber die Taube sitzt ganz verschüchtert da. Da haut der Junge mit seiner Flinte an den Baum, daß die in Stücke fliegt, und ißt die Oblate auf: So etwas wolle er nicht lernen. (177)

Der Freischütz und sein Lehrling

Da ist ein alter Förster gewesen und ein Jägerlehrling, die sollen einen Hirschbullen schießen für die Herrschaft. Der Förster setzt sich im Krug hin und spielt Karten und trinkt, und der Lehrling mahnt schon immer an, sie wollten doch gehen.

Zuletzt gehen sie beide los. Als sie hinein in den Wald kommen, sagt der Förster: »Stah man still, dor kümmt he all.« – Da kommt auch ein Hirschbulle angerannt, und der Förster hält hin: Da fällt der Hirsch. – Da sagt der Förster zu dem Lehrling, ob er wohl raten könne, wo er den hergerufen habe; der käme aus England. – Das möchte er auch wohl können, sagt der Lehrling. – Dann solle er doch einen Augenblick stillstehen.

Der Förster geht hinein in den Wald. Nach einer Zeit ruft er, nun solle er nur hinkommen. – Als der Lehrling hinzugeht, sieht er da einen bei dem Förster stehen (das ist der Böse gewesen), der hat ein Buch in der Hand. Das gibt er dem Lehrling hin, da solle er seinen Namen hineinschreiben. – Da schreibt der Lehrling hinein:

»Christi Blut und Gerechtigkeit,
Das ist mein Schmuck und Ehrenkleid.«

Als er nun dem andern das Buch wiedergibt, läßt der das fallen: Das ist zu schwer geworden, das hat er nicht halten können. – Da ruft der Förster dem Lehrling zu: »Striek mienen Namen ut!« – Das tut der Lehrling auch: All die Namen, die in dem Buch gestanden haben, streicht er aus. – Die Leute sind nun wieder von dem Bösen freigekommen. (178)

Die Geheimsprache

Ein Jäger trifft einmal den Pastor; der nimmt ihn mit auf seinem Wagen. Als sie nun weiterfahren, fliegt da gerade eine Schar wilder Gänse oben in der Luft. Da sagt der Jäger: »Ick will Se ok 'n goden Braden scheeten to 'n Dank.« Er hält hin, und eine von den Gänsen fällt auf den Wagen herunter. – Da fragt der Pastor ihn, woher er das gelernt habe. – »Oh, dat sünd 'n poor Wüürd'; wenn ick dee spräk, dröppt mien Flint allens.« Da sagt er ihm die Worte; das ist eine andere Art Sprache gewesen, deutsch ist das nicht gewesen. – Na, sagt der Pastor, dann wolle er ihm das übersetzen, das heiße so viel wie:

»Satan, bring mir dieses Tier,
Ich geb' dir Leib und Seel dafür!«

Nie und nimmermehr wolle er diese Worte wieder sprechen, hat da der Jäger gesagt. (179)

Der unglückliche Schuß

Ein Jäger hat sterben sollen, wenn er bis zum Abend keinen Braten lieferte. – Da kommt ein Mann zu ihm und fragt ihn, weshalb er so betrübt umherginge. – Dem erzählt er das. – »Oh, dat will ick woll maken, œwer scheet jo nich nah den' iersten Buck!«

Der Mann geht weg, und es dauert nicht lange, da braust eine ganze Herde an dem Jäger vorbei. Der Jäger ist so hitzig und kann sich nicht beherrschen; er schießt den ersten Bock tot. Als er näher herankommt, ist es der Mensch, der ihm gesagt hat, er wolle ihm helfen; der hat sich verwandeln können. (180)

Die Wilddiebe

In Kransevitz [Pommern], da waren zwei Brüder Panschu Wilddiebe. Die haben in der ganzen Gegend das beste Wild abgeknallt und haben es immer an die Hotels verkauft. Die beiden saßen auf so einer abgelegenen Wirtschaft mit bißchen Sand, davon konnten sie sich nicht ernähren. Aber sie haben ganz gut gelebt. Und keiner konnte die beiden Wilddiebe stellen. – Da hat der Gutsherr den Förster, der hatte noch ein paar Eleven, zu sich rufen lassen: Er gibt ihm eine Frist, ein Vierteljahr oder so; wenn er bis dahin die Wilddiebe nicht gestellt hat, kann er gehen.

Aber die Panschus, die wußten ja Bescheid. Die haben ihn gegriffen und haben ihm die Hände an ein Stück Holz gebunden und haben ihn laufenlassen, so daß er sie nicht gekannt hat. Er geht nun zu seiner Frau und klopft mit dem Holz an die Türe, sie soll aufmachen. Aber sie hat gedacht, das wäre ein Einbrecher. Dann schließlich hat sie doch aufgemacht. – Da mußten hinterher die Eleven und Gärtner und Förster und sogar die Inspektoren im Wald aufpassen. Aber sie haben die beiden nicht gekriegt. Die haben sogar noch mehr Wild geschossen – trotzdem so aufgepaßt wurde.

Doch einmal sieht ein Eleve, wie einer von den Panschus gerade ein Reh abzieht. Der geht gleich hinter einem Baum in Deckung und ruft. Der Panschu greift gleich nach dem Stutzen und will aufstehen. Da drückt der Eleve los und trifft so unglücklich und trifft ihn in beide Beine. Da haben sie ihn gekriegt. – So hat der Eleve den anderen was vorgemacht. (181)

Verwandelte – Mahrt und Werwolf

Die aufdringliche Mahrt

Zwischen Wrechen und Warbende [Kr. Neustrelitz] ist ein Wald, der heißt »Düüwels Dööpkamer« [Teufels Taufkammer]. Da kommt einmal ein Schäferknecht durch den Hohlweg, der geht und geht und denkt an gar nichts. Auf einmal merkt er, daß ihm etwas auf den Puckel springt, und das fühlt sich an wie ein großes, schweres Kalb. Er will das abschütteln und kann es doch nicht loswerden. Ihn schwitzt, und er stöhnt, aber er muß das olle Vieh tragen bis an seine Türe. Da ist es dann selbst abgefallen und rein weggewesen. Er geht ins Haus hinein, und der Bauer fragt ihn, warum er so schlecht aussieht. – Zuerst will er ja nicht mit der Sprache heraus, aber dann erzählt er, daß ihm etwas »uphackt« wäre und daß er es bald gar nicht habe tragen können.

Am andern Tag sieht der Bauer den Schäferknecht auf dem Hof liegen und wundert sich und sagt: »Stah doch up!« – »Ick kann nich«, sagt der Schäfer, »dat Diert von gistern steiht wedder œwer mi, un wenn ick upstah, denn hackt mi dat up.« – Da hat der Bauer ihn behutsam weggezogen, so unter den Beinen des Kalbs hindurch. – Aber das Tier kam immer wieder, und der Knecht konnte nicht in Warbende bleiben; er mußte wegziehen. (182)

Die gefangene Mahrt

Über das Alpdrücken (Mahrrieden) erzählt man sich folgendes: Der Mahrt ist ein lebendiges Wesen. Er kommt, wenn er einen reiten will, durch ein Astloch in der Wand, wo der Zimmermann, als er das Haus gerichtet hat, einen hölzernen Nagel einzuschlagen vergessen.

Da ist mal ein Knecht gewesen, den hat »dei Mahr« immer geritten. Als das nun auch mal wieder geschah, kommen die anderen Knechte und schlagen einen Pfropfen in das Wandloch. Da konnte »dei Mahr« nicht wieder wegkommen und ist ein hübsches Frauenzimmer gewesen.

Die hat der Knecht geheiratet und mit ihr drei Kinder erzeugt. Einmal bittet die Frau ihren Mann, er solle das Pfropfenloch aufmachen. – Er denkt: »Was kann das nun schaden?« und macht das Loch auf. Wutsch ist seine Frau verschwunden, und er hat sie auch nicht mehr zu sehen gekriegt.

Bloß alle Sonnabend ist sie gekommen und hat die Kinder gekämmt und gewaschen und ihnen reine Hemden angezogen. – Ist aber ihr Mann zu Haus geblieben und hat sie belauschen wollen, dann ist sie auf einen andern Tag gekommen. (183)

Die Seele als Maus

Ein Mädchen, das viel mit Alpdrücken, dem sogenannten »Mahrrieden« zu tun hatte, beschloß, den Gegenstand, der sie immer quälte, zu fangen. Sie legt sich daher jede Nacht so hin, daß sie die Hände über dem Kopf zusammen hat. Ihre Mutter hält im Nebenzimmer Wache. Wie diese nun mal in der Nacht wieder ihre Tochter ächzen hört, geht sie mit Licht in das Zimmer derselben. Das Mädchen, von dem Lichte erschreckt, läßt die Hände niedersinken und greift in der Gegend der Herzgrube ein kleines Tier. Ohne es zu besehen, steckt sie es in einen Strumpf und verschließt denselben in ihrem Koffer.

Bald darauf erfährt sie, daß ihr Bräutigam gestorben ist. Sie macht sich fertig, um zum Begräbnis zu gehen. Dabei kriegt sie den Strumpf zu fassen und nimmt ihn mit. In der Kirche während der Leichenrede, wo der Sarg offen dasteht, will sie das Taschentuch nehmen und ihre Tränen trocknen. Da zieht sie zufällig den Strumpf aus der Tasche, und aus demselben springt eine weiße Maus, die in den Mund des Toten läuft, worauf dieser wieder lebendig wird. (184)

Der Bauer und der Werwolf

In dem Dorfe Vietlübbe lebte vor mehr denn hundert Jahren [um 1750] ein Bauer, der sehr beherzt und kaltblütig war. Dieser ritt eines Tages nach der benachbarten Stadt Lübz, um dort mehrere Einkäufe zu machen.

Er hatte sich ziemlich lange aufgehalten, und es wurde schon dunkel, als er den finstern Tannenwald erreichte, durch den ihn sein Weg führte. Als er durch den Rißbach ritt, der über den Weg fließt und an beiden Ufern mit dichtem Erlengebüsch bedeckt ist, wurde sein Pferd plötzlich unruhig und ängstlich und wollte nicht weiter vorwärts. Erstaunt über dies ungewohnte Benehmen des sonst gar nicht scheuen Tieres wollte er schon absteigen, um es am Zügel zu führen, als plötzlich aus dem Ellerndickicht ein Wolf hervorsprang und wütend nach dem Pferde schnappte. Der erschrockene Bauer hatte gar nicht nötig, das Pferd zur eiligen Flucht anzutreiben. Dasselbe lief jetzt vielmehr, so sehr es nur konnte, um seinem gefährlichen Feinde zu entrinnen. Allein bald waren seine Kräfte erschöpft, so daß der Verfolger es wieder eingeholt hatte und gierig in die Höhe sprang, um ihm die Gurgel aufzureißen.

Da fiel dem Bauern ein, der seit vielen Jahren nichts mehr von Wölfen in diesem Walde gehört hatte, daß ihr Verfolger am Ende kein wirklicher Wolf, sondern ein Werwolf sei, nämlich ein Mensch, der sich durch Zauberei in einen Wolf verwandeln könne. Es ging nämlich das Gerücht im Dorfe, sein Nachbar sei ein solcher Zauberer, der sich öfters in einen Werwolf verwandele und als solcher die benachbarten Wälder durchstreiche und manche Beute nach Hause bringe. Nun hatte ein kluger Mann ihm gesagt, ein solcher Werwolf müsse augenblicklich seine Menschengestalt annehmen und könne dann nicht weiter schaden, wenn er bei seinem Taufnamen angerufen würde. Als daher jetzt der Wolf sein Pferd zu zerfleischen drohte, rief er, rasch entschlossen, mit lauter Stimme: »Büst du dat, Ernst N.?«

Kaum waren diese Worte aus seinem Munde, als der Wolf sich in einen Menschen verwandelte, und sein Nachbar, dessen Namen er ausgesprochen hatte, zitternd vor ihm stand und ihn flehentlich bat, er möge diese Begebenheit doch nicht nachsagen, er wolle ihm auch nie wieder etwas zuleide tun, auch den Schaden, den das Pferd durch seine Bisse erlitten, ersetzen. – Der Bauer gab ihm das Versprechen des Schweigens, aber erst nachdem er angelobt, sich nie wieder in einen Werwolf zu verwandeln, was er auch wohl gehalten haben wird, da man später in dieser Gegend nie wieder von einem Werwolfe gehört hat. (185)

Der Werwolf im Hohen Dorn

Bei dem Bauerndorfe Gülzow [Kr. Güstrow] befand sich noch vor wenigen Jahren ein Wald, »Hoher Dorn« genannt. In diesem Walde hüteten früher die Bauern, als sie noch nicht separiert waren, gemeinschaftlich oft nachts miteinander ihre Pferde. Schon zu wiederholten Malen waren ihnen bei diesem Hüten Füllen weggekommen, ohne daß sie trotz allen Suchens je eine Spur wieder von ihnen entdeckt hätten.

Sie wandten sich diesetwegen an eine alte Wahrsagerin, welche ihnen riet, sie sollten, wenn sie des Nachts gewahrten, daß einer von ihnen sich heimlich entferne, ihm durch drei gleichartige Bäume, welche im Kleeblatt ständen, nachsehen. Diesem Rat folgten sie. Da sahen sie denn, wie der eine unter ihnen, als sie sich gelagert hatten, ganz leise aufstand und eine Strecke seitwärts in den Wald schlich. Hier spannte er sich einen Wolfsgürtel um, wurde dadurch in einen Werwolf verwandelt und verschlang nun das beste Füllen in der Herde. Nachdem er wieder seine menschliche Gestalt angenommen, kehrte er leise zu den übrigen zurück, welche sich aus Furcht verstellten, als wenn sie schliefen.

Am nächsten Morgen sagte der, welcher das Füllen gefressen hatte: »Fi! Mi is so wibbel wabbel!« – Da konnte der Bauer, dem das aufgefressene Füllen gehört hatte, nicht an sich halten und sprach: »Ja, di möt woll wibbel wabbel tau Maut sien, du hest jo mien ganzes Fahlen in 'n Liew.« – Der Füllenfresser antwortete: »Dat süllst du man ihrer tau mi seggt hebben, denn hadd' ick di noch tau in, nu œwer is dorvon, dat ji mi seihn hefft, mien Kraft braken.« (186)

Der Werwolf von Klein Krams

In der Nähe von Klein Krams bei Ludwigslust gab es in früheren Zeiten ausgedehnte Waldungen, die so reich an Wild waren, daß die Herzöge oft in diese Gegend kamen, um große Treibjagden zu halten. Auf diesen Jagden ließ sich fast jedesmal ein Wolf blicken, der, wenn er auch in Schußnähe kam, doch nie von den Schützen erlegt werden konnte. Ja, letztere mußten es sogar mit ansehen, daß er vor ihren Augen ein Stück Wild raubte und – was ihnen höchst merkwürdig war – damit ins Dorf lief.

Nun geschah es einmal, daß ein Ludwigsluster Husar durch das Dorf reiste und hier zufällig in das Haus eines Mannes namens Feeg kam. Beim Eintritt in dieses Haus stürmte aus demselben eine Schar Kinder mit heftigem Geschrei und eilte auf den Hof hinaus. – Diese, von ihm nach der Ursache ihres tollen Treibens befragt, erzählten ihm, daß außer einem kleinen Knaben von der Feegschen Familie niemand zu Hause sei, und daß dieser, wie gewöhnlich, wenn niemand von den Seinen anwesend sei, sich in einen Wolf verwandelt habe, vor dem sie fliehen müßten, weil er sie sonst beißen würde.

Bald darauf erschien auch der gefürchtete Wolf. Aber nun hatte er seine Wolfsgestalt abgelegt. Der Husar wandte sich alsbald an das Feegsche Kind, damit es ihm über das Wolfsspiel Aufschluß gebe. – Der Knabe aber wollte nicht mit der Sprache heraus. Doch der Fremde ließ nicht nach – und endlich gelang es ihm denn auch, den Knaben zum Sprechen zu bringen. – Dieser erzählte ihm nun, seine Großmutter habe einen Riemen; wenn er sich den umschnalle, dann sei er augenblicklich ein Wolf. – Der Husar bat nun den Knaben freundlich, er möge doch einmal als Werwolf erscheinen. – Der Knabe weigerte sich anfangs. Doch endlich sagte er, er wolle es tun, wenn der fremde Mann zuvor auf die Hilde [den seitlichen Dachboden] stiege, damit er vor ihm gesichert sei.

Der Husar verstand sich hierzu und zog zur Vorsicht die Leiter, mittelst der er auf die Hilde gestiegen war, hinauf. Als dies geschehen, läuft der Knabe in die Stube und kommt bald darauf als junger Wolf heraus, der alle, die sich auf der Diele befinden, zum Hause hinausjagt. Nachdem nun der Wolf wieder in die Stube gelaufen und als Knabe wieder herausgekommen war, stieg der Husar von seiner Abseite und ließ sich von dem Feegschen Kinde den zauberischen Gürtel zeigen, woran er aber nichts Besonderes entdecken konnte.

Derselbe Husar kam darauf auch zu einem Förster in der Nähe von Klein Krams, dem er das in dem Feegschen Hause Erlebte mitteilte. Der Förster, der auf den großen Treibjagden bei Klein Krams immer gewesen war, denkt bei dieser Erzählung sogleich an jenen unverwundbaren Wolf. Er meint nun, den Werwolf erlegen zu können, und spricht darum bei dem nächsten Treiben zu seinen Freunden, indem er eine Kugel von Erbsilber in den Lauf seiner Flinte schiebt: »Heute soll mir der Werwolf nicht entgehen!« Seine Gefährten sehen ihn verwundert an; er aber erzählt nichts weiter.

Darauf beginnt das Treiben; und es währt nicht lange, so zeigt sich auch wieder der Wolf. Viele von den Jägern schießen auf ihn. Aber er bleibt unverwundet. Endlich kommt er in die Nähe des Försters, und dieser streckt ihn zu Boden. Der Wolf ist verwundet, das sehen alle. Aber bald darauf springt er wieder auf und läuft ins Dorf. Die Jäger verfolgen ihn. Allein der Werwolf kann noch schneller laufen und entschwindet ihnen auf dem Feegschen Hofe.

Beim Nachsuchen kommen sie denn auch in das Haus und finden hier in dem Bette der Großmutter den Wolf, den sie an dem unter der Bettdecke hervorragenden Schwanze erkennen. Der Werwolf war niemand anderes als Feegs Großmutter. Sie hatte in ihrem Schmerze vergessen, den Riemen abzulegen, und so verriet sie selbst das Geheimnis. (187)

Der Fuchsriemen

In dem Dorfe Dodow bei Wittenburg lebte eine alte Frau, die besaß einen Fuchsriemen. Mit Hilfe desselben konnte sie sich in einen Fuchs verwandeln, und daher fehlte es auch an ihrem Tische nicht an Gänsen und Enten und allerlei Geflügel.

Ihr Enkelkind wußte darum, und als einst der Schulmeister in der Schule vom Zaubern sprach, erzählte das Kind von dem Fuchsriemen und brachte ihn am andern Morgen in die Schule mit. Der

Schulmeister nahm ihn in die Hand, brachte ihn ahnungslos dem Kopfe nahe – und plötzlich stand er in einen Fuchs verwandelt vor dem Schulkindern. Die brachen in einen betäubenden Lärm aus, daß dem Schulmeisterlein angst wurde und es mit einem Satze aus dem Fenster sprang. Es lief nach dem beim Dorfe gelegenen Berge und baute darin seine Höhle.

Einmal aber wurde ein großes Treibjagen veranstaltet und unser Fuchs ebenfalls von den Jägern verfolgt. Ein Schuß traf ihn – da lag plötzlich vor dem verblüfften Schützen ein Schulmeister. Der Schuß hatte den Fuchsgürtel getroffen und zerrissen.

Zum Andenken daran gaben die Dodower dem Berge, in welchem ihr Schulmeister gehaust, den Namen »Fuchsberg«. (188)

Der Pastor als Werwolf

Der Priester in einem Dorf bei Wittenburg ist so ein Tier (ein Werwolf) gewesen. In Drönnewitz ist ein Kind geboren, das hat nach dem Pastor sollen zur Taufe. Der Inspektor ist auch mit gewesen. Der Priester hat das Kind getauft in des Teufels Namen, nicht in Gottes Namen.

Als sie zurückkommen – der Inspektor reitet neben ihnen her –, sagt er zu den Leuten: »Dot mi dat Kind man her! Juuch nimmt de Preester dat Kind doch weg.« – Als sie auf den Totenberg kommen, kommt der Priester schon angelaufen als ein Werwolf. Der richtet sich immer an dem Pferd hoch und will das Kind haben. Der Inspektor kann sich nicht anders helfen: Er hat einen kleinen Degen und haut damit dem Wolf quer über die Schnauze.

Als sie nach Drönnewitz kommen, sagt der Inspektor: »Nu makt juuch man an den' un den' Preester, dat dee dat Kind noch eens döfft. De Preester hett dat in Düüwels Namen döfft.« – Als der Inspektor am andern Tag den Priester zur Rede stellen will, wird ihm gesagt, nein, der wäre so krank, der könne sich gar nicht rühren. – Ja, er wolle ihn sprechen. – Als er hinkommt, hat er die Narbe quer über dem Gesicht gehabt. (189)

Die geizige Frau mit dem Wolfsriemen

Da war einmal ein altes Weib, das konnte hexen. Ihre Knechte wußten gar nicht, wie das kam, daß sie alle Sonntag frisches Fleisch auf dem Tisch hatten, denn geschlachtet wurde nichts und gekauft gar nichts.

Da versteckt der Dienstjunge sich einmal, als die anderen alle zur Kirche sind, auf dem Heuboden, um sie zu beobachten; und da sieht er, daß die Frau einen Wolfsriemen aus dem Schrank holt und sich umlegt. Da wurde sie ein Wolf und lief aufs Feld und kam mit einem Schaf zurück. – »Wenn ehr dat Fleisch nich düürer ward, so kann sei dat uns ok rieklicher gäben«, denkt der Junge. Als also die Frau Fleisch in den Topf steckt und dabei nach ihrer Gewohnheit seufzt:

»Ach du leiwer Gott, wier ick bie di«,

da stellt sich der Junge auf den Heuboden, als wäre er der Herrgott, und sagt:

»Nu un in Ewigkeit kümmst du nich tau mi!«
»Worüm denn nich, du leiwe Gott?«
»Du giffst dien Volk nich naug' in 'n Pott!«
»Nu, so will ick bätern mi!«
»Ja gewiß, dat rad' ick di!«

Von da an steckte die Frau immer ein viel größeres Stück Fleisch in den Topf.

Der Junge konnte aber nicht schweigen und verriet die Sache im Dorf. Als die Frau nun an einem Sonntagmorgen wieder ein Schaf holte, paßten sie die Leute ab. Aber keine Kugel schadete ihr, bis sie zuletzt eine Flinte mit Erbsilber luden. – Von der Zeit an hat die Frau einen offenbaren Schaden, den kein Doktor kurieren kann. (190)

Petermännchen und andere Hausgeister

Das Petermännchen zu Schwerin

Auf dem Schlosse zu Schwerin hat sich vor alter Zeit oft ein kleines Petermännchen sehen lassen. Das ist gewöhnlich in grauen Kleidern einhergegangen. Wenn es aber Krieg geben sollte, trug es sich rot, und wenn einer sterben sollte, kohlschwarz. Man hat aber auch immer gesagt, daß es ein verwünschter Prinz sei, der gern erlöst sein wolle, und das hat einmal ein Soldat ganz genau erfahren.

Der stand um Mitternacht vor dem Schlosse auf Posten. Da kommt das Petermännchen an und sagt, er möge sich doch mit ihm fassen. Hätte er das dreimal getan, dann wäre er erlöst, und dann würde das alte Schwerin wieder in aller Pracht aus dem See hervorkommen, das jetzige aber und zugleich auch der Herzog würden untergehen.

Der Soldat ist auch darauf eingegangen und hat zwei Nächte hintereinander mit dem Petermännchen gerungen. Als er sich aber am dritten Tage frühmorgens ein andres Hemd anziehen will, da sieht einer seiner Kameraden, daß er am ganzen Leibe braun und blau ist, und fragt ihn, woher das komme. – »Ja«, sagt jener, »das kann dich nicht verwundern. Ich habe mit dem Petermännchen nun schon zweimal gerungen, und wenn es zum dritten Male geschieht, so ist Petermännchen und das alte Schwerin erlöst.«

Das hat des Soldaten Kamerad anderen wiedergesagt, und da ist's noch denselben Tag auch an den Herzog gekommen, und der hat den Soldaten schnell in eine andere Garnison versetzt. Petermännchen ist aber gewaltig böse geworden und hat es den alten Herzog Friedrich Franz reichlich entgelten lassen: Denn bald hier, bald da hat er ihm aufgehockt, und dann hat er ihn ächzend und keuchend ein Stück Weges schleppen müssen.

Auch zu andern Zeiten hat sich Petermännchen oft sehen lassen. So kam er einmal zu einem Mädchen, das gerade die Betten machte, und fragte sie, ob sie das seine wohl auch machen wolle. –

Panorama von Stadt und Schloß Schwerin im 17. Jahrhundert. Kupferstich von Matthäus Merian

»Warum nicht?« antwortet sie. – Da heißt er sie folgen und geht mit ihr durch einen langen unterirdischen Gang unter dem See fort, bis dahin, wo die Ziegelei ist, da hatte Petermännchen nämlich seine Wohnung. Und hier hat sie ihm nun das Bett machen müssen und vieles Gold dafür zum Lohne erhalten.

Man sagt auch, daß Petermännchen hier an einem großen Blocke sitze, und wenn sein Bart dreimal um denselben gewachsen sei, so werde er erlöst sein. (191)

Petermännchen und der treue Wachsoldat

Petermännchen bemerkte ... einmal, wie ein junger Gardereiter, welcher während der Nacht in den inneren fürstlichen Gemächern des Schlosses Wache hatte, die um ihn her befindlichen glänzenden Kostbarkeiten mit gar lüsternen Augen betrachtete. Sogleich beschloß es, die Treue des jugendlichen Kriegers einmal auf die Probe zu stellen. Es erschien deshalb also plötzlich in dem Zimmer und forderte den zuerst hierüber ganz Erschrockenen auf, doch einige der schönen Sachen in die Tasche zu stecken und mit sich nach Hause zu nehmen, da es niemand merken werde. – Der junge Mann aber weigerte sich entschieden und war, trotz allen Zuredens des Geistes, nicht zu bewegen, das geringste zu entwenden. Vielmehr bat er seinen Versucher, ihn in Ruhe zu lassen und sich zu entfernen. – Herzlich freute sich das kleine Männchen über diese Festigkeit und Treue des Soldaten. Es belobte ihn deshalb und bat ihn zugleich, sobald er abgelöst sein würde, ihm eine Gefälligkeit zu erweisen, wobei gar keine Gefahr zu befürchten, wohl aber ein schöner Verdienst zu erwarten sei.

Der Soldat willigte ein und trat, sobald er frei war, mit seinem wunderbaren Begleiter die seltsame Wanderung an. Dieser führte ihn durch mancherlei unterirdische Gänge und Gemächer, welche der Kleine mit einem der Schlüssel öffnete, wovon ein ganzes Bund an seiner Seite im Gürtel steckte. Zuletzt wurde in einem großen Zimmer haltgemacht. Hier reichte das Petermännchen dem mutigen Gardisten ein altes Schwert mit der Bitte, alle darauf befindlichen Rostflecke zu entfernen und es recht blank zu putzen, wofür er reichlich belohnt werden solle. – Der junge Mann machte sich sogleich an die wohlbekannte Arbeit, die ihm auch ganz vorzüglich zu gelingen schien. Denn bald blitzte und funkelte die alte Waffe, daß es eine rechte Freude war. Nur ganz unten an der Spitze des Schwertes befand sich noch ein Rostflecken, weshalb der Soldat aufs neue zu putzen und schleifen begann, um auch diesen zu vertreiben. – Mit sichtbarer Freude sah das kleine Männchen dem emsigen Bemühen und Fleiße des Jünglings zu, dem es jetzt gelungen war, auch den letzten Flecken bis auf einen ganz kleinen Punkt zu entfernen, als plötzlich ein gewaltiger Donnerschlag erfolgte. Der Geist versank in die Erde, dem Soldaten aber schwanden die Sinne.

Als dieser später, wie aus einem Traume erwachend, wieder zu sich kam, befand er sich allein, wohl und gesund am Schloßtore. In seiner Tasche aber fühlte er etwas Schweres. Es waren drei Stangen herrlichen, gediegenen Goldes, der Lohn des guten Petermännchens für den ihm geleisteten Dienst.

Der Soldat aber verschwieg sein Abenteuer. Als er ausgedient hatte, kaufte er sich ein schönes Gut, nahm sich ein braves Weib und lebte herrlich und in Freuden. Kurz vor seinem Tode erst erfuhren es seine Kinder, wem sie eigentlich ihr schönes Erbe zu verdanken hatten. (192)

Petermännchen und die schläfrige Schildwache

Ein alter Gardegrenadier... hatte einmal des Nachts im inneren Schlosse Wache. Da er sehr müde war und auch in der vorhergehenden Nacht, die er auf dem Tanzboden zugebracht, nicht geschlafen hatte, so machte er es sich bequem, setzte sich auf eine nahe Bank, nahm sein Gewehr zwischen die Knie und lehnte den Kopf gegen die Wand. Schlafen wollte er natürlich nicht, das hätte ihm ja schlecht bekommen können. Denn der wachhabende Unteroffizier konnte es sich ja leicht einfallen lassen, nachzusehen, ob die verschiedenen Schildwachen auch munter und auf ihren Posten seien. Es sich sonst aber möglichst bequem zu machen, das glaubte der Grenadier schon ohne weitere Gefahr wagen zu können. Aber der Geist ist willig und das Fleisch schwach! Und so ging es auch unserem alten Schnurrbart, der bald sanft eingeschlafen war und schnarchte, daß man's wer weiß wie weit hören konnte.

Plötzlich fühlte er ein Schütteln. Erschreckt sprang er auf, nahm das Gewehr in den Arm und stellte sich in gehörige Positur, in der festen Meinung, der Herr Unteroffizier sei da. Aber es war nichts zu hören noch zu sehen, und so verfiel denn der alte Krieger ganz richtig auf das Petermännchen, das ihm gewiß nur allein diesen Streich gespielt und diesen Schreck eingejagt haben werde. Schon hatte er einen derben Fluch auf der Zunge, ja schon hatte er bereits die Hälfte desselben: »Du verdammtes Pe--« ausgestoßen, als er sich schnell wieder besann, seine weiteren Zornesausbrüche bändigte und schwieg; denn oft schon hatte er gehört, daß der Kleine nicht mit sich spaßen lasse.

Und er tat wohl daran; nur ein geringes Kneifen seiner Wangen sowie ein gellendes Gelächter des Geistes waren die Strafe für seinen nicht ganz ausgesprochenen Fluch.

Murrend und brummend hatte sich der Soldat hiernach wieder auf die Bank niedergelassen, als plötzlich Tritte an sein Ohr schlugen, die ihm die Ankunft der Visitierpatrouille verkündigten. Unser Gardemann stand sogleich kerzengrade, das Gewehr präsentierend, da. Alles war in Ordnung, und die Patrouille zog weiter.

So recht von Herzen dankte nun der frohe Soldat dem Petermännchen und bat ihm im stillen sein Unrecht wieder ab, da dessen gute Absichten ihm jetzt erst klar wurden. Denn wäre er nicht durch den Geist geweckt worden, so hätte ihn die Patrouille schlafend gefunden, wofür ihm dann ein paar Tage Latten [Arrest] ganz gewiß gewesen wären. (193)

Petermännchen und der Diebstahl

Vor Jahren wurde einmal ein bedeutender Diebstahl an Pretiosen und Edelsteinen im Schlosse ausgeübt. Der allgemeine Verdacht fiel sogleich auf einen alten, sonst immer als treu bewährten Schloßdiener, da dieser nur allein zur Zeit des Diebstahls in den betreffenden Gemächern gewesen war. Trotz aller Unschuldsbeteuerungen wurde der alte Mann in ein dunkles Gefängnis des Schlosses geworfen und auf elendem Strohlager angeschlossen, um hier so lange bei Brot und Wasser zu verbleiben, bis er den ihn bezichtigten Diebstahl eingestanden und angegeben haben würde, wo er die entwendeten Sachen gelassen. War nun zwar auch, dem Anscheine nach, der gegründetste Verdacht gegen den alten Diener vorhanden, so war er dennoch unschuldig, was aber leider niemand im Schlosse ahnte und glaubte.

Nur das wachsame Petermännchen wußte alles. Dasselbe hatte es in unsichtbarer Gestalt mit angesehen, wie sich ein anderer unbemerkt in das Zimmer geschlichen und den Diebstahl begangen hatte. Der gerechte Geist war deshalb auch eifrigst bemüht, den Unschuldigen zu befreien und seine Treue ans Tageslicht zu bringen, den wahren Dieb aber zu entlarven und dem Schloßrichter zu überliefern. Zuerst erschien er nun im Gefängnisse, tröstete den alten, fast verzweifelten Mann, mit dem er immer in gutem Einvernehmen gestanden hatte, und versprach, ihn recht bald zu befreien und seine Unschuld aller Welt zu beweisen. Auch trug er dem armen Gefangenen warme Decken und schöne Speisen zu, um ihm dadurch seine kurze Leidenszeit soviel als möglich erträglich zu machen.

Dem schändlichen Dieb der Kostbarkeiten aber setzte das Petermännchen unaufhörlich, und zwar so arg zu, daß er es kaum ertragen konnte. Dabei riß es ihm mit unsichtbaren Fingern allerlei der geraubten Sachen aus der Tasche und streuete sie mit Hohngelächter hinter ihm her, so daß es bald allen Schloßinsassen klar wurde, daß man einen Unschuldigen im Gefängnisse schmachten lasse. Man ergriff nun den wahren Dieb, welcher denn auch sofort zitternd und bebend seine Schuld eingestand. Der unschuldige alte Schloßdiener wurde hiernach sogleich in Freiheit gesetzt und reichlich durch allerlei Geschenke entschädigt. Dem entlarvten wirklichen Verbrecher aber wies man dafür auf längere Zeit das dunkle Gefängnis zum Aufenthaltsorte an. (194)

Petermännchen und Wallenstein

Allzeit ist Petermännchen für die rechtmäßigen Herren Mecklenburgs eingetreten. Das zeigte sich so recht im Jahre 1628, als Wallenstein, der kaiserliche Feldherr, die beiden Herzogtümer vom Kaiser gekauft hatte und die rechtmäßigen Herzöge vertrieb.

Damals kam Wallenstein nach Schwerin und wohnte im alten Residenzschlosse, wo es ihm so sehr gefiel, daß er beabsichtigte, sich dort häuslich einzurichten. Doch hatte der gewalttätige General, vor dem die ganze Welt erzitterte, die Rechnung ohne Petermännchen gemacht.

Als Wallenstein sich ermüdet zur nächtlichen Ruhe legte, plagte und zwickte der Hausgeist den Feldherrn die ganze Nacht hindurch. Bald warf Petermännchen Stühle um, darauf zog er dem Schläfer die Bettdecken weg und fegte damit im Zimmer umher, so daß der ohnehin abergläubische Wallenstein eine Katastrophe befürchtete. Zwar beruhigte ihn sein Astrologe und Vertrauter Seni, doch gab der Eroberer Befehl, sein Nachtlager in einem anderen Flügel des Schlosses zu bereiten.

Petermännchen im 17. Jahrhundert

Das geschah. Aber in der nächsten Nacht erwachte Wallenstein plötzlich aus tiefem Schlafe durch ein gleichmäßiges scharrendes Geräusch im Zimmer. Der Mond schien, und bei dem gespenstischen unsicheren Licht sah der erschrockene Feldherr, wie der Hausgeist sich mit drohend gezücktem Schwerte seinem Bette näherte. Entsetzt richtete er sich auf und streckte der Erscheinung wie zum Schutze den Arm entgegen. In demselben Augenblicke löste sich das große Bild des rechtmäßigen Herzogs, das über dem Bette an der Wand hing, vom Nagel los und begrub den Feldherrn unter sich, während Petermännchen hohnlachend verschwand. Der Diener Wallensteins, durch den Angstruf seines Herrn erschreckt, stürzte herein und befreite den Machthaber von der Last des Bildes.

Wallenstein aber kehrte am anderen Tage eiligst nach Güstrow zurück und betrat während seiner Regentschaft über die Lande, die bis zum Jahre 1630 dauerte, nie wieder das Schweriner Residenzschloß. (195)

Petermännchen als Beschützer der Tugend

Ein armer fürstlicher Gartenknecht hatte eine ebenso schöne als tugendhafte Tochter. Einer der höheren Schloßbeamten, ein reicher Wüstling, hatte sein verlangendes Auge auf sie geworfen und war lange bemüht, das hübsche Mädchen in seine Arme zu schließen. Mit Verachtung aber hatte diese alle seine schändlichen Anträge, seine Versprechungen und Geschenke abgewiesen, da sie lieber arm und brav bleiben als reich und schlecht werden wollte.

Diese steten Abweisungen, dies beharrliche Weigern hatten den sinnlichen Menschen nur noch immer mehr erregt. Deshalb bot er alles auf, das schöne Kind in seine Gewalt zu bekommen. Durch allerlei Kniffe und Ränke war es ihm und seinen bezahlten Helfershelfern endlich gelungen, das arglose Mädchen in ein Zimmer des Schlosses zu locken. Kaum war dasselbe dort angelangt, als auch schon der sie verfolgende Schloßbeamte bei ihr eintrat, die Türe hinter sich verschloß und sich nun der überlisteten Gefangenen mit seinen unsauberen Anträgen näherte. Das arme Geschöpf rief in ihrer größten Angst um Hilfe, aber niemand kam. Dafür hatte der Schändliche schon hinlänglich Vorsorge getroffen.

Schon glaubte sich die Unglückliche verloren, als plötzlich mit gewaltigem Gekrache die Zimmertüre aufflog und der abscheuliche Wüstling einen so derben Schlag ins Gesicht bekam, daß er besinnungslos und blutend zu Boden taumelte. Jetzt nahete sich das Petermännchen mit freundlicher Miene dem geängstigten, bestürzten Mädchen, nahm sie sanft bei der Hand und führte sie aus dem Schlosse, wo es verschwand, ehe die vor Schreck und Freude Weinende ihm ihren Dank hatte stammeln können. Zu Hause angelangt, fand das junge Mädchen in ihrer Tasche eine ganze Handvoll schöner, blanker Goldstücke, ein Geschenk des edlen Geistes zum Lohne ihrer Keuschheit und Festigkeit, und zum Ersatz für die ausgestandene entsetzliche Angst.

Dieselbe blieb auch noch ferner brav und gut. Als sie später einem redlichen Handwerker in Schwerin ihre Hand gereicht hatte, ging es ihr außerordentlich wohl und glücklich – und erst nach vielen Jahren erzählte sie ihrem geliebten Ehemanne die edle Tat des Petermännchens.

Der böse Schloßbeamte behielt aber, zur Strafe für seine beabsichtigte Schändlichkeit, zeitlebens ein abschreckendes Ansehen, ein zerrissenes, mit Narben durchfurchtes Gesicht, und hat sich's nie wieder einfallen lassen, der schönen Gartenknechtstochter nachzustellen. (196)

Petermännchen auf Festen

Eine alte Frau hat auf dem Schloß gedient bei dem Oberkastellan, die hat nachher eingewohnt bei meinen Eltern in Görslow [Kr. Schwerin]. Die hat erzählt:

Wenn ein Fest gewesen ist auf dem Schloß und es ist alles gut abgegangen, dann ist Petermännchen so geschmeidig und vergnügt gewesen und hat jeden angeredet. Aber wenn das Fest nicht so ausgefallen ist, ist er nicht guten Sinnes gewesen.

Die Pagenjungen, das sind zwölf Stück gewesen, haben helfen müssen. Der Mundschenk ist einmal nicht gut am Kopf gewesen. Da kommt Petermännchen ihm ins Gehege. Sie begegnen sich auf der Treppe. Da sagt der Mundschenk: »Gah mit ut 'n Wegg, oder ick schlah di de Buddel up 'n Kopp!« – Petermännchen geht seinen Gang und läßt sich nichts erzählen. – Der Lakai hat zu dem Mundschenk gesagt, er solle Petermännchen zufrieden lassen, der hätte sein Tun für sich. (197)

Der Kobold bringt Essen

Einem Knecht fiel es auf, daß die Bauersfrau jeden Tag Backbirnen auf den Tisch brachte, obgleich sie, wie er wußte, keine Backbirnen hatte. Er beschloß ausfindig zu machen, woher sie die Backbirnen nahm, und legte sich zu dem Zweck »up de Hill« (der seitliche, niedrige Teil des Bodenraumes über den Ställen, auch »Utlucht« genannt). Kurz vor Mittag kam die Bauersfrau, stellte sich mit einem Eimer unter die Bodenluke und rief: »Drak, schiet Backbeern!« – Der Drak auf dem Boden rief: »Twee Oogen toväl, sall 'ck s' utpusten?« – Die Frau hatte einen schönen schwarzen Hengst im Stall und meinte, der sei gemeint. Sie rief deshalb: »Nee!« – Da ließ der Drak Mäuse aus der Luke fallen, bis der Eimer voll war.

Die Backbirnen (die Mäuse wurden nämlich Backbirnen) hatten diesmal, als sie auf den Tisch kamen, alle sehr lange Stengel. Der Knecht hielt eine Backbirne am Stengel hoch und sprach: »Drak, schiet Backbeern«, stand auf und ging davon. (198)

Die Katze als Gabenbringerin

Ein Mann hatte das ganze Haus voller Mäuse, und er lieh sich von einem alten Weib eine schöne große Katze und setzte sie auf den Boden, um sie ans Haus zu gewöhnen. Als es Nacht wurde, steckte die Katze den Kopf durch die Luke und fragte: »Wat sall ick bringen diss' Nacht?« – Da sagt der Mann: »Wat du bringen sallst, du dummes Diert? Müüs' sallst du bringen!« – Und am Morgen liegt die Diele so voller Mäuse, daß der Mann seine Türe nicht aufkriegen konnte und die Mäuse fuderweise wegfahren mußte.

Die zweite Nacht fragt die Katze wieder durch die Luke: »Wat sall ick bringen?« – »Du kannst dittmal Roggen bringen«, sagt der Mann. – Da war am Morgen alles voll Roggen, daß man wieder die Türe nicht aufkriegen konnte. – Da merkte der Mann, daß die Katze eine Hexe war, und brachte sie wieder zu dem alten Weib.

Das war nun sehr klug von ihm, denn wenn er zum dritten Mal hätte etwas bringen lassen, so wäre er sie nicht wieder losgeworden, und sie hätte Gewalt über ihn gekriegt. Aber dumm war es, daß er das zweite Mal nicht gesagt hatte: »Geld sallst du bringen!« Dann hätte er soviel Geld gehabt wie nun Roggen. (199)

Das unheimliche Pferdefutter

In Broock bei Klütz [Kr. Grevesmühlen] hat einmal bei einem Bauern ein Pferdeknecht gedient. Wenn der sonntags zur Kirche gewesen ist mit Zylinder und Kirchkleidung, dann hat er am Montag in dem gleichen Zeug Mist gefahren. Er hat das wohl so genommen: Das Mistfahren wäre soviel wert wie das Kirchgehen.

Nachher erzürnt er sich mit dem Bauern. Nun sitzt er einmal den ganzen Abend in der Stube und geht nicht zum Füttern. Zuletzt sagt der Bauer: »Johann, du möößt de Pierd' woll wat vörgäben.« – »Dee hebbt noch wat«, sagt der Knecht. – Da denkt der Bauer: »Sallst di dat doch eens œwertüügt maken.« – Er fühlt die Krippe entlang: Da sind da lauter Schlangen und Nattern drin, die wickeln sich ihm um die Hand. Aber die Pferde gnagen gefährlich. – Da läßt der Bauer den Knecht abgehen: Mit solcher Fütterei will er nichts zu tun haben.

Von der Zeit an sind die Pferde so müde geworden, sie haben kaum stehen können. Das hat wohl der andere gemacht mit dem Pferdefuß. (200)

Der Drache bringt Flachs

Den Akt habe ich in einem Dorf bei Gadebusch erlebt. Der eine Bauer hat sich ein neues Backhaus bauen lassen. Nun regnet das gerade, und er muß einmal sein Geschäft verrichten. Da denkt er: »Du makst de Dör apen un höllst 'n Hinnelsten dor ruut.« – Als er da nun sitzt, wird das über ihm so hell, und das bullert auf dem Dach. Ihm wird grauen – und er läuft mit der offenen Hose hinein und knöpft sie drinnen zu.

Am andern Morgen ist er so neugierig und geht hin: Da liegt der ganze Hof voller Flachsbunde (das ist gerade die Zeit der Flachsbreche gewesen). Die hat der Drache ihm dafür gebracht, daß er ihm den blanken Hintern hingehalten hat. – Nun will den Flachs kein Mensch haben. Den rührt keiner an; sie denken, dann haben sie es mit dem Teufel zu tun. Ein Lumpenhändler aus Gadebusch hat ihm zuletzt den ganzen Flachs für ein Butterbrot abgekauft. (201)

Das Zwergenvolk

Eenbeen loop!

Einst kamen bei dem Lindenberge [zwischen Waren und Penzlin] zwei Leute aus Zahren vorbei, welche von Penzlin heimkehrten. Der eine von ihnen hatte Durst nach Möglichkeit und wußte seiner Not kein Ende, weil auf dem Wege von Penzlin nach Zahren keine Krüge und auch nicht sonderlich Quellen anzutreffen sind. Als er nun zu dem Lindenberge kam, hörte er drinnen eine gar prächtige Musik wie zum Erntebier, und zwischen dem Gebüsch durch schien Licht zu blinken. Weil er nun wußte, daß in dem Berge Unterirdische wohnten, und die Leute der Oberwelt damals noch auf vertrautem Fuße mit den Kleinen drunten lebten, so dachte er gleich: »Hier könntest du wohl etwas für den Durst bekommen.« Während nun sein Gefährte weiterging, ging er um den Berg herum, um sich den Eingang zu suchen. Als er aber sah, daß all sein Bemühen vergeblich sei, rief er laut den Lustigen drinnen zu: »Hefft ji nich eens to drinken? Mi döst't ok gor to dull.«

Kaum hatte er dies gesagt, als auch schon ein Kleiner mit einem prächtigen Krug neben ihm stand und ihm freundlich zu trinken bot. »Da«, sagte der, »drink, œwer kiek jo nich in den' Kros!« – Der zahrensche Mann ließ sich dies nicht zweimal sagen, und es schmeckte ihm gar köstlich, denn in dem Kruge war ein feiner Trunk von lieblichem Geschmack. Als er aber also trank, flüsterte ihm der Versucher zu: »Lauf mit dem Kruge davon! Es ist seinesgleichen nicht, und mit dem Kleinen da wirst du schon fertig.« – Wie nun der Mann sich umsah und nur den einen Kleinen gewahrte, lief er ihm, der da nichts Arges ahnte, mit dem Kruge ab und davon. – Aber der Unterirdische erhob gleich ein großes Geschrei, und alsobald wimmelte aus dem Berge die ganze Schar der Kleinen heraus und hinter dem großen Spitzbuben her.

Aber so eilig und eifrig auch die Bestohlenen trippelten, so vermochten doch ihre kurzen Beinchen nicht mit den langen und schnellen Läufen des Diebes mitzuhalten, geschweige denn sie einzuholen. Es war indes einer unter ihnen, der hatte zwar nur ein Bein. Wie er aber sagte: »Eenbeen loop!«, da wackelte er lustig fort und war bald seinen Genossen weit voraus und setzte dem Räuber rüstig nach. Er war ihm auch schon ziemlich nahe, denn seine schwachbeinigen Gefährten feuerten ihn fortwährend an mit dem Rufe: »Broder Eenbeen, loop doch!« Als sie aber dicht vor Zahren an den Kreuzweg kamen und schon fast zusammen waren, sprang der Verfolgte mit einem Satze hinüber und war in Sicherheit. Denn dahin durfte ihm ja der Einbeinige aus der Unterwelt nicht folgen. – Als dieser nun sah, daß sein Schatz für ihn dahin sei, rief er dem Entkommenen nach: »Du magst den Krug nun behalten und immerfort daraus trinken, denn er wird nie leer werden. Aber hüte dich, daß du nicht hineinsiehst!«

Der Mann, froh, seinen Raub geborgen zu haben, eilte nun heim und bewahrte das wunderbare Gerät sorgfältig auf. Es war so, wie »Bruder Einbein« gesagt hatte. Er konnte, sooft er Durst hatte, trinken und trank auch fleißig ohne Nachteil, vielmehr schmeckte und bekam ihm der Trunk außerordentlich gut.

Als er aber den Krug schon viele Jahre besessen und gebraucht hatte, plagte ihn doch einmal die Neugierde. Er sah in das Gefäß und sah im Grunde – eine große häßliche Kröte. Die war also die unversiegbare Quelle des Labetrunks gewesen. Jetzt war's aber auch vorbei. Die Kröte war verschwunden, der Born versiegt und der Krug leer. Der Mann aber siechte in kurzer Zeit elendiglich dahin. (202)

Der gefährliche Trunk

Südöstlich von dem Dorfe Kritzmow, ungefähr dreiviertel Meilen von Rostock entfernt, liegt ein Berg, der »Mönken-«, »Goldener« oder »Hexenberg« genannt wird. In diesem Berge wohnten vor Zeiten Unterirdische – Zwerge, ein harmloses Völkchen –, welche mit den umwohnenden Menschen in Frieden lebten und sich ihnen oft dienstfertig bewiesen. Wurden sie aber zum Zorne gereizt, so suchten sie ihre Rache zu befriedigen. Ihr Getränk, ein gutes Bier, brauten sie selber, holten sich aber das dazu erforderliche Gerät in der Nacht aus einem benachbarten Bauernhause, wofür sie sich dankbar erzeigten und die Einwohner dieses Gehöfts nicht allein mit diesem Getränke versorgten, sondern ihnen auch zum Wohlstand verhalfen.

An diesem von den Zwergen bewohnten Berge liegt ein bedeutendes Torfmoor, damals dicht mit Holz und Busch bestanden. Hier hütete die Jugend des Dorfes nach damaliger Sitte des Nachts die Pferde. Diese Hirten aber waren gewöhnlich selber zu Pferde. – Das Knallen mit Peitschen in der Nacht war nun den Unterirdischen sehr zuwider, und sie hatten es sich schon oft merken lassen, daß sie dadurch in ihrer Ruhe gestört würden.

Unter den Knaben des Dorfes zeichnete sich einer durch seinen Mutwillen aus und suchte fortwährend die Unterirdischen zu ärgern. Als er einst in einer hellen Nacht das Knallen betrieb, kam ein kleines Männchen auf ihn zu mit einem silbernen, inwendig vergoldeten Becher in der Hand und bot ihm einen Trunk daraus an. Der Hirtenknabe ergriff den Becher, aber statt zu trinken, wandte er, da er nichts Gutes vermutete, rasch das Pferd und jagte davon auf dem Wege nach Biestow und Rostock. Der Unterirdische eilte rasch hinter ihm her, mußte aber, als er an einen Kreuzweg kam, unverrichteter Dinge wieder umkehren.

Der Knabe, der sich noch immer verfolgt wähnte, hielt nicht eher an, als bis er sich in dem Kirchdorfe Biestow befand, mit seinem Becher in der Hand. Von der im Becher vorhandenen Flüssigkeit war ein großer Teil verschüttet, besonders beim Umsehen, auf den Schwanz des Pferdes. Wie dieser Trunk beschaffen war, zeigte sich nun, denn die Haare des Schwanzes und wohin sonst noch ein Tropfen gefallen war, erschienen ganz verbrannt. – Der Knabe war froh, dieser Gefahr entronnen zu sein, dankte Gott und schenkte den Becher der Kirche zu Biestow. (203)

Der Messingtopf der unterirdischen Frau

In der Beguinenstraße zu Alt Strelitz lag vor Zeiten eine Herberge. Der Herbergsvater, welcher Fitzner hieß, hatte mehrere Kühe, die er gut fütterte und die deshalb reichlich Milch gaben. Aus dem Verkauf der Milch bestritt seine sparsame Hausfrau die Kosten ihrer Wirtschaft, weshalb sie diesem Geschäfte an jedem Morgen und Abend, wenn die Kühe gemolken waren, mit vielem Eifer oblag.

An einem Dezembermorgen, als es noch dunkel war, kam auch eine kleine, nur ein paar Spannen hohe Frau mit einem niedlichen Messingtöpfchen zu ihr in die Gaststube und forderte einen halben Pott Milch. Der Messingtopf der kleinen unterirdischen Frau – denn eine solche war sie – wurde, weil die Milch noch nicht da war, vorläufig zu den übrigen Gefäßen der wartenden Milchkunden auf den Tisch gesetzt, um nachher, der Reihenfolge nach, ebenfalls gefüllt zu werden.

Bevor aber das kleine unterirdische Weib abgefertigt war, huschte ein noch kleineres Mädchen als sie selbst in die Stube und rief mit feiner Stimme: »Mutter, komm geschwind nach Hause, Brüderchen ist gleich tot.« – Eilig drehte sich die Gerufene um und lief mit ihrer Tochter hastig von dannen. Draußen auf der Straße war es indessen schon hell geworden, und es gingen die Kinder zur Schule. Als diese nun die beiden kleinen Wesen erblickten, liefen sie hinter ihnen her und verfolgten sie durch das Neubrandenburger Tor bis zum Galgenberg, wo sie verschwanden.

Das bei der Frau Fitzner zurückgelassene zierliche Messingtöpfchen wurde nicht wieder abgeholt und noch viele Jahre den in der Herberge einkehrenden Gästen als etwas Rares gezeigt. (204)

Der Bauer und sein Gläubiger

Ein Bauer war durch Krieg und die schlechte Zeit so weit heruntergekommen, daß er nicht mehr aus noch ein wußte. Darum ging er hin und kaufte sich für sein letztes Geld einen Strick; mit dem wollte er sich an dem ersten besten Baum aufhängen.

Als er so an den Bäumen in die Höhe schaute, kam einer von den kleinen Unterirdischen und sagte zu ihm: »Wat kickst du einmal so schnurrig an dei Bööm in dei Höcht?« – Der Bauer sagt, er suche sich einen Baum zum Aufhängen. – »Dat is 'n häßlichen Dod«, sagt der Unterirdische, »da hest du hunnert Daler! Wenn du wedder taugang'n büst, kannst du mi sei weddergäben. Gah denn man nah dissen Barg' un klopp an den' Stein, denn will ick ruutkamen.«

Der Bauer kommt auch wieder zugange und zählt hundert Taler ab und geht damit nach dem Berg und klopft an den Stein. Da kommt ein anderer Unterirdischer heraus und sagt: »Dien Fründ Lehnort is dot, œwerst hei hett noch vör sienen Dod seggt, wenn du dat Geld bröchst', süllen wi di dat för ümmer schenken.« – Der Bauer denkt: »Wenn mien lütt Fründ dat Geld nich wedderhebben will, so mütt ick 't woll ünner dei armen Lüüd' bringen.« Und er tat viel Gutes und lebte mit Frau und Kindern glücklich und zufrieden bis an sein seliges Ende. – So ging das in der Welt zu, als die Unterirdischen sich noch mit den Menschenkindern abgaben. (205)

Die Speisekammer bei Brunshaupten

Zwei Leute aus Unterhagen zogen eines Tages ihre langen Furchen mit den Haken um einen auf der Feldmark von Brunshaupten liegenden Hügel, dessen eine steile Seite gewöhnlich die »Speisekammer« genannt wird. Daß es an diesem Orte allemal nicht recht geheuer sein soll, ist allen wohlbekannt, die dort zu schaffen haben. So hält sich besonders zur Mittagszeit zwischen zwölf und ein Uhr nicht gern jemand in der Nähe auf. Auch unsere Häker wissen das und horchen emsig, damit der Ton der Betglocke ihren Ohren nicht entwische. Trotzdem haben sie die Glocke diesmal doch nicht gehört.

Eben kommt der eine nach der Speisekammer, da verbreitet sich dort ein gar lieblicher Geruch, wie von guten Speisen herkommend. »Ach«, ruft er dem anderen zu, »hier riecht's nach prächtigem Essen, davon möchte ich wohl etwas haben.« Er blickt dabei nach dem Ort, woher der Geruch kam, und siehe, da steht eine

Schüssel mit appetitlicher Speise und zwei Löffeln darinnen. Der andere Häker kommt auf den Ruf des ersten herbei. Beide stehen voll Staunen und betrachten das dampfende Essen, bis sie sich endlich durch den lieblichen Geruch desselben einladen lassen, die Schüssel bis auf den Grund zu leeren.

Nach gehaltener Mahlzeit sprach der eine sein »Danke!« und legte einen Schilling in die Schüssel. Der andere aber, ein roher Mensch, nahm den Schilling heimlich wieder heraus und verunreinigte die Schüssel noch obendrein. Der Undankbare aber entging seiner Strafe nicht. Von Tag zu Tag wurde er kränker und elender, und wie die Tage vergingen, so schwand auch seine Lebenskraft. Der Dankbare dagegen genoß nicht allein Gesundheit und Frohsinn, sondern wurde mehr und mehr reich an irdischen Gütern. (206)

Am seidenen Faden

Zwei Schwestern graben einmal im Garten und finden bei ihrer Arbeit eine Quadux (Kröte). Die eine von den Schwestern hat schon ihre Dunggabel emporgehoben, um das Tier zu durchstechen, als die andere ihr rät, es nicht zu tun.

Nach einiger Zeit bekommt die Quadux ein kleines Kind, und die beiden Schwestern werden zur Taufe des Neugeborenen eingeladen. Als die Schwestern bei der Wöchnerin ankommen, nötigt diese sie, Platz zu nehmen. – Da gewahrt diejenige Schwester, welche die Quadux hatte durchstechen wollen, daß über ihrem Haupte ein Schwert an einem Seidenfaden hängt und jeden Augenblick droht, auf sie niederzufallen. – Als – hierüber entsetzt – die Schwester den gefährlichen Platz verlassen will, sagt ihr die Wöchnerin, sie könne ohne Furcht sitzen bleiben, herunterfallen würde das Schwert nicht: Aber so wie das Schwert am Seidenfaden hänge und jeden Augenblick drohe, sie zu durchstechen, so hätte auch ihr Leben am Seidenfaden gehangen, als sie sie mit der Dunggabel hätte durchstechen wollen. (207)

Kindtaufe und Kindesmord

Einmal wurde ein Mädchen, das bei einem Bauern in Göhlen [Kr. Ludwigslust] diente, von den Unterirdischen zu Gevatter gebeten. Sie weigerte sich lange, aber die Leute redeten ihr zu, da sie sonst die Unterirdischen beleidige. Am nächsten Sonntage ging sie nach dem Damskerberge. Sie wurde freundlich empfangen und die Kindtaufe feierlich begangen. Als das Mädchen abends zurückkehren wollte, gaben ihr die Unterirdischen die Schürze voll Erde mit. Sie wollte anfangs die Erde nicht nehmen. Aber die Unterirdischen sagten, sie solle sie nur in ihrem Koffer aufbewahren, sie werde noch einst Gebrauch davon machen können. – Das Mädchen tat so, und als sie am anderen Morgen den Koffer öffnete, war die Erde zu lauter Gold geworden.

Die Unterirdischen hatten ihr das Versprechen abgenommen, jeden Morgen und Abend, wenn sie die Kühe gemolken, eine Handvoll Milch in ein Mäuseloch zu gießen, das sich an der Schwelle der Tür zum Kuhstall befinde. Das Mädchen erfüllte die Zusage und sagte niemandem davon, bis eines Tages die Bäuerin sie dabei betraf. Sie fragte das Mädchen nach dem Grunde, erhielt aber keine Auskunft. Da nahm sie eines Morgens einen Kessel voll siedenden Wassers und goß es in das Mäuseloch. Alsbald hörte sie ihr kleines Kind in der Wiege jämmerlich schreien und fand es, als sie hinzukam, über und über mit Brandwunden bedeckt. (208)

Die Wohnung unter dem Kälberstall

Der Schulzenfrau in Kuhstorf [Kr. Hagenow] wollte es trotz der sorgfältigsten Pflege nicht gelingen, Kälber großzuziehen. Eines Tages kommt eine von den Unterirdischen und ladet die Schulzenfrau zur Kindtaufe ein, bei welcher Gelegenheit sie zugleich derselben den wohlgemeinten Rat mitteilt, den Kälberstall doch zu verlegen: Denn unter demselben hätten sie, die Unterirdischen, ihre Wohnung; und weil die Kälber stets ihre Betten beschmutzt hätten, so hätten sie sich genötigt gesehen, das frühe Hinsterben der Kälber zu bewirken.

Die Schulzenfrau geht darauf zur Kindtaufe, und als sie sich wieder nach Hause begeben will, befiehlt die Wöchnerin, ihr ein Geschenk zu machen. In den Augen der Schulzenfrau besteht dieses nur in einigen toten Feuerkohlen. Als sie jedoch, zu Hause angekommen, ihre Schürze öffnet, hat sie statt der Feuerkohlen lauter harte blanke Taler im Schoße. Der Kälberstall wird verlegt, und fortan gedeihen im Schulzenhause die besten Kälber. (209)

Der Schatz der Mönken

In der Brauerei in Doberan lebten vor Zeiten viele Unterirdische, welche man »Mönken« nannte. Diese liehen sich oft gutmütiger Leute Geräte zum Kochen und Backen aus, worin sie gewöhnlich beim Wiederbringen etwas von dem Gebackenen liegen ließen. Namentlich holten sie von einer Frau, die »Trin-Lischen« genannt wurde, ihren Backtrog.

Als es ihnen in Doberan aber nicht mehr gefiel, wollten sie diese Frau noch besonders belohnen. Deshalb kamen sie einige Nächte vor ihrem Abzuge in ihre Wohnung und riefen: »Trin-Lischen, kumm mit, di is een Schatz beschert!« – Sie ward aber bange und rief: »Ick kann nich, mi gruugt!« – »Nu kamen wi noch tweemal, un denn trecken wi von hier weg!« riefen die Mönken und verschwanden. – Als die Frau dies am anderen Morgen ihrem Manne erzählte, sagte dieser, sie solle ihn nur wecken, wenn die Mönken wiederkämen, er wolle wohl mitgehen.

Als aber die Mönken zum zweiten Mal kamen, mochte die Frau ihren Mann noch soviel rütteln, er wachte nicht auf; und ebenso als sie zum dritten Mal kamen, denn er sollte nicht sehen, wo ihre Schätze liegen.

Die Mönken ließen aber bei ihrem Wegzuge diesen Schatz in der Brauerei liegen, denn als nach mehreren Jahren ein armer Müller die Brauerei gepachtet hatte und seine Kinder einst im Sande spielten und kleine Gruben machten, fanden sie das Gold und brachten es ihrem Vater, der dadurch ein reicher Mann wurde. (210)

Der Schuster und die kleinen Helfer

Vor vielen Jahren lebte in Plau ein Schuster, der hielt nur einen Gesellen und lieferte doch so rasch seine Arbeit, daß er bald große Kundschaft bekam und ein reicher Mann wurde. Wenn er nämlich ein Paar Stiefel oder Schuhe zugeschnitten am Abend hinlegte, lagen sie am andern Morgen fertig da auf seinem dreibeinigen Arbeitsstuhl. Der Meister wußte nicht, wer sie ihm fertig machte, bis ihm sein Geselle einst dahinterhalf. Einmal sollten nämlich ein Paar Schuhe zum nächsten Morgen abgeliefert werden, und der Meister befahl dem Gesellen, die Nacht hindurch zu arbeiten, während er selbst zu Bette ging.

Wie der Geselle nun wacker seinen Pechdraht zog, kam Schlag zwölf Uhr ein kleines nacktes Männchen mit einer entsetzlich großen Nase herein, setzte sich auf des Meisters Stuhl und arbeitete rüstig zu. Dem Gesellen wurde unheimlich zumute; er nahm seine Lampe und ging aus der Stube. Wie er aber durchs Schlüsselloch sah, bemerkte er, wie das Männchen Licht machte und ruhig fortarbeitete. Der Geselle ging in seine Kammer, konnte aber nicht einschlafen und erzählte beim ersten Morgengrauen dem Meister sein Abenteuer.

Der Meister, anfänglich erschrocken, wollte sich seinem Wohltäter erkenntlich zeigen und, da derselbe nackt war, ihm einen neuen Rock machen lassen und hinlegen. Da der Geselle genau die Größe des Männchens anzugeben wußte, so fertigten sie einen genau passenden Rock und legten ihn des Abends auf des Meisters Stuhl. Sie selbst schauten abwechselnd durch das Schlüsselloch, um zu sehen, was weiter geschehen werde. Um zwölf Uhr kam richtig das Männchen wieder, machte Licht, nahm den Rock auf, besah ihn und murmelte: »Hm, hm, jetzt soll ich also reisen.« Gleich darauf ward es dunkel in der Stube, und als Meister und Geselle hineintraten, fanden sie Rock und Männchen verschwunden. Von der Zeit an standen aber Schuhe und Stiefel am Morgen genauso, wie man sie am Abend hingelegt hatte, und war kein Stich daran geschehen. Der Schuster aber wurde nach und nach wieder so arm, wie er vorher gewesen war. (211)

Die Überfahrt der Zwerge

Der alte Fischer Köster in Plau fuhr mal des Nachts auf der Elde, um Fische zu fangen. Da sah er, wie aus einem Rosenstrauche am Ufer ein kleines Männchen hervortrat in goldgesticktem Samtmantel und eine Krone auf dem Haupte. Das Männchen bot dem Fischer einen freundlichen guten Morgen und sprach: »Lieber Fischer, erschrick nicht! Ich bin der Prinz vom Gallberge und will mich heute mit der Prinzessin vom Klöterpott vermählen. Wenn du mich überführst, sollst du aller Armut ledig sein.« – Der Fischer nahm ihn in den Kahn, es wollte ihm aber vorkommen, als stiegen außerdem noch mehrere in denselben, denn er sank ziemlich tief. Aber es war niemand weiter zu sehen.

Als er ans andere Ufer gekommen, warf der Prinz ihm ein Goldstück in den Kahn, zugleich fielen, wie von unsichtbaren Händen geworfen, eine Menge Silberstücke hinein. Der Prinz stieg ans Land, dankte dem Fischer freundlich und sagte: »Nach drei Tagen komme ich mit meiner jungen Gemahlin hierher zurück. Wenn du uns dann denselben Dienst leistest, so sollst du für dein ganzes Leben aller Sorge enthoben sein.« Damit verschwand er hinter den Wasserweiden, die damals das Flußufer an der Stadtseite umgaben.

Der Fischer, nachdem er sich von seinem Erstaunen erholt, sammelte die Geldstücke in seine Fischerkiepe; es waren außer dem Goldstücke neunundneunzig Silbermünzen. Zu Hause erzählte er seiner Frau, was ihm begegnet war, und zeigte ihr seinen Fährlohn. Die war denn nicht minder verwundert als er.

In der dritten Nacht stellte er sich vor Sonnenaufgang an den Weiden am Ufer ein, und wie eben die ersten Sonnenstrahlen sich zeigten, trat der Prinz mit seiner kleinen Gemahlin an der Hand hervor und stieg nach freundlichem »Guten Morgen« alsbald in den Kahn. Auch diesmal war es, als wenn noch viele andere unsichtbar in den Kahn stiegen; denn er ging so tief, daß der Fischer zu sinken fürchtete. Am andern Ufer angekommen, warf der Prinz zwei Goldstücke in den Kahn, und gleichzeitig regnete es noch viele andere, diesmal auch Goldstücke, hinein. Der Prinz und seine Gemahlin sagten dem Fischer freundlich Lebewohl und verschwanden in demselben Rosenstrauche, aus welchem der Prinz das erste Mal gekommen war.

Der Fischer überzählte seinen Lohn und fand außer den zwei Goldstücken noch zweimal neunundneunzig kleinere Goldmünzen. Er trug alles nach Hause, wo seine Frau ihn schon mit Ungeduld erwartete, und beide lebten von da an sorgenlos bis an ihr Ende. (212)

Der geborgte Zwergenhut

Meine Großmutter war aus Picher. – In Picher [Kr. Hagenow] ist Hochzeit gewesen. Da sind alle Leute hingewesen, bloß der Schäfer nicht: Wer keinen Hochzeitshut (Filzhut) hat, darf nicht kommen. Als sie ihm zureden, sagt er: »Oh, wo sall ick 'n Hot herkriegen? Ick kam jo nich von de Schap aff.« Abends hat er ja erst zur Hochzeit gehen wollen. – »Oh«, sagen die anderen, »kannst jo nah 'n Hotbarg' gahn un halen di eenen, denn hest eenen.«

Der Schäfer ist ein bißchen albern gewesen, der läßt sich das einreden und geht hin nach dem Hutberg und ruft: »Ick will ok to Hochtiet, schmiet 'n Hot ruut!« – Da ruft das zurück: »Hier is keen Hot mihr as Großvaders Hot.« – »Dat 's mi egal, wenn 't man 'n Hot is.« – Da kommt ein dreiseitiger Hut heraus, damit geht er hin.

Der Hut hat die Eigenschaft gehabt: Wer ihn aufsetzt, der kann als Prinz, als Ritter gehen. So haben ihn ja die Dorfleute nicht erkannt. Nun wollen all die Damen mit ihm tanzen, weil er so schmuck aussieht. So wird ihm Ehre angetan. – So ist der Hut doch gut gewesen. (213)

Der Kesseldiebstahl

Eine alte Frau Gehl hat erzählt: Bei Klein Helle [Kr. Altentreptow] ist ein »Zwergenberg« gewesen. So hat er geheißen; da haben Zwerge drin gewohnt. Als die Knechte da einmal vorbeifahren mit Korn, stehen um den ganzen Berg herum so viele blanke Kessel:

Die sollen dort aussonnen. Da staunen die Knechte: »Oh, wat blanke Kätels!« Der eine sagt: »Dor nähm ick mi eenen von mit.« – »Nee«, sagen die anderen, »dee lat stahn! Dee hüren de Zwerchen. Süss kriggst du dee up 'n Liew.« – Aber er läßt sich nicht zurückhalten und lädt den besten Kessel auf den Wagen.

Als sie eine halbe Meile gefahren sind, sind mit einmal die Zwerge alle um ihn herum und ängstigen ihn: »Giff uns den' Kätel wedder, süss haugen wi di dot!« Da kommen immer mehr von den Zwergen an. Er schlägt auf die Pferde ein und denkt, er könne ihnen ausreißen. Die anderen Knechte rufen ihm zu: »Schmiet doch den' Kätel run!« Zuletzt wirft er ihn herunter. – Nee, sagen die Zwerge, er solle ihn hinbringen, wo er ihn weggenommen habe; sie könnten den Kessel nicht tragen. – Die anderen Knechte müssen anhalten, er trägt den Kessel hin. Die anderen Kessel sind schon alle weg gewesen, als er dort ankommt. Als er den Kessel da hingestellt hat, bedanken sich die Zwerge bei ihm: Er solle aber ihren Kram in Zukunft nicht wieder anfassen; alle Jahre einmal müßten sie das an die Sonne bringen. (214)

Ein Zwerg kauft Korn

In Brodhagen bei Doberan ist ein Berg, der heißt »Bullenberg«, weil da ein Bulle und eine Kuh herausgekommen sind. Nun ist da einer gekommen zu dem Bauern Penzin, ob er keinen Hafer zu verkaufen habe. – »Ja.« Sie werden handelseinig. Der Bauer fragt, wo er den Hafer hinbringen soll. – »Nah 'n Bullenbarg'.« – »Is de Barg' apen?« Er hat gemerkt, daß da etwas ungewöhnlich ist. Sonst hat er nie beobachtet, daß dort etwas offen gewesen ist.

Der Bauer und sein Knecht bringen den Hafer hin und tragen ihn hinein in den Bullenberg. Darin ist nichts zu sehen. Als sie den Hafer ausgeschüttet haben, denken sie: »Wer betahlt dat Kuurn?« Da läßt sich keiner sehen. Nun stehen da ein Tisch und zwei Stühle und zwei Teller und ein Messer: Für zwei Mann ist gedeckt. Der Bauer sagt zu seinem Knecht: »Willen man äten.« Da liegt dort eine Kuh, die ist justament geschlachtet. Sie sind eben davon weggegangen. Sie haben das Fell abgezogen; das Fell liegt so bei der Kuh. Das

Fleisch sieht so gelb und schön aus. Da sagt der Bauer zuletzt zu seinem Knecht: »Willen uns de halw' Koh dörchschnieden un nah Huus nähmen, denn hebben wi doch wat för unsen Hawern.«

Sie nehmen sich die Hälfte nach Hause. Der Bauer sagt: »Wenn wi 't nich äten kœnen, is 't doch wat för de Hund'n to fräten.« Sie werfen das auf die »Hill« [den seitlichen Dachboden] hin. Abends wollen sie etwas abschneiden von dem Fleisch, das wird auf der Diele dem Hund hingeworfen: Da ist das alles Geld. – Das andere Fleisch ist hinterher verschwunden gewesen. (215)

Geburtshilfe bei den Zwergen

Mein alter Vater hat das oft erzählt: Zu der Hebamme M. hier in Neukalen (die hat mich noch geholt) ist ein kleiner Zwerg gekommen: Sie solle sich zurechtmachen und mitkommen nach dem Heidaal, seine Frau wäre soweit. Sie will zuerst nicht, aber er bittet soviel.

Als sie hinkommen nach dem Heidaalsberg, tut der sich auf. Da gehen Stufen hinunter, das ist alles hell und klar erleuchtet, und das hat so wunderhübsch ausgesehen. Das ist ein Staat gewesen; das sind alles kleine Leute gewesen. Sie gehen hinein in ein Gemach. Da ist eine kleine Frau, und die Hebamme verrichtet ihre Sache.

Als der kleine Mann sie wieder hinausbringt, fragt er, was seine Schuldigkeit ist. – Sie sagt (sie hat ja solche Angst gehabt), sie will nichts haben. – Ja, sagt er, sie solle nur sagen, was sie haben wolle. – Da sind zwei Türen gewesen; in dem einen Raum hat Pferdemist gelegen (so hat es sich angesehen), in dem andern Kuhdung. »Pierd'schiet«, sagt sie; und er schüttet ihr die Schürze voll. Als sie draußen bei der Dornenhecke ist, wo nun die Chaussee ist, denkt sie: »Wat sallst mit dat Pierd'schiet?« und schüttet das aus.

Als sie nach Hause kommt, erzählt sie das ihrem Mann. Der besieht die Schürze. Da findet er ein Goldstück, das ist in der einen Rüsche von der Schürze hängengeblieben. Sie geht wieder hin zu der Dornenhecke. Aber da ist kein Pferdemist mehr zu sehen. Den hat der kleine Mann allen wieder weggeholt. (216)

Der Wechselbalg

Die Unterirdischen haben ein Kind gestohlen und eine alte Großmutter in die Wiege gelegt, die haben die Leute handhaben müssen. Da haben die Nachbarn zu der Frau gesagt, sie solle die Alte mal auf den Feuerherd setzen und ein großes Feuer anmachen und ein ausgepustetes Ei mit einem Band am Kessel aufhängen und sagen: »Nu sied still, wi willen Bier bruugen.«

Die Frau tut das auch. Da hat die alte Großmutter in die Hände geklatscht und gesagt: »Ick bün nägenunnägentig Johr olt, œwer dat heff ick in 'n Läben nich sehn, dat in 'n Eierdopp bruugt ward.« Da haben sie die Alte geschlagen. Die hat ein paar Worte gerufen, da haben die Unterirdischen sie nachts wieder geholt und den Leuten das eigene Kind wiedergebracht. Das haben sie auch so viel geschlagen gehabt; das ist auch bald gestorben. (217)

Selbst getan

Die alten kleinen Zwerge sind in Prillwitz [Kr. Neustrelitz] in die Küche gekommen. Sie haben immer essen wollen. Wenn die Köchin ängstlich gewesen ist, haben sie es sich genommen. Einmal ist eine Köchin dreister gewesen, die hat den einen Zwerg mit der Kelle geschlagen. – Erst hat er sie gefragt, wie sie heißen tät. – »Sülben dan«, hat sie gesagt. – Dann hat der Zwerg geweint, und da sind die anderen Zwerge gekommen und haben gefragt, wer ihm etwas getan hätte. – »Sülben dan«, hat er gesagt. – Nun, dann könnten sie ihm auch nicht helfen.

Sie haben ja ihre Gänge in der Erde gehabt. Ob sie von dem Spitzen Berg gekommen sind, oder ob sie unter dem Schloßberg gehaust haben, das weiß ich auch nicht. (218)

Die Unterirdischen bei Peckatel

Einige tausend Schritt von dem Dorfe Peckatel, das unweit von Schwerin liegt, standen früher drei Hügel in Kegelform, ein kleinerer und zwei größere. Von dem einen dieser [Hügel], dem »Rummelsberg«, ging in der Umgegend die Sage, daß die Unterirdischen darin wohnten. Mitunter – so erzählte man sich – halten sie Tafel auf dem Berge, wozu sie Kessel und andere Geräte aus den andern Bergen leihen.

Einmal sah ein Knabe aus Peckatel die gedeckte Tafel und nahm ein Messer davon mit. Die Tafel konnte nun nicht wieder verschwinden. Wie aber der Vater des Knaben das sonderbare Gerät in der Hand desselben sah, fragte er, woher er es habe, und als der Sohn es ihm gestand, schalt er ihn und hieß ihn das Messer sogleich wieder hintragen. Sobald dies geschehen war, verschwand die Tafel und kam nicht wieder zum Vorschein.

Als man im Jahre 1843 den mittleren der drei Hügel aufdeckte, um ihn nach Altertümern zu durchforschen, fand man wirklich einen bronzenen Kessel darin, der auf einem Fußgestell von Rädern ruhte und noch im Museum zu Schwerin aufbewahrt wird. Und als dann zwei Jahre später auch der Rummelsberg untersucht ward, da ward – zum Staunen aller Anwesenden – eine aus Feldsteinen aufgeschichtete Tafel aufgedeckt, neben der ein großer Kessel aus gebrannter Erde eingemauert war. – Die alte Sage hatte also eine überraschende Bestätigung gefunden. (219)

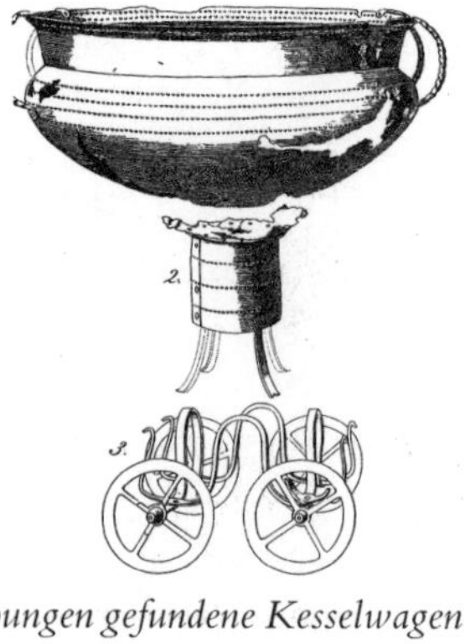

Der bei Grabungen gefundene Kesselwagen von Peckatel

Nixen und andere Wassergeister

Der Ritter und die Nixe

Bei Gülzow [Kr. Güstrow], etwa hundert Schritte von dem Flüßchen Nebel entfernt, sieht man noch deutlich die Wallüberreste der hier einst gestandenen stattlichen Burg gleichen Namens. Der letzte Herr dieser Burg war ein guter und edler, aber sehr kampflustiger junger Ritter, zu dem eine unfern davon in der Nebel wohnende Nixe von wunderbarer Schönheit eine so heftige Liebe gefaßt hatte, daß sie ihr Element verließ, aufs Land stieg und des Ritters treues Weib wurde, der ihr ebenfalls mit gleich großer Liebe zugetan war. Das innige Glück beider Ehegatten wurde durch die Geburt zweier lieblicher Töchter nur noch erhöht, welche zur größten Freude und Lust der Eltern herrlich gediehen und heranwuchsen und aufs sorgfältigste von ihnen erzogen wurden.

So gut und liebevoll der Ritter nun auch daheim gegen die Seinen war, so wohl und glücklich er sich auch auf seiner Burg und im Kreise seiner ihm über alles teuren Familie fühlte, so trieb ihn doch oft sein Tatendrang und die Kampfeslust hinaus, um für Recht und Ehre männiglich mitzustreiten und sich also Ruhm und Lorbeeren zu erringen.

Hierdurch hatte er sich aber viele Feinde erworben, die in einer Nacht mit gewaltiger Kriegerschar gegen seine Burg rückten und sie plötzlich überfielen. Obgleich sich auch der Ritter und seine Mannen wie Löwen wehrten und manchen Feind zu Boden streckten, so vermochten sie doch nur kurze Zeit der ihnen wohl vierfach überlegenen Übermacht Widerstand zu leisten. Nach kurzem, heißem Kampfe lagen des Ritters sämtliche Reisige und Knappen, von Feindes Schwert durchbohrt, todesröchelnd am Boden, und eine hohe Feuersäule loderte bald aus der Burg prasselnd zum nächtlichen Himmel empor.

Der tapfere Ritter, bis zum Tode erschöpft und aus vielen Wunden blutend, schlug sich wütend durch die ihn von allen Seiten umzingelnden Feinde hindurch und eilte zu dem Verstecke, der sein Liebstes, sein treues Weib und seine holden Töchter barg, und entwich mit ihnen durch ein Hinterpförtchen ins Freie. Aber die Feinde, die dies sogleich bemerkten, verfolgten die Fliehenden, die jetzt schnell dem nahen Nebelufer zueilten. Hier umarmte der Ritter noch einmal Weib und Töchter und stürzte sich dann mit ihnen in den Fluß, um so einem gewissen Tode durch rohe Feindeshand und der den Seinen drohenden Entehrung und Schande zu entgehen.

Bald hatten des Ritters und seiner lieblichen Töchter Herzen in der Nebel Fluten aufgehört zu schlagen. Sein Weib aber, die Nixe, konnte nicht, wie sie es so innig wünschte, mit ihnen sterben. Ach, sie mußte fortleben, fortleben zu ihrem tiefsten Seelenschmerze. Wehklagend nahm sie die Leichen der verblichenen Teuren, trug sie in ihre frühere Nixenwohnung und bettete sie dort unter Klageliedern und Trauersang auf feuchten Flussesgrund, um ihnen stets nahe zu sein.

Auch heute noch [1862] weilt die Nixe in ihrem nassen Hause unter der Nebel bei den Leichen ihres Gatten und ihrer beiden Töchter und trauert und weint um sie. In stillen Nächten kann man ihre Schmerzenslieder aus der Tiefe des Flusses herauf erschallen hören oder sie klagend auf dem Burgwalle bei Gülzow, auf der Stätte ihres einstigen kurzen Erdenglückes, umherwandeln sehen. (220)

Die Nixe und das Liebespaar

Bekannt ist die Sage von der Nixe im Glambecker See: In jedem Jahr fordert sie ein Opfer. Jedesmal, wenn im See ein Mensch ertrinkt, kann man von alten Leuten hören: »Dat is de Nix wäst, dee hett em sich haalt.« – »Nu hebben wi för ditt Johr Rauh.« Die Geschichte der Nixe ist seltsam:

Ein junger Fischer hatte eine heimliche Braut. Ein hübsches Mädchen mit großen blauen Augen und langen Zöpfen war es. An einer gewaltigen Buche, die da stand, wo jetzt die Badeanstalt ist, trafen sich die beiden. Der Fischer wußte nicht, wo seine Braut wohnte und wer sie war. Das Mädchen soll eine Prinzessin gewesen sein. Dem Fischer war das ganz gleich, wer seine Braut war, denn er hatte sie sehr lieb. Sie wollten sich am Glambecker See ein Haus bauen und in der fischreichen Gegend glücklich und zufrieden leben. Es kam aber wie so oft im Leben ganz anders. Das Mädchen kam einen ganzen Monat nicht zum Treffpunkt an der großen Buche am See. Der junge Fischer nahm sich das sehr zu Herzen, er wurde menschenscheu und war dem Trübsinn nahe. Endlich kam das Mädchen und gestand ihm, daß seine Eltern sie mit einem Grafen verheiraten wollten. Nun mußten sie voneinander Abschied nehmen. Dem jungen Fischer brach fast das Herz, aber das Mädchen blieb bei dem Entschluß, daß sie sich nicht mehr wiedersehen sollten.

Da kam die Nixe vom Glambecker See und lockte die beiden zu sich. Als sie nun das Wasser berührten, da war es um sie geschehen. Die Nixe zog sie in den See bis auf den Grund, wo es am tiefsten ist. Sie waren für immer vereint, denn ihre Leichen wurden nie gefunden . . . (221)

Die Nixe im Glambecker See bei Neustrelitz

Wie es heißt, wohnt im Glambecker See bei Neustrelitz eine böse Nixe, die alle Jahre ihr Opfer fordert: Denn wenn nicht mehrere – was leider gewöhnlich der Fall ist –, so muß ihr doch jährlich wenigstens ein Mensch als Beute anheimfallen und sein Leben in ihrer Umarmung, in den Fluten des von ihr bewohnten Sees aushauchen. – Und bis jetzt hat sich auch diese Sage nur zu sehr bewahrheitet. Nach den Versicherungen der ältesten Bewohner von Neustrelitz ist, so lange sie denken können, noch kein Jahr hingegangen, wo nicht mindestens ein Menschenleben entweder durch freiwilliges Ertränken oder durch Zufall beim Waschen, Baden, Wasserfahren oder Schlittern im Glambecker See untergegangen ist.

Fast immer soll sich die Nixe einige Zeit vor dem jedesmaligen Ertrinken eines Menschen zeigen, und zwar in frühester Morgenstunde, vor Aufgang der Sonne. Häufig wollen sie dann schon zu dieser Zeit auf dem See befindlich gewesene Personen, namentlich die Fischer, gesehen haben. Nach ihrer Beschreibung ist sie ein schönes Weib mit langen fliegenden Haaren, die plötzlich nackend, bis zur Hälfte ihres üppigen Körpers, aus dem Wasser emportaucht, darauf lachend in die Hände klatscht, ein Freudengeschrei ausstößt und dann wieder verschwindet.

Der alte erfahrene Fischer weiß nach einer solchen Erscheinung genug; er weiß, daß nun bald wieder ein Mensch im Glambecker See seinen Tod finden wird. Und leider sollen seine Prophezeiungen immer richtig sein und sich nach kurzer Zeit regelmäßig erfüllen. (222)

Die Nixe im Stolpsee

Auch der von der Havel durchflossene Stolpsee zwischen Fürstenberg und Himmelpfort ist ein Schauplatz merkwürdiger Ereignisse. An seinem Rande erhebt sich ein kleiner Berg, auf dessen Höhe sich ein prächtiger Laubwald, der »Ering« genannt, ausbreitet. Auf der einen Seite am Abhang dieses Berges seewärts steht vereinzelt ein kleiner Buchbusch.

Der Schneider und Fischer Seiler aus Fürstenberg fischte einst in einer dunklen Sommernacht auf dem See. Als er müde wurde, fuhr er mit seinem Kahn an das Ufer, befestigte ihn dort und legte sich dann unter dem Buchbusch zum Schlafen nieder. Er mochte eine halbe Stunde geschlafen haben, da – es war gerade nachts zwischen elf und zwölf Uhr – packte ihn plötzlich etwas bei den Füßen und zog ihn den Berg hinunter in den Stolpsee. Als er die Kälte des Wassers an seinen Füßen spürte und jeden Augenblick erwarten konnte, ganz in die Tiefe des Sees gezogen zu werden, rief er in seiner Todesangst die göttliche Hilfe an, trat dabei fest auf den Grund und entkam glücklich der unbekannten Gewalt.

Diesen Vorfall erzählte Seiler nach einigen Tagen seinem Freunde, dem Schiffer Scharff, der gleichfalls Fischer war. Der wollte aber nicht recht an die Wahrheit der Geschichte glauben, lachte darüber und legte sich selbst einmal des Nachts unter den gefährlichen Buchbusch. Aber es ging ihm jetzt gerade ebenso wie früher dem Seiler, und nur mit genauer Not rettete er sich als geübter Schwimmer aus der Tiefe des Stolpsees, in die er bereits gezogen war.

Der Schuhmacher Rehfeld aus Fürstenberg, der einmal des Nachts um zwölf Uhr in die Nähe des Buchbusches gekommen war, erzählt noch mit Grauen, daß es ihm dort gewesen, als wenn eine große Herde Vieh über den Stolpsee getrieben werde, und daß er sich des Nachts nie wieder dorthin begeben möchte. Daß dies alles das Werk einer im Stolpsee hausenden Wassernixe ist, die zwar noch niemand gesehen hat, glaubt man allgemein. (223)

Die Wassermöhm

Bei Slate [Kr. Parchim] fließt ein Wasser, und das Wasser ist tief. Einst in der Kühlung des Abends wanderte des Dorfes Prediger am Flusse nieder durch die hohen Eichen. Schon waren die langen Schatten verschwunden, und die Dämmerung war eingetreten, als aus dem Bette des Flusses eine dumpfe Stimme sich vernehmen ließ: »De Stund' is dor, œwer de Knaw' noch nich.«

Bedenklich wendete er seine Schritte zum nahen Dorfe. Er hatte bereits den Gartenzaun erreicht, als ein hübscher Knabe dahergelaufen kam: »Wohin, mein Sohn, wohin so eilig?« – »Zum Bache«, erwiderte dreist der Knabe. »Schnecken will ich sammeln und bunte Muscheln.« – »Nicht doch!« versetzte der bedachtsame Geistliche. »Hier, einen Schilling, mein Kind! Geh hin und hole mir – ja, hole meine Bibel!«

Der Knabe lief hin. Als nun der Prediger beim Kruge vorüberging, kam jener schon zurück mit dem Buche und eilte stracks zum Wasser. – »Nicht doch!« sprach der Geistliche. »Bist durstig, bist schnell gelaufen. Sollst erst trinken. Lieber Wirt, ein Glas Bier dem Knaben!«

Er trank und fiel tot nieder. Die Stunde war da – und der Knabe auch. (224)

Der schweigsame Fischer

In Wanzka [Kr. Neustrelitz] haben Fischer gewohnt, die sind immer zu Tode gekommen auf dem See. Nun kommt einmal ein anderer Fischer, der hat so viele Träume, daß er auch zu Tode kommt. Er ist verzagt und mutlos das ganze Jahr, aber er hat nichts erzählt von seinem Traum. In der letzten Nacht träumt er das wieder. Er seufzt zu Gott und steigt mit einem Gebet hinein in seinen Kahn. Als er mitten auf dem See ist, kommt ein Frauensmensch heraus aus dem Wasser, klopft sich so mit den Fingerhandschuhen in die Hand und klatscht sich in die Hände und ruft:

»Der Fischer ist doch ein braver Mann,
Der seinen Traum verschweigen kann.«

Da hat er soviel Fische gefangen, da hat das Glück [geradezu] auf ihn geregnet (das haben sie ihm auch gesagt). (225)

Die Nixen in der Sonne

Im Stribbersee sind immer Seejungfern gewesen. Mein Vater hat dort gelegen und hat Kühe gehütet. Das ist so recht warmes Sonnenscheinwetter gewesen. Er ist so weit ab gewesen von dem See wie von hier bis zu dem andern Haus da drüben. Da sind die [Seejungfern] herausgekommen [aus dem Wasser] und haben sich unter den Tannen hingelegt und sich gesonnt. Unten ist ein Fischschwanz gewesen, sonst haben sie nett ausgesehen wie Frauensmenschen, sie haben nichts angehabt. Meinem Vater ist ja »schuddrig« geworden. [Das dauerte] von zwölf bis eins, dann sind sie weg gewesen. (226)

Selbst getan

Da sind zwei Fischer gewesen, die haben eine kleine Hütte gehabt, darin haben sie Feuer angezündet. Der eine ist Karten spielen gegangen, der andere bleibt bei dem Feuer liegen.

Als er da so liegt, kommt da eine Seejungfer aus dem Wasser heraus, die ist ganz nackt gewesen, und legt sich auch bei dem Feuer hin und fragt den Fischer, wie er hieße. – »Selber«, sagt der. – Der Fischer hält ihr einen Feuerbrand hin, daß sie sich verbrennt. Da schreit sie nach ihrem Mann. – »Wer hat's getan?« ruft das da aus dem Wasser. – »Selber getan.« – »Gut getan.«

Da packt sich der Fischer fort nach dem Haus, wo der andere Karten spielt, und steigt zum Fenster hinein. Einen Schuh verliert er dabei, der ist nachher in kurzen Stücken gewesen. So weit sind sie ihm auf den Hacken gewesen. (227)

Der Fischzug

Die Fischer in Waren haben einmal zur Winterszeit einen Zug getan bei den »Murrecken« (zwischen »Kamerun« und der Rehe). Als sie mit dem Fang bei der Fischerbucht sind, wird der eine Arbeiter, der als Hilfsmann bei den Fischern gewesen ist, eingedenk, daß er seine Handschuhe dort hat liegen lassen, und er geht über das blanke Eis hin, um sie zu holen. Als er dort hinkommt, ist das dort ein Tumult und Rumoren unter dem Eis, und da kommt eine Stimme aus dem Wasser heraus: »Folgt den' Eenöögten nah; hüüt sünd se hier wäst, morgen kamen se nich wedder her.«

Der erzählt das nachher, und die meisten Fischer lachen ihn aus. – Aber der Altermann sagt: »Dat kann man all nich weten: Wi willen man morgen den' sülwigen Togg don, den' wi hüüt treckt hebben.« – Sie tun das auch, und da haben sie so viele Brassen gefangen: Vier Wochen lang hat die große Wade im See gelegen mit all den Fischen, und aus allen Städten sind die Leute gekommen, um Brassen zu kaufen. (228)

Drei Klabautermänner

Da fährt mal ein Schiff von Rostock nach Amsterdam. Als das hinter Helsingör war, da passierte da etwas im Schiffsraum, das niemand sich deuten konnte. In stillen Nächten war dort ein Spektakel und heftiges Arbeiten mit den Ketten, daß das Schiffsvolk sich graute; und sahen sie nach, dann war nichts zu finden. Das dauerte wohl eine ganze Woche.

Da stehen mit einmal nachts drei kleine Kerle vor dem Kapitän und sagen zu ihm: So ginge es nicht länger. Zwei müßten von Bord, und er solle sagen, wen er behalten wolle. – Das hat den Kapitän gewundert, und er hat sie gefragt, was sie für Leute wären; er kenne sie nicht. Wer sie an Bord genommen hätte? – Da sagten sie, sie wären Klabautermänner und hätten auf dem Schiff zu tun. Sie hätten im Schiffsraum rumort, denn sie hätten sich erzürnt und könnten sich nicht vertragen. So könnte es nicht bleiben, zwei müßten runter. – Da hat der Kapitän sie gefragt, was sie an Bord auszurichten hätten. – Da sagt der erste: »Dei Grotmast is braken; ick heff em hollen, dat hei nich follen is.« – Er fragt den zweiten. – Der antwortet ihm: »Dei Steven is inbraken; den' heff ick hollen, dat hei nich voneingahn is.» – Da fragt er den dritten. – »Ick heff dat Rauder hollen, dat braken is, süss wer 't verloren gahn«, sagt der dritte. – »Midden up See«, sagt der Kapitän, »kann 'ck keinen von Bord wiesen. Täuwt bett an Land, un denn kamt wedder, dennso sallen ji Bescheid hebben, wer blieben kann. Gaht nu man an juug' Arbeit un verdrägt juuch bäter.« – Sie gingen, und von da an war es nachts unten wieder still.

In Amsterdam ging der Schiffer gleich ins Trockendock und ließ sein Fahrzeug untersuchen. Und es befand sich so: Großmast, Steuer und Steven waren gebrochen. – In der nächsten Nacht kamen die drei Kleinen und fragten, wen er behalten wollte von ihnen. – »Dei dat Rauder hollen hett«, sagt der Schiffer, »hei hett den' schlimmsten Posten hatt, hei kann blieben. Ji beiden annern kœnen gahn.« – Da sagen sie: »So kœnen wi nich frie warden ahn Dank und Lohn.« – Da fragt sie der Kapitän, was sie haben wollten. – »Een'n roden Antogg.« Als sie den gekriegt haben, sind sie abgegangen. (229)

Warnemünde, Rostocks Hafenvorort, um 1840

Die Seekatzen

In Rostock hat einmal ein Student eine Seereise mitmachen wollen. Da hört er, daß drei Katzen unten im Raum sich etwas erzählen: Da und da soll das Schiff zu der und der Stunde untergehen. Die erste See soll es auf die Seite werfen, die zweite vollfüllen, die dritte ganz vernichten.

Als das Schiff nun an die Stelle kommt, bittet der Student den Kapitän, er solle ihm das Kommando überlassen. Es wird schlechtes Wetter, und da kommen drei furchtbare Seen an. Der Student nimmt ein Gewehr und schießt da hinein – da ist das Wasser wieder platt. Nachher schwimmen da drei Katzen. Die sind verwünscht gewesen, das Schiff zu vernichten. (230)

Schlangen und zu Schlangen Verwünschte

Der Raub der Schlangenkrone

Um die Mittagszeit pflegen sich die Schlangen zu sonnen und ihre Kronen abzulegen. Das wußte auch ein Reiter, der am Wege sein weißes Taschentuch ausbreitete, und, als er so listig zu der Krone des Königs gekommen war, eilig mit seinem Raube davonfloh.

Kaum aber hatte der König seinen Verlust wahrgenommen, als er seine feine durchdringende Stimme erhob und alle Schlangen seines Reiches um sich versammelte. Mit ihnen folgte er dann schleunigst dem Räuber, der zu seinem nicht geringen Schrecken die Leiber der Schlangen sich steil vom Boden erheben und in weiten Bogen fortschnellen sah.

Sein schnelles Roß trug ihn jedoch bald zu seinem Hof, und dankbar klopfte er den Hals desselben mit den Worten: »Süh, du hest mi doch truu biestahn!« – Da aber ward er von einer Schlange gestochen, die im Schweife des Pferdes sich unbemerkt versteckt hatte; und er ward seines Raubes nicht froh. (231)

Mißglücktes Schlangenbannen

In Hohenzieritz [Kr. Neustrelitz] ist ein Kuhhirt gewesen, zu dem ist ein Kerl gekommen: Ob er wohl eine Schlange gesehen hätte, die eine Krone auf dem Kopf hätte? Wenn er ihm so eine nachweisen könne, wolle er ihm so viel geben, daß er zu leben hätte (wer keine Schlangenkrone gehabt hat, hat ja nie ein König oder Kaiser werden können); aber er solle sich dann nicht wieder in dem Wald sehen lassen. – Ja, sagt der Kuhhirt, so eine Schlange wüßte er, an dem und dem Baum hätte er sie gesehen.

Der Banner macht einen Kreis um den Baum. Zu dem Kuhhirten sagt er, er solle hinaufsteigen in den Baum – er hilft ihm hinauf –, und er solle ganz still sein. – Der Kerl bannt und betet ja nun: Da kommen all die Schlangen an; über den Kreis können sie ja nicht hinüberkommen, sie müssen sich alle rund um den Kreis lagern. Zuletzt kommt der König mit der Krone, dem löst er die Krone ab. Hinterher betet er sie alle wieder weg. Aber die letzten wollen nicht weg; die kann er nicht weggebetet bekommen: Sein Spruch ist nicht groß genug gewesen.

Da sagt der Kerl: »Nu kümmt noch een, de oll Königin; dee bringt den' Schlœtel un schlütt den' Kreis up – denn sünd wi verloren.« – So ist das auch gekommen: Die Schlangen haben den Banner aufgefressen, und den Kuhhirten (das ist ja der Verräter gewesen) haben sie auch vom Baum heruntergeholt und demoliert. (232)

Der Schlangenkönig und der Junge

Mitten im Walde, nicht weit von der Stadt Sülze entfernt, liegt ein kleines Wirtshaus, »Mückenkrug« genannt. Vor vielen Jahren, so erzählt man, hat sich hier vielfach eine große Schlange, mit einer goldenen Krone auf dem Kopfe, gezeigt. Feiner als alles andere irdische Gold ist dieses Gold gewesen und hat einen ganz eigentümlichen Glanz verbreitet. Von den Leuten wurde das Tier, ob dieser seiner Krone, der »Schlangenkönig« genannt.

Der damalige Besitzer des Mückenkruges hatte einen kleinen Sohn, und dieser hielt innige Freundschaft mit der Schlange. Er aß, trank und spielte mit ihr; kurzum, die Schlange war sehr viel bei ihm und tat dem Buben nie ein Leid.

Späterhin, als aus dem Knaben ein großer erwachsener Bursche geworden war, erschlug er den Schlangenkönig (weshalb, darüber schweigt die Sage) und schenkte die Krone seinen Eltern, die sie verkauften und reiche Leute dadurch wurden. (233)

Die Schlangen im Schmalen Luzin

In der Zeitung hat gestanden in den achtziger Jahren [des 19. Jahrhunderts]: Ein Maurer hat so gern geangelt am Schmalen Luzin. Einmal geht er am Johannitag auch wieder hin. Während die Kirche zusammengeläutet wird, sieht er einen Wirbel auf dem See, und aus dem Wirbel blitzt immer etwas. Der Wirbel kommt auf ihn zu, näher ans Land heran. Da sieht er, das sind lauter Schlangen, die umwirbeln die Königin, die hat eine goldene Krone auf. – Er nimmt das Hasenpanier und ist nie wieder zum Angeln gegangen an den Schmalen Luzin.

Da stand auch drin, das solle eine verwünschte Prinzessin sein. Wenn sich jemand ein Herz fasse und ihr die Krone abnähme, dann wäre sie erlöst. Derjenige müsse aber am Johannitag geboren sein. (234)

Der Lindwurm

In Glienke [bei Neubrandenburg] haben die Bauernjungen zu Pfingsten eine Maibude gebaut. Sie gehen nun auf die Dörfer und verschließen ihre Hütte. Da ist ein Lindwurm gekommen aus der Heide und hat die Maibude aufgebrochen und das Bier und den Branntwein ausgesoffen, daß er dun geworden ist. Als die Jungen zurückkommen und ihn da finden, stecken sie die Hütte an. Der Lindwurm macht ein fürchterliches Geschrei. Da fährt der andere Lindwurm heraus aus dem Wald und will ihn retten. So sind sie beide verbrannt.

Die Jungen haben von dem Fürsten ein großes Geschenk bekommen. Darum haben sie Pfingsten als Freudenfest gefeiert und haben auch die Freiheit bekommen, die Wege zu »spannen« (d. h. mit einer vorgehaltenen Schnur den Weg zu versperren, um von den Vorübergehenden ein kleines Geschenk zu erhalten). (235)

Die Schlange im Leib

Da ist einmal ein Herr gewesen, der ist immer krank gewesen. Er hat so ein Wühlen im Magen gehabt und hat nirgends Ruhe gehabt. Einmal kommt er auch durch ein Dorf, und ihn dürstet gerade so sehr. Da bittet er eine Katenfrau, ob sie ihm nicht etwas zu trinken geben wolle. – Ja, das wolle sie gern tun.

Als er ein Ende weitergefahren ist, wird ihm so schläfrig zumute. Er läßt den Kutscher stillhalten, steigt ab und legt sich hin. Als er eingeschlafen ist, sieht der Kutscher, daß eine Schlange aus seinem Mund herauskriecht. Die schlägt er tot.

Als der Herr aufwacht, ist ihm so wohl und schön, da ist er die Krankheit losgewesen. Da läßt er umkehren und fährt nach dem Katen hin und fragt die Frau, was sie da zwischen das Getränk gemacht habe. – Der Frau wird zitterbang': »Ach Herring, dor is nicks wieder mang wäst as 'n bäten reinen Ihrenpries [Heilpflanze].« – Da hat sie ein großes Geschenk bekommen. (236)

Der Schlangentrunk

Drei Knechte haben geeggt – der eine ist ein bißchen einfältig gewesen. Nun haben sie ein Lechel [hölzernes Tönnchen] mit Bier gehabt, da ist eine Schlange hineingekrochen. Da lassen die beiden anderen (die wollen sich einen Spaß machen) den Einfältigen davon trinken. Als der das ausgetrunken hat, kriegt er so viel Kraft, daß er gar nicht weiß, wieviel er hat.

Hinterher kriecht wieder einmal eine Schlange in das Bierlechel hinein; da trinken die beiden anderen auch davon. Aber die sind vergangen wie der Tag. Das hat unser Herrgott so eingerichtet zum Zeichen, daß man keinen Menschen zum besten haben soll. (237)

Milch für die Schlange

Ein Bauer hat ein Dienstmädchen gehabt, zu der ist immer eine Schlange gekommen und hat die Milch aufgefressen. Da kommt einmal der Bauer darüber zu, der schimpft das Mädchen aus, die Milch sei ohnehin so knapp, und jagt sie weg.

Da geht sie zu einem andern Bauern in Dienst; die Schlange kommt wieder zu ihr. Der Bauer sagt zu dem Mädchen, so viel Milch wäre dabei über, sie solle der Schlange nur etwas geben. – Des andern Bauern Kühe sind krank geworden, dieser Bauer ist so glücklich mit seinem Vieh gewesen. (238)

Die Erlösung der Schlange

Am Buchenberge bei Doberan hütete einst ein Schäfer seine Schafe. Plötzlich sah er eine Schlange auf sich zukommen. Er wollte entfliehen. Da sprach sie ihn an und fragte, ob er Mut genug habe, in nächster Nacht ein großes Werk zu bestehen: Dann solle er zwischen zwölf und ein Uhr an eine bestimmte Stelle des Berges kommen.

Der Schäfer versprach es. Aber als er in der Nacht die Schlange, von einer Schar kleinerer umgeben, nahen und Miene machen sah, ihn zu umschlingen, ergriff er die Flucht. – Da wehklagte die Schlange hinter ihm her und sagte, er hätte, wenn er ausgeharrt, sie erlösen und zugleich einen großen dort vergrabenen Schatz erlangen können. Nun müsse sie so lange warten, bis an der Stelle eine Buche erwachsen [sei], aus deren Brettern eine Wiege gefertigt werde; und wer in der Wiege gewiegt sei, könne sie erlösen. (239)

Schätze und Schatzsucher

Die drei Schatzgräber von Grünow

In Alt Strelitz war Jahrmarkt gewesen. Unter den abends heimkehrenden Landleuten befanden sich auch drei aus dem Dorfe Grünow, der Schneider, der Weber und ein Arbeitsmann. – Sie schwatzten dies und das. Unter anderm äußerte auch der Weber, wie er sich gerne noch so manches auf dem Markte gekauft hätte, aber das leidige Geld sei bei den jetzigen hochbeinigen Zeiten zu behende. – »Ganz recht, Gevattersmann«, pflichteten ihm seine Begleiter bei, »auch wir hätten's gerne getan, aber das leidige Geld ist auch uns gewaltig knapp.« – »Hol's der Teufel«, meinte der Weber, »wenn ich nur einen Schatz wüßte, ich wollte ihn heute noch heben.« – »Und wir wollten dir tapfer dabei helfen und dann brüderlich mit dir teilen!« riefen der Schneider und der Arbeitsmann.

Kaum waren diese Worte verklungen, als sich zu den drei also Redenden noch ein vierter hinzugesellte. – »Einen Schatz möchtet ihr heben?« redete dieser sie freundlich an. »Nun, da kann ich euch gerade behilflich sein. Kommt nur mit mir; nicht weit von hier liegt ein solcher! Aber reden dürft ihr beileibe nicht dabei, es mag euch auch passieren, was da will. Sonst verschwindet der Schatz.« – »Ja, ja, wir wissen's schon«, sagten die drei Grünower und folgten eiligst dem voraufgehenden Fremden. – Bald stand dieser stille. »Hier liegt der Schatz vergraben«, sprach er, auf einen kleinen Hügel zeigend, »und da liegen auch gleich Hacken und Gräber für euch. Also jetzt nur fleißig dabei; haltet aber beileibe den Mund und denkt an meine Worte!«

Die nach dem Schatze lüsternen drei ließen sich nicht zweimal zur Arbeit auffordern. Schnell griffen sie nach Hacke und Gräber, ohne sich in ihrer Geschäftigkeit weiter um den Fremden zu bekümmern, der nach seinen letzten Worten verschwunden war. Der Schweiß rann unsern eifrigen Schatzgräbern bereits in großen

Tropfen über die Stirn, als plötzlich eine Kutsche, mit zwei schnaubenden schwarzen Rappen bespannt, angejagt kam. Mehrere scheußlich aussehende Gestalten stiegen heraus, schleppten allerlei Gerät und Balken herbei und errichteten daraus einen Galgen. Wohl sahen dies unsere Schatzgräber, aber: »Laß dich nicht verblüffen!« dachten sie bei sich und gruben und hackten lautlos weiter, denn schon sahen sie den Schatz dort unten in dem Loche blinken.

Der Galgen war fertig. Laut berieten sich die unheimlichen Gestalten jetzt, wer zuerst baumeln solle. »Ih, nehmt den Rotstrumpf!« schrie endlich einer von ihnen. – Rote Strümpfe aber trug der Weber. Eiskalt rieselte es diesem bei den eben vernommenen Worten durch die Glieder; und alles vergessend, erhob er ein Zetermordio und flehte um sein Leben. – Kaum hatte der Weber aber den Mund aufgetan, so schwand auch schon allen dreien das Bewußtsein. Sie sahen und hörten nichts mehr und wußten nicht, wie ihnen und was mit ihnen geschah.

Als unsere Schatzgräber endlich wieder zu sich kamen – es war am Morgen des andern Tages –, da lagen der Schneider und der Arbeitsmann mit zerquetschten Gliedern vor ihren Haustüren in Grünow. Der Weber aber steckte in einem Backofen des Dorfes Groß Schönfeld, welches eine halbe Meile von Grünow entfernt ist. – Alle drei waren hiernach gründlich von ihrer Schatzgräberei kuriert und dankten ihrem Schöpfer, also mit einem blauen Auge davongekommen zu sein. (240)

Spuk beim Schatzgraben

Das war nach der Franzosenzeit, so um 1820 herum. Da kam ein Geldbanner aus Teterow nach Vogelsang [Kr. Wismar]. In einem der Katen wohnten die drei Ochsenhäker Möller, Brukmann und Glamann. Die wurden mit dem Kerl handelseins. Der Geldbanner hatte einen Schatz gefunden, der lag im Mardiker Berg. Mit der Wünschelrute konnte er genau die Stelle sagen. Wenn jeder ihm fünf Taler geben wolle, dann wolle er ihnen den Ort zeigen und ihnen sagen, wie sie den Schatz heben könnten. – Obwohl damals für fünf Taler beinahe eine Stärke [Färse] zu kaufen war, sagten die Ochsenhäker das zu.

An einem Sommerabend kam der Geldbanner zum Schatzgraben. Er zeigte den Männern die Stelle, ließ sich die fünfzehn Taler geben und setzte sich in dem Katen nieder: Die Schatzgräber sollten warten, bis es ganz dunkel sei. Sprechen sei verboten. Wenn der Böse käme oder sonst etwas zum Fürchten, sollten sie sich nicht stören lassen. Schnell zuarbeiten müßten sie aber, denn wenn die Sonne aufginge, müßten sie aufhören. Und Sommernächte seien nicht lang.

Gegen halb zwölf fingen die Männer an zu graben. Bald begannen sie zu schwitzen. Keiner sagte ein Wort. Mit einmal kam ein großer roter Hahn und kratzte und krähte, als wenn er sie wegjagen wollte. Der Schweiß lief stärker, aber keiner sagte etwas. Jeder grub, was er konnte. Zuletzt ging der Hahn fort.

Aber das kam noch schlimmer. Ein Reiter ohne Kopf auf einem großen schwarzen Hengst stellte sich ein und wollte sie vertreiben. Am liebsten wären sie alle weggelaufen. Doch nun kamen sie auf etwas Hartes. Und der Böse ritt auch wieder weg.

Aber da, was war das? Dort hinter dem Berg ging ja wohl die Sonne auf. »Nu is 't tau lat!« riefen die Schatzgräber und liefen in großer Angst nach Haus und dachten immer, der Böse wäre ihnen auf den Hacken.

Als sie zu Hause ankamen, war die Sonne schon wieder weg. Und die Uhr war zwanzig Minuten nach zwölf. Der Geldbanner schalt: Sie hätten sich von dem Bösen etwas vormachen lassen. Das sei gar nicht die Sonne gewesen. Nun wäre der Schatz wieder viele Klafter tiefer gesackt. – Den drei Ochsenhäkern trieb der Schweiß noch immer so vom Leib. Sie baten den Geldbanner vom Himmel zur Erde, er solle doch diese Nacht bei ihnen bleiben, sonst käme noch der Böse und hole sie. – Als es Tag wurde, bedankten sie sich vielmals, und der Geldbanner ging mit seinen fünfzehn Talern ab nach Teterow. (241)

Mecklenburgisches Dorf

Der Schatz in den Wäustenhœben

Beim Dorfe Rethwisch in der Nähe von Doberan ist ein Stück Land, »Wäustenhœben« [Wüstenhöfen] genannt. Alte Leute erzählen darüber folgendes:

In uralter Zeit lagen auf den Wäustenhœben drei schöne Bauerngehöfte, deren Besitzer wohlhabende und reiche Leute waren. Diese drei Gehöfte wurden vor vielen, vielen Jahren gänzlich verwüstet und verblieben eine ganz geraume Zeit in diesem wüsten Zustande (daher der Name). In dieser Zeit sah man an gewissen Tagen in den Abendstunden auf den Wäustenhœben Feuer brennen, und zwar immer an einer bestimmten Stelle. Ganz allgemein glaubte man im Dorfe, daß auf den Wäustenhœben Geld verborgen sein müsse. Aber doch getraute sich keiner aus der Dorfschaft, den Schatz auszugraben.

Da wurde einmal ein Börgerender Kossat, Hameister mit Namen, lüstern nach dem Schatze und wollte ihn heben. Er wagte es jedoch nicht allein. Darum ging er zu seinem Schwager Plat in Warnemünde und suchte den zu bereden, mit ihm zu kommen. Plat fand sich dazu bereit. Da es heimlich geschehen sollte, durften sie nicht wagen, des Abends ihr Vorhaben auszuführen, da sie ohne

Licht nichts machen konnten und die übrigen Dorfleute sie sogleich bemerkt hätten, wenn sie mit einer Leuchte nach den Wäustenhœben gegangen wären.

Hameister und Plat warteten deshalb einen Sonntag ab; und als alle Leute in der Kirche waren, gingen beide schnell mit Spaten nach den Wäustenhœben, gruben ein großes Loch in die Erde und fanden sehr viel Geld. Es waren aber alles ganz unbekannte Münzen, die sie so nicht gebrauchen konnten. Da aber jetzt der Gottesdienst jeden Augenblick beendet sein mußte, so verließen sie eiligst die Wäustenhœben, ohne das gegrabene Loch wieder zugeworfen zu haben. Mit dem gefundenen Schatze begaben sie sich nach Doberan zu einem Juden, der ihnen so viel Silbergeld dafür bezahlte, wie die Münzen nach seiner Meinung wert sein mochten.

Seit der Zeit hat keiner der Dorfleute wieder Feuer auf den Wäustenhœben gesehen. Hameister und Plat machten darauf das Loch heimlich wieder zu. Sie wurden aber bald danach krank, ebenso der Jude, und starben alle drei noch im selben Jahre. (242)

Das Geldfeuer bei Penzlin

Es war einmal vor Jahren, als ein Lapitzer Bauer, der aber nun schon lange tot ist, von Penzlin heimkehrte. Er hatte dort mehrere Einkäufe gemacht, weil er »Kindelbier« auszusteuern hatte. Dabei ward wohl etwas mehr getrunken als dienlich ist, und weil nun auch der Abend ziemlich dunkel war, so verfehlte der Mann den rechten Weg, und anstatt geradeaus nach Lapitz [Kr. Waren] zu gehen, ging er rechts über den Grapenwerder Damm nach dem Grapenwerder. Als er hier ankam, sah er ein Feuer brennen und bei demselben zwei Männer beschäftigt.

»Da kannst du dir mal schön deine Pfeife anbrennen«, dachte unser Bauer in seiner Einfalt, und weil er etwas wortkarg von Natur war, so trat er, ohne ein Wort zu sagen, näher, nahm sich ebenso stillschweigend eine Kohle und legte sie auf seine Pfeife. Das aber schienen gar närrische Kohlen zu sein; fürs erste waren sie gar nicht heiß anzufühlen, obwohl sie durch und durch glühten, und dann waren sie auch alsobald verglimmt und schienen Steine geworden zu sein, sowie sie auf der Pfeife lagen. Eine echt mecklenburgische Natur läßt sich indes nicht so leicht aus der Fassung bringen, und so langte sich denn auch der gute Bauer, als es mit der ersten Kohle nicht gehen wollte, eine zweite und mit derselben Seelenruhe eine dritte, vierte usw. und warf die unbrauchbaren ebenso unverdrossen beiseite. Zuletzt, als er sah, daß all sein Bemühen vergeblich war, wollte er sich auf den Rückweg machen.

Da winkte ihm aber einer der Männer und bedeutete ihm, seinen Quersack aufzutun. Unserm Bauern mochte jetzt ein Licht aufgehen, und so leistete er willig Folge. Die beiden Männer aber schütteten ihm von den glühenden Kohlen, die übrigens gleich verloschen, so viel in seinen Quersack, als er nur irgend zu tragen vermochte. Damit machte er sich denn endlich auf den Weg nach Hause, wo er erst spät in der Nacht keuchend und in Schweiß gebadet anlangte.

Hatte man auch wegen des Bauern langen Ausbleibens daheim viel Angst ausgestanden, so war nun doch die Freude um so größer, als er seinen Quersack ausschüttete und lauter blanke Goldstücke aus demselben auf den Tisch rollten. – Nun mußte der Glückliche erzählen, was ihm auf dem Wege begegnet war und wie er den großen Schatz erlangt hatte.

Am andern Morgen ganz frühe aber machten sich etliche von seinen Leuten auf, um an der bezeichneten Stelle nachzusehen, ob dort nicht noch mehr von dem edlen Metall zu finden wäre. Sie konnten jedoch nichts entdecken, nur fanden sie die Goldstücke, welche der Bauer am Abend vorher als unbrauchbare Kohlen beiseitegeworfen hatte.

Von diesem Funde soll sich des erwähnten Bauern Reichtum, welcher mindestens in Lapitz sprichwörtlich war, herschreiben; und auch seine Nachkommen sind noch bis auf diesen Tag wohlhabende Leute. (243)

Der Traum vom Schatz auf der Brücke

Einem armen Bauern träumte in drei aufeinanderfolgenden Nächten, er solle sich nach Hamburg auf eine bestimmte Brücke begeben, da werde er einen großen Schatz finden. Am Morgen des vierten Tages teilte er seiner Frau den Traum mit, wurde aber von ihr ausgelacht. Er aber machte sich auf den Weg und erreichte, Tag und Nacht durchgehend, endlich Hamburg. Hier suchte er sich die Brücke auf und wartete der Dinge, die da kommen sollten.

Lange wollte nichts erscheinen. Da endlich kommt ein Mann dahergegangen, der ihm auf den ersten Blick bekannt erscheint; und bald stellt sich heraus, daß der Fremde ein vor vielen Jahren von Hause gegangener Landsmann des Bauern ist. – Auf seine Frage, was ihn nach Hamburg führe, erzählt ihm der Bauer seine Träume. – Verwundert ruft jener aus: »Auch mir hat in drei Nächten derselbe Traum geträumt, nämlich daß in deinem Garten unter dem großen Apfelbaume ein Schatz verborgen sei.«

Sofort machte sich der Bauer auf den Rückweg. Als er zu Hause angekommen [war], ließ er seine Frau schelten, soviel sie wollte. In der Nacht grub er unter dem Apfelbaum nach. Bald stieß er auf einen harten Gegenstand und hebt eine Kiste mit Geld aus der Öffnung. Dieselbe ist eine Tafel mit ihm unbekannten Schriftzügen. – Seinen Fund verschwieg er; nur die Tafel diente fortan als Wandschmuck in der Stube des Bauern.

Da führte der Zufall einmal einen reisenden Studenten in die Wohnung. Sein Auge fiel auf das Bild. Er fragt den Landmann, wie er in den Besitz desselben komme. – Um nicht die Geschichte von dem Schatz zu verraten, sagt er, daß er dasselbe aus der Erbschaft seines Vaters habe. – Der Student liest jetzt auf die Bitte des Bauern: »Unter diesem Schatz liegt ein noch viel größerer Schatz verborgen.«

Jetzt wußte der Bauer genug. In der folgenden Nacht findet er an der vorigen Stelle einen Schatz, der ihm und seinen Nachkommen ein ansehnliches Vermögen sicherte. Die Tafel aber zierte von Kind zu Kind die Stubenwand. (244)

Schatzgraben in Ziesendorf

Vor vielen Jahren lebte auf dem Gute Ziesendorf bei Rostock ein Gutsbesitzer namens Helms. Dieser hört einmal von einem Schatze, der in dem bei seinem Gute gelegenen Holze in der Erde vergraben liege. Zugleich wird ihm die Kunde von einem klugen Manne in Bützow, der die Kunst verstehe, Schätze zu heben. Helms sendet zu ihm. Der Schatzgräber erklärt sich bereit, wenn ihm die Hälfte zufalle.

Sie gehen an das Werk, und der Schatz kommt zum Vorschein. Auf den Rat des Mannes kehren sie bis auf weiteres nach Hause zurück. Hier öffnen sie die Fenster der Wohnstube, stecken sich ein Pfeifchen an, vertreiben sich die Zeit durch lebhafte Unterhaltung und warten der Dinge, die da kommen sollen. Es währt nicht lange, da spazieren die Geldrollen durch die offenen Fenster herein. Da bietet Helms dem Schatzgräber nur einen Teil der versprochenen Hälfte. Der Schatzgräber geht zürnend und drohend fort, das Geld werde ihm zum Unheil gereichen. Und siehe! Die Geldrollen verwandeln sich in Sand; dem Gutsbesitzer werden seine Nägel an Händen und Füßen schwarz, und bald darauf stirbt er. Aber auch im Grabe hat er noch keine Ruhe, sondern verursacht in der Kapelle, in der er beigesetzt wurde, gräßlichen Lärm und Rumor. Mehrere wollen ihn noch in den verschiedensten Gestalten gesehen haben. (245)

Der gefundene Schatz macht angenehm

Es war einmal ein Mädchen, dessen Vater war früh gestorben. Die Witwe tat es ihm bald nach. Da ging es dem Mädchen sehr, sehr armselig. Sie mußte [als Magd] dienen.

Einmal hatte es gerade geschneit, und sie mußte Holz tragen. Sie ging in Holzpantinen. Beim Backofen hat sie die Last niedergesetzt und so bei sich gedacht, wenn sie doch so viel hätte, daß sie sich ein Paar Schuhe kaufen könnte. – Da ist ein kleiner Mann gekommen. Der sagte, sie sollte wieder dorthin gehen, wo sie mit ihrer Last angehalten hätte, dort würden Kohlen liegen und dabei ein Hund. Es würde sehr wild dabei zugehen, aber sie sollte nicht bange sein und sich nicht umsehen. – In der nächsten Nacht hat er das gleiche wieder gesagt.

Zuletzt ist sie hingegangen, aber gezittert hat sie sehr dabei. Sie sieht auch die Kohlen und hat sich die Schürze vollgerafft, gerade so viel, wie da gelegen hat. Dabei war ein mächtiges Getöse um sie herum. Ein paar Kohlen hat sie verloren gehabt, das andere hat sie sich zu Hause in den Jackenärmel gestopft. Das waren alles Goldstücke.

Die hat sie der Frau hingebracht. Die hat gesagt, sie solle damit zum Herrn gehn. Da war es das feinste Gold. Da hat der Herr das Mädchen auf dem Hofe angenommen und aufgezogen. (246)

Der Schatz des Geistes

In Wittenbeck [Kr. Bad Doberan] ist eine Bockwindmühle gewesen, dort sind nie Gesellen geblieben. Darin hat es so gespukt. Da kommt auch einmal wieder ein Geselle. – Sie wollen ihn gar nicht annehmen. – Ja, er wolle wohl damit fertig werden.

Schlag zwölf nachts fängt das Toben auf der Mühle wieder an. Er hält aus und geht am nächsten Morgen zum Pfarrer. Der rät ihm, er soll sagen: »Alle guten Geister loben Gott den Herrn!« Wenn es sage: »Ick un du«, dann solle er ruhig mitgehen. Wenn der Geist etwas anderes sage, solle er ganz still liegenbleiben im Bett.

Er nimmt sich eine Flasche voll Branntwein, damit er auch sprechen kann, und geht wieder liegen. Schlag zwölf geht es wieder los. Er ruft: »Alle guten Geister loben Gott den Herrn!« – »Ick un du«, sagt es. Da zieht er sich notdürftig seine Sachen an und geht mit.

Nahe bei der Mühle ist ein kleiner Berg, dort bleibt der Geist stehen; bald darauf ist er verschwunden. Er [der Geselle] merkt sich die Stelle genau. Am nächsten Morgen gräbt er nach, da findet er einen Topf mit zweihundert Talern. Da hat es auf der Mühle nicht wieder gespukt.

Da ist [einmal] ein Geselle gewesen, der hat keine Verwandten gehabt, der hat das Geld vergraben. Er hat es denen vermachen wollen, die auf der Mühle arbeiteten. (247)

Ein Kind für den Schatz

Das hat mein Vater erzählt: An dieser Seite zwischen den Prillwitzer Tannen und dem Blankenburgsteich [Kr. Neustrelitz] befindet sich ein kleiner Hügel, darin hat ein Kasten mit Geld gestanden.

Herr von Bredow hat das heben wollen. Der Geldbanner hat einen Kreis gemacht, und sie haben das Geld schon hoch gehabt: Das sind lauter russische Rubel gewesen. – Da ist der Teufel gekommen, der hat über dem Geldbanner geschwebt als ein Gössel und hat einen abgebrochenen Löffelstiel als Schwanz gehabt. Da hat von Bredow zu dem Geldbanner gesagt, er solle doch den Teufel ein bißchen strammer anfassen, daß er in anderer Gestalt käme, damit seine Leute sich nicht so ängstigten. – Da ist der Teufel erschienen als ein kleiner Mann mit einer Samtmütze und roten Strümpfen und Hackenschuhen. Da hat der Teufel gesagt, er [von Bredow] könne das Geld kriegen, wenn er ein Pfand stellen könne, das darauf gesetzt wäre. Das wäre ein Kind; es müßte aber das erste Kind von christlichen Eheleuten sein. – Da hat von Bredow gefragt, ob es nicht auch ein uneheliches Kind sein könne. – Nein. – So hat von Bredow ja das Pfand nicht stellen können: Wer hätte sein Kind dazu hergeben wollen? Und der Kasten ist wieder zugeschlagen und weggewesen. (248)

Ein Auge für den Schatz

Der Holländer Hoth aus Hohenzieritz [Kr. Neustrelitz] hat im »Heidenholz« bei der Försterwiese ein Geldfeuer brennen gesehen. Als er da etwas draufwirft, ruft eine Stimme: Nein, wenn er das haben wolle, müsse er ein Menschenauge bringen.

Er erzählt das zu Hause. – Da sagt seine alte Schwiegermutter: »Wenn du dor dien Glück mit maken kannst, denn will ick di helpen: Denn stäk mi dat een Oog ut!« – Er tut das auch, und das hat der alten Frau gar keine Schmerzen bereitet.

Da hat er das Geld bekommen, als er das Pfand gebracht hat. Da hat er Hohenzieritz gepachtet. Zum Großherzog hat er gesagt, vierzigtausend Taler hätte er. (249)

Glocken

Die Dambecksche Glocke in Röbel

Die Kirche in Dambeck, deren Mauern noch stehen, ist uralt und hat schon vor der Sintflut dagestanden. Der Turm mit den Glocken ist aber in den See gesunken, und da hat man denn vor alter Zeit die Glocken oft am Johannistag aus dem See hervorkommen und sich in der Mittagsstunde sonnen sehen.

Mal hatten einige Kinder ihren Eltern das Mittagsbrot aufs Feld hinausgetragen, und als sie an den See kamen, setzten sie sich ans Ufer und wuschen ihre Tücher aus. Da sahen sie denn auch die Glocken stehen, und eines der kleinen Mädchen hing sein Tuch auf eine derselben, um es zu trocknen. Nach einer kleinen Weile setzten sich zwei von den Glocken in Marsch und stiegen wieder hinunter in den See, aber die dritte konnte nicht von der Stelle. Da liefen die Kinder eilig nach der Stadt und erzählten, was sie gesehen.

Nun kam ganz Röbel hinaus, und die Reichen, welche die Glocke für sich haben wollten, spannten acht, sechzehn und noch mehr Pferde vor, aber die konnten sie nicht von der Stelle bringen. Da kam ein armer Mann mit zwei Ochsen des Weges gefahren und sah, was vorging. Sogleich spannte er seine beiden Tiere vor und sagte:

»Nu mit Gott för Arme un Rieke,
All toglieke!«

und führte die Glocke ohne alle Mühe nach Röbel.

Da hat man sie denn in der neustädtischen Kirche aufgehängt, und jedesmal, wenn ein Armer stirbt, dessen Hinterbliebene das Geläut mit den anderen Glocken nicht bezahlen können, wird diese geläutet, und ihr Ton geht fortwährend: »Dambeck, Dambeck.« (250)

Ein Stein wird zur Glocke

Zwei Kinder aus Buchholz bei Schwaan, ein Knabe und ein Mädchen, hüteten die Gänse in der Nähe eines auf dem dortigen Felde befindlichen Berges. Als der Knabe gegen Mittag nach dem Dorfe ging, um zu essen, und das Mädchen allein nach den Gänsen zu sehen hatte, wurde sie plötzlich gewahr, daß auf dem Berge vier ziemlich große Steine standen, welche sie sonst noch nie da gesehen hatte.

Die Neugierde trieb das Mädchen, die Steine näher zu betrachten. Sie setzte sich neben einen derselben, und da der Stein recht hübsch und glatt war, so schlug sie mit ihrem Strickstock daran. Sie war verwundert, als der Stein davon einen leisen, aber hellen Klang von sich gab, und setzte deshalb dieses Anschlagen eine Zeitlang fort. Darüber hatte sie aber die Gänse nicht beachtet, und als sie an diese dachte und sich umsah, gingen sie bereits zu Schaden. Das Kind legte deshalb rasch ihr Strickzeug auf den Stein und trieb die Gänse wieder dahin, wo sie grasen sollten. Dann ging sie wieder auf den Berg nach ihrem Stein. Sie konnte es aber nicht begreifen, daß jetzt nur der eine Stein, worauf ihr Strickzeug lag, vorhanden war. Von den drei andern konnte sie keine Spur gewahr werden.

Als das Mädchen in das Dorf zurückkam, erzählte sie, was sie gesehen und erlebt hatte. Anfangs wollte ihr niemand glauben. Als sie aber dabei beharrte, daß ihre Erzählung wahr sei, entschlossen sich doch einige, dahin zu gehen und den klingenden Stein zu besehen. Wie groß war aber dieser Leute Erstaunen, als sie freilich keinen Stein, wohl aber eine schöne große Glocke vorfanden, welche nun feierlich ins Dorf geholt und der Kirche geweihet wurde.

Von den andern drei Steinen oder Glocken hat man nie wieder etwas gesehen. (251)

Der Glockendiebstahl

Zur Zeit des Dreißigjährigen Krieges wurde der Versuch gemacht, die beiden Grambower Kirchenglocken zu stehlen. Die Diebe luden die Glocken auf einen Wagen und fuhren damit nach Gadebusch zu. Auf der Grambower Scheide bei der »Scheperkoppel« ist der Wagen aber eingesunken und mit zwanzig Pferden nicht fortzubringen gewesen. Die Diebe haben ihr Vorhaben aufgeben und den Wagen stehen lassen müssen.

Am nächsten Tag hat ein Kossat aus Grambow mit zwei Ochsen die schwere Last ohne Mühe wieder zurückgeholt. (252)

Die Klock im Klein Sprenzer See

In alter Zeit, als Wege und Straßen in der Hohen Sprenzer Gemeinde [Kr. Güstrow] im argen lagen und noch ein dichter Knick von Dorngebüsch den »Scheiwen Barg'« am Klein Sprenzer See bedeckte, fuhr einmal ein Bauer aus Hohen Sprenz gen Sternberg, um dort eine große Uhr [Klock] abzuholen, die im Dorfe aufgehängt werden sollte, also wahrscheinlich eine Turmuhr. Damals war der »Sabeler Berg«, der Klein Sprenz und Hohen Sprenz trennt, noch sehr hoch, und die von dem langen Weg ermüdeten Pferde des Bauern blieben an diesem Berg stehen und wollten den schweren Wagen nicht mehr ziehen. Kein »hü« und »hott«, kein Peitschenknallen, kein Zureden und kein Schlagen half; die Pferde standen wie aus Stein gehauen.

Da tat der Bauer, der, so nah am Ziel, doch keine Möglichkeit sah, das heimatliche Dorf zu erreichen, einen gar greulichen Fluch: »Ick wull, de ganze Düüwelsdreck leg' in den' Lütten Sprenzer See!« – Kaum hatte er das Wort gesprochen, da packte ihn eine gewaltige Faust und schleuderte ihn, seine Pferde, seinen Wagen und die schwere Uhr in den See.

Viele, viele Jahre sind seitdem vergangen, aber die Uhr im Klein Sprenzer See liegt noch an derselben Stelle, und jedes Jahr in der Neujahrsnacht schlägt sie mit hellem Klang zwölf laute Schläge zur mitternächtigen Stunde. (253)

Glocken läuten von selbst

Dicht bei Severin [Kr. Parchim] liegt der »Glockengrund«. Hier sind in alten Zeiten die Severiner Glocken gegossen worden. Als das gerade losgehen sollte, kam das gnädige Fräulein angelaufen mit der ganzen Schürze voll Geld und schüttete das zwischen das glühende Glockengut. Dabei sagte sie: »För ditt Geld sallen ok alle armen Lüüd' Klocken kriegen, un denn sallen dorför ok in jede Niejohrsnacht de Klocken gahn.«

So wurde das nun auch immer gemacht. Nur einmal in der Neujahrsnacht hatte der Küster keine Lust zu läuten. Er dachte: »Ach lat 't, wat sall ick dor noch henloopen« und ging nicht hin. Aber als die Uhr zwölf war, fingen die Glocken ganz leise von selbst an zu gehen. Da bekam der Küster es aber mit der Angst. Schnell holte er sich noch ein paar Mann dazu und lief nach dem Turm.

Als er nun aber die Turmtür aufmachte, bekam er ganz gewaltig »einen an de Schnuut« und konnte doch keinen Menschen sehen. Da lief er mitsamt seinen Hilfsleuten weg. – Aber von da an hat er das Läuten in der Neujahrsnacht nicht wieder vergessen. (254)

Der Glockenguß

Einmal sollte eine Glocke gegossen werden, und es wurde dazu gesammelt. Eine arme Frau wollte auch gern etwas geben, hatte aber nichts dazu. Ihr Sohn hatte ihr einmal eine Eisenkugel geschickt und ihr aufgegeben, ihm dieselbe aufzubewahren. In dieser Kugel war Gold, was das alte Mütterchen aber nicht wußte. Diese Kugel gab die arme Frau [für den Guß].

Als der Glockengießer sie mit dem übrigen Erz einschmolz, sah er bald das Gold obenauf schwimmen. Er wollte es abfischen, ging aber zuvor noch weg. Mittlerweile drehte der Lehrling den Hahn auf und goß die Glocke fertig. Da erstach der [wütende] Meister den Lehrling und begrub ihn hinter dem Schweinestall.

Das Gold aber hatte die ganze Außenseite der Glocke überzogen, und alle Buchstaben auf der Glocke waren von Gold.

Die Marienkirche in Rostock, um 1840

Die Glocke aber rief immer beim Läuten:

»Dee mi got,
Dee is dot.
Hei liggt hinner 'n Schwienskaben.«

Da suchten die Leute hinter dem Schweinekoben, fanden den Lehrling und bestraften den Meister. (255)

Riesen

Das Riesenspielzeug

Ehe noch die Wenden nach Mecklenburg kamen, wohnten hier im Lande die Hünen, ein Riesenvolk, das aber schon längst ausgestorben ist. Nur ihre Gräber, die Hünengräber, sind noch nachgeblieben. Diese geben uns indes Beweis genug, was für ein mächtiges und starkes Volk es gewesen sein muß, das darunter begraben liegt. Als die Kleinen, »de Lütten«, ins Land kamen, war der Hünen Herrschaft zu Ende, und sie starben endlich auch nach und nach ganz aus.

Zu dieser Zeit geschah es, daß ein Hünenvater seiner jungen Tochter den Auftrag gab, die Schweine hinab ins Holz zu treiben. Vorher hatte das Riesenmädchen noch nie die elterliche Behausung verlassen, und so war es also nicht wenig erstaunt, als es zum ersten Male die ihm noch ganz fremde Welt erblickte. Am meisten verwunderte es sich über ein kleines Geschöpf, das nach seiner Meinung wohl Ähnlichkeit mit Menschen hatte, aber doch zu klein war, um Mensch sein zu können, und das hinter einem ebenso winzigen Pfluge, mit zwei niedlichen Öchslein bespannt, herging. Es hatte nichts Eiligeres zu tun, als das prächtige Spielzeug mit den Händen zusammenzufegen und in die Schürze zu tun. Dann eilte es mit vollen Sprüngen zum Vater zurück, um dem auch den guten Fund zu zeigen.

Der Vater aber schüttelte ernst und traurig den Kopf und sprach: »Dat sünd uns' Verdriewer, Kind; vör dee möt'n wi wieken!« – Worauf es naiv meinte: »Sall 'ck denn nich een Pöhlken maken un se dorin versööpen?« – Das aber gab der Vater nicht zu, indem er meinte, es würde ihnen das zu nichts helfen, denn: »De Lütten kriegen uns doch ünner!«

Und so ist es auch geschehen; und hätten die Hünen nicht die großen Gräber gemacht und die mächtigen Steine allenthalben aufgerichtet, so würde man nichts mehr von ihnen wissen. (256)

Die Riesen in Daschow und Kritzow

Westlich vom Dorfe Brook bei Lübz zieht sich ein kleiner Höhenzug parallel den Marnitzer Bergen hin, reich an Quellen, die zu kleinen Bächen anwachsen. Neben einer solchen Quelle auf der Hufe des Bauern Brockmann lag noch vor dreiunddreißig Jahren [um 1840] ein großer Stein, der zum Bau des Brockmannschen Viehhauses verwandt worden ist und nicht weniger als elf Fuder geliefert hat.

Diesen Stein sollen die Riesen von Daschow dahin geworfen haben. Eine große Hand war tief und deutlich daran zu sehen. Die Riesen, die in der Gegend von Kritzow hausten, hatten nämlich einst einen Wettstreit im Steinwerfen mit denen von Daschow angestellt und als Ziel sich den Turm der Kuppentiner Kirche ausersehen. Da geschah es, daß die Daschower Riesen das Ziel verfehlten, der Stein aber noch über eine halbe Meile weiter flog und auf der Brockmannschen Hufe neben dem sogenannten »Großen Born« niederfiel. Die Kritzower Riesen aber trafen den Turm, und daher hat die schöne Kirche zu Kuppentin noch heute bloß einen hölzernen Turm.

Auch der Kritzower See und der nahe dabei liegende »Swart Barg'« stammt von den Riesen. Diese wollten sich ein Wasserloch machen und schütteten die ausgetragene Erde regelmäßig umher. Da riß einer der Riesenfrauen das Schürzenband. Das galt den Riesen als schlimme Vorbedeutung; sie hörten mit dem Austragen auf, ließen aber auch die Schürze voll Erde auf einem Haufen liegen, und so ist der merkwürdige Schwarze Berg entstanden. Das ausgegrabene Loch ist der Kritzower See. Weiter zeigt man noch in der »Blockkoppel«, einem Holze neben dem See, zwei große Gräber, worin Riesen begraben seien; und die Irrlichter, die von dort ziehen, sind die Seelen der nicht zur Ruhe gekommenen Riesen. (257)

Der Riesenstein bei der Krappmühle

Eine Stunde von Neubrandenburg entfernt, an der Ausmündung eines Seitentals in das größere Tollensetal, liegt die Krappmühle unmittelbar an der Eisenbahn. Einige hundert Schritte von derselben entfernt liegt ein ungemein großer Felsblock, von dem folgendes erzählt wird:

Vor vielen hundert Jahren wohnte auf der Krappmühle ein Müller, dem mitunter große Not und Mühe durch das plötzliche Anschwellen des Wassers entstand, welches seinen Weg bei großen Regengüssen und Schneefluten nach der Krappmühle nahm. Einst, als dasselbe wieder seine Mühle wegzuschwemmen drohte, bat der Müller einen Riesen, der auf dem entgegengesetzten Tollenseufer, dort, wo jetzt das Gut Trollenhagen liegt, wohnte, ihm bei der Aufstauung des Wassers behilflich zu sein. – Der Riese versprach ihm dies, machte aber dabei zur Bedingung, auf der bevorstehenden Kindtaufe bei dem Müller zu Gaste geladen zu werden. – Der Müller versprach ihm dies, und es ging darauf der Riese ans Werk und erbaute in einer Nacht dem Müller eine Schutzwehr und karrte ihm einen Fangdamm, der der Mühle noch heutigen Tages [1879] den nötigen Schutz vor Wasserfluten gewährt.

Als nun die Zeit der Kindtaufe heranrückte, wurde dem Müller doch bange dabei; er meinte nämlich, ein Riese, namentlich ein hungriger Riese, würde ihm dermaßen seinen Kindtaufkessel leer essen, daß für ihn und seine Gäste nichts übrig bleiben würde. Er bat daher, uneingedenk seines Versprechens, diesmal den Riesen nicht zur Taufe, im stillen hoffend, derselbe würde von seinem Familienfeste nichts erfahren.

Hierin täuschte er sich jedoch; der Riese ergrimmte, als er Kunde von dem Wortbruche des Müllers bekam, und ergriff einen gewaltigen Stein, um dem Müller damit den Kindtaufkessel entzweizuwerfen. Er schleuderte den Stein mit furchtbarer Gewalt ans jenseitige Ufer, traf jedoch den Kessel nicht, und noch heute liegt der Stein einige hundert Schritte von der Mühle entfernt. (258)

Das Riesenbegräbnis

An der Chaussee von Wismar nach Grevesmühlen zwischen Sternkrug und Hungerstorf in den Tannen, wo der Barendorf-Plüschower Weg die Chaussee schneidet, in der südwestlichen Ecke liegt das »Riesengrab«. Vor langer, langer Zeit wohnte in dieser Gegend ein Riese mit seiner Frau. Derselbe tat den umwohnenden Leuten vielen Schaden, indem er ihnen ihre Haustiere wegnahm, Korn niedertrat usw. Das verdroß die Leute, und sie beschlossen, sich an ihm zu rächen und ihn lebendig zu begraben. Es wurden nun Vorposten ausgestellt, um, sobald sie den Riesen schlafend fänden, die Umwohner davon zu benachrichtigen.

Sie fanden ihn an dem oben bezeichneten Platz, und nun kamen die Leute mit Hacken, Gräbern und Schaufeln herbei. Nachdem sie neben dem schlafenden Riesen eine Vertiefung in die Erde gemacht hatten, wälzten sie ihn hinein und beschaufelten ihn mit Erde. – Am andern Morgen ward der Riese von seiner Frau gesucht. Endlich erfährt sie, daß ihr Mann begraben sei und wo sich sein Grab befinde. Da geht sie hin, sammelt ihre Schürze voll Steine und schüttet dieselben um das Grab her.

Die Frau trauerte, und das Volk jubelte. Beides sollte aber nicht lange dauern, denn noch denselben Tag stand der Riese, für den das Grab nur ein warmes Bett gewesen, wieder auf und setzte sein gewohntes Leben wieder fort, ja, er trieb es noch ärger als vorher. Da sahen die Leute ein, daß der Riese aus dem Wege geräumt werden müsse, wenn sie in Ruhe und Frieden leben wollten.

Sie fanden den Riesen abermals an dieser Stelle schlafend. Sogleich wurde an die Arbeit gegangen, ihn noch einmal lebendig zu begraben. Diesmal machten sie eine tiefe Gruft, damit der Riese mehr Erde auf sich hätte und also nicht so leicht wieder herauskäme. Als das Grab fertig war, wurden noch mehrere von den Steinen, welche des Riesen Frau dahin getragen hatte, ihm auf den Kopf gewälzt. Diese Steine sind ihm zu schwer gewesen, und da hat er liegenbleiben müssen.

Seit dieser Zeit sind hier keine Riesen mehr gesehen worden. Die Frau ist auch bald darauf aus dieser Gegend gegangen. (259)

Das Riesenkönigsgrab bei Melkof

Zwischen Wittenburg und Hagenow liegt das Dorf Helm, das ehemals eine große Stadt gewesen sein soll, zu der Zeit, als es noch Riesen gab.

Der Riesenkönig hatte von ihrem großen Reichtum gehört und zog mit einem Heere gegen sie heran. Die Helmer wehrten sich tapfer, aber sie mußten doch schließlich sich in ihre Mauern zurückziehen. Der Riesenkönig war im Kampfe gefallen und ward in einen goldenen Sarg gebettet, den man wieder mit einem kupfernen und endlich mit einem eisernen umschloß. Nicht weit von Melkof liegt er unter dem Hügel, der unter dem Namen »Trünnelberg« bekannt ist.

Mancher hat schon den Schatz zu heben versucht, aber der Teufel selbst hält Schildwache dabei. Nur einmal ist es einem Haufen Bauern aus der Umgegend gelungen, den Schatz zu erblikken. Und das ging so zu:

Ein reisender Schatzgräber war nach Melkof gekommen und hatte diesen und jenen beredet, mit ihm in Gemeinschaft den Schatz zu heben und zu teilen. In einer Johannisnacht ging die Arbeit vor sich. Eine Wünschelrute war mitgenommen und wurde von dem Banner um und über den Berg getragen. Ziemlich auf dem Scheitel des Hügels neigte sich die Rute, und dort lag der Schatz.

Vor Beginn der Arbeit ließ der Banner sich von jedem einzelnen heilig versprechen, während derselben kein Wort, auch nicht das allerkleinste, sprechen zu wollen; denn das kleinste Wort bricht auch den mächtigsten Zauber. – Dann sprach der Schatzgräber seine Zauberformel, und die Arbeit begann.

Schon nach einer Stunde klapperten die Schaufeln auf dem eisernen Sarge. Derselbe wurde eiligst von der ihn umschließenden Erde völlig befreit und mit armdicken Tauen umspannt. Bis jetzt war alles in säuberlicher Ordnung vor sich gegangen. Keiner hatte ein Wörtchen gesprochen, und kein Hund mit tellergroßen Augen oder sonst etwas hatte sie gestört. Die Bauern erfaßten die Taue und Hebel. Jetzt ein kräftiger Ruck und Zuck, und der Schatz hätte sich gehoben.

Da erschien der leibhaftige Teufel. »Dat is mien un blifft, wo 't liggt!« sagt er kurz und herrisch. – »Dreck is dien!« gibt ihm ein naseweiser Bursche zur Antwort. Das war aber, was Beelzebub gewollt hatte, eine Antwort nämlich. Sarg und Teufel verschwanden hiernach sogleich, die Grube stürzte krachend zusammen. Das ist das letzte Mal gewesen, daß Schatzgräber versucht haben, den dreifachen Sarg des Riesenkönigs zu heben. (260)

Der Teufel und seine Künste

Die Teufelsbrücke im Galenbecker See

Südöstlich von Friedland liegt an dem über eine halbe Meile langen Galenbecker See der gleichnamige große Hof Galenbeck. Von dem jenseitigen Ufer dieses Sees, das aus unabsehbaren Wiesenflächen besteht, erstreckt sich eine höchstwahrscheinlich künstlich hergestellte Landzunge bis etwa zur Mitte in denselben hinein, welche man allgemein die »Teufelsbrücke« nennt. Nach einer alten Sage soll diese Landzunge auch wirklich der Rest eines Dammes oder einer Brücke sein, die der Teufel einmal durch den ganzen Galenbecker See bauen wollte. Über die Veranlassung zu einem solchen Bau erzählt man sich folgendes:

In uralten Zeiten wohnte ein Schäfer zu Galenbeck, der sich kümmerlich von dem Ertrage seiner Herde ernährte. Denn die Weide war mager, seine Schafe konnten darauf nicht gedeihen und ihm deshalb auch nur wenig einbringen. Mit sehnsüchtigen Blikken hatte der Schäfer schon oft nach dem gegenüberliegenden Ufer des Sees geschaut und sich gewünscht, dort auf dem fetten Wiesengrunde seine Herde immer weiden zu können. Aber leider durfte er an die Ausführung seines frommen Wunsches nicht denken, da es viel zu weit war, täglich den zwischen ihm und den herrlichen Wiesen liegenden See mit seinen Schafen zu umtreiben.

Als unser Schäfer eines Abends wieder mit seiner hungrigen Herde von der kärglichen Weide nach Hause zurückkehrte und unterwegs seine Blicke auf das jenseitige Ufer mit seinem üppigen Graswuchse fielen, da rief er ärgerlich aus: »Ih, so wollte ich doch was drum geben, wenn mir der Teufel eine Brücke über den See bauen wollte!«

In derselben Nacht erschien nun auch wirklich der Böse vor des Schäfers Bett und machte ihm mit schönen Worten und unter allerlei Kratzfüßen den Vorschlag, noch in derselben Nacht eine Brücke über den See zu bauen, wenn er ihm dafür seine Seele verschreiben wolle. – Der Schäfer aber wollte nicht hierauf eingehen, sondern bat vielmehr den Teufel, sich zu entfernen und ihn in Ruhe zu lassen. – Dazu hatte dieser aber nicht die mindeste Lust, weshalb er dem Schäfer jetzt das Anerbieten machte, ihm nur für den Fall seine Seele zu verschreiben, wenn er mit dem Bau der Brücke eher fertig werde, denn der Hahn dreimal gekräht hätte.

Der Schäfer war still hierzu und schien sich die Sache zu überlegen. – Mit boshafter Freude gewahrte dies der Pferdefuß. Jetzt schien es ihm Zeit, den günstigen Augenblick zu benutzen. Schnell begann er daher dem armen Manne mit den lebhaftesten Farben seine glänzende Zukunft auszumalen, wenn er sich seinem Willen fügen werde. Mit einer Geschwätzigkeit, mit einer Redefertigkeit, wie sie nur dem Teufel und bösen Menschen eigen ist, schilderte er ihm, was er dann haben werde, wenn er erst täglich drüben seine Herde weiden könne; wie dieselbe dann schnell zunehmen und sich vermehren, welcher Gewinn ihm daraus erwachsen, ja zu welchem Reichtum er dadurch gelangen werde; wie fröhlich, wie so flott und schön er dann leben könne, während er jetzt darbe und mit Not und Sorgen zu kämpfen habe. – Und wirklich, es gelang denn auch endlich dem schändlichen Versucher, das Herz des Schäfers zu betören und ihn dahin zu bringen, seine Seele der Hölle zu verschreiben, wenn die Brücke durch den See vorher fertig werde, ehe der Hahn dreimal gekräht.

Hierauf hatte der Teufel den Schäfer verlassen, und dieser lag nun wieder allein in seiner kleinen Kammer auf dem ärmlichen Strohlager. Er versuchte wieder einzuschlafen, aber der Schlaf floh seine Augen, und allerlei böse Gedanken kamen ihm in den Sinn. Ein furchtbares Lärmen und Toben, was sich bald draußen erhob und vom See her zu ihm drang, zeigte ihm an, daß der Teufel bereits bei dem Bau begonnen habe. Angst und bange wurde es jetzt dem Armen in seinem Bette, und eiskalt rieselte es ihm durch die Glieder, als er daran dachte, daß der Teufel doch vor Tagesanbruch, ehe die Hähne zu krähen begännen, fertig werden könne, und daß er dann für immer verloren, für immer der ewigen Verdammnis anheimgefallen sei.

Der Angstschweiß quoll dem armen Schäfer in großen Tropfen von der Stirne, als er nach einiger Zeit sein Lager verließ und durch das Fenster hinaus nach dem See sah. Es war stockfinstere Nacht draußen, einzelne Blitze durchzuckten das dunkle Gewölk und leuchteten dem Teufel bei seiner Arbeit. Mit furchtbarer Gewalt riß er Bäume aus der Erde, und seine höllischen Geister hauten, klopften und hämmerten mit einer Geschäftigkeit, als wären Tausende von Zimmerleuten versammelt. Mit Schaudern und Entsetzen sah der Schäfer, daß die Brücke schon halb fertig war, aber noch lange war es nicht Tag, noch immer wollte kein Hahn krähen. Schon sah sich der vor Angst und Schrecken mehr tote als lebendige Hirte im Geiste in der Hölle, schon kostete seine gefolterte Seele alle die gräßlichen Qualen der ewigen Verdammnis, da sank er endlich aufs äußerste erschöpft auf seine Knie und flehete zu Gott um Beistand und Hilfe.

Und sein Gebet wurde erhöret: Der Allerbarmer hatte dem Bedrängten einen Weg zu seiner Errettung gezeigt. Denn alsbald lief der Schäfer mit einem Beutel zu seinen Hühnern, machte den Hahn munter und warf ihm von dem mitgebrachten Hafer vor. Dieser, höchlich erfreut hierüber, fing sogleich an, lustig zu krähen. Und als das hingestreuete Futter verzehrt war, und sein Herr ihm solches wiederum vorwarf, da krähete der dankbare Hahn nochmals und dann nochmals, als dies wiederholt wurde.

Der Teufel hatte da draußen bei seiner gewaltigen Arbeit den Hahnenschrei wohl vernommen. Als er aber den ersten hörte, sagte er höhnisch:

»Dat is de Witt,
Dat is so väl, als wenn de Hund schitt!«

Denn die Brücke war nun schon über drei Viertel fertig. – Als er aber bald danach den zweiten Hahnenruf hörte, da rief er ärgerlich:

»Dat is de Rod',
Dat geht mi dörch 't Blot!«

Und als nun endlich gleich darauf das dritte Gekrähe in die Ohren des Teufels drang, da brüllte er außer sich vor Wut:

»Dat is de Schwart,
Dat geht mi dörch 't Hart!«

Und damit warf er alles hin, ließ alles stehen und liegen. Denn er hatte ja nun verloren, und alle Arbeit und Mühe war umsonst gewesen. Und mit großem Gepolter und Geräusch schwang er sich auf und fuhr, samt allen seinen teuflischen Geistern, in Sturmessausen durch die Lüfte dahin, zurück nach seinem fürchterlichen Höllenreiche.

Der Schäfer aber dankte Gott für seine gnädige Errettung aus den Krallen des Bösen und aß von nun an mit Demut und Zufriedenheit sein schwarzes Brot, ohne je wieder seine Blicke mißgünstig nach dem jenseitigen Ufer zu richten.

Als man, so fügt die Sage zum Schlusse hinzu, nach mehreren Jahren den angefangenen und über drei Viertel fertig gewordenen Galenbecker Brückenbau ganz vollenden wollte und schon rüstig dabei begonnen hatte, da mußte man doch bald wieder von diesem Unternehmen abstehen. Denn was die Leute am Tage arbeiteten, das zerstörte der Teufel regelmäßig in der nächsten Nacht wieder. – Also ist das Werk des Bösen, allgemein die »Teufelsbrücke« genannt, bis auf diesen Tag [1860] unvollendet geblieben. Immer mehr und mehr ist der Bau versunken und jetzt schon so tief, daß nur noch die Hälfte von der ehemaligen Länge desselben aus dem Wasser hervorragt. Und da nun das Ganze über und über mit Rasen dicht bewachsen ist, so sieht es zur Zeit eher einer künstlichen Landzunge als einer Brücke ähnlich. (261)

Das vom Teufel versuchte Ehepaar und der große Brand zu Boizenburg

Ein junges Ehepaar bewohnte in der Vorstadt Boizenburgs ein kleines Häuschen. Der Mann war ein Elbschiffer und hatte einen Elbkahn, der ihn und seine Ehehälfte reichlich ernährte. – Eines Tages war er nach dem zwei Stunden entfernten Lauenburg gewandert, um frische Ladung auf Hamburg einzunehmen, während die junge Frau es sich am Butterfasse so sauer werden ließ, daß ihr die hellen Schweißtropfen übers Gesicht perlten. Dessenungeachtet wollte es ihr nicht gelingen, auch nur ein Körnlein Butter zu gewinnen. Erschöpft ließ sie ein übers andere Mal die Hände sinken und dachte nach, wie sie doch die Arbeit zu Ende bringen möge. Plötzlich fiel ihr die Nachbarin ein. Diese pflegte nämlich während der Arbeit des Butterns ein kleines eisernes Vorhängeschloß ans Butterfaß zu hängen, wodurch sie nicht allein schnell, sondern auch reichlich Butter gewann.

Sie eilte zur Nachbarin, um sich das wundertätige Schloß zu erbitten, traf dieselbe aber nicht zu Hause. Doch das Kleinod hing unter dem Spiegel. Die Frau bemächtigte sich desselben und eilte wieder an ihre Arbeit. Schon nach einigen Minuten quoll die goldgelbe Butter oben aus dem Fasse. Die Frau machte sich daran, die Butter von der Buttermilch zu scheiden. Allein es ward ihr doch fast unheimlich ums Herz beim Anblick der großen Menge so schnell gewonnener Butter. Ein Schauder überlief sie, so daß sie Butter und Butterfaß in den Keller tragen und sich halb krank zu Bett legen mußte.

Gegen Abend kam der Mann von Lauenburg zurück. Die Frau erzählte ihm den rätselhaften Vorgang mit der Butter, welche der Mann aus dem Keller zurückholte und sich ohne Umstände daran machte, dieselbe zuzubereiten. Eben war er fertig, und auf dem Tische stand ein Teller köstlicher Butter neben dem andern, als an die Tür geklopft wurde und ein vornehm gekleideter fremder Herr in die Stube trat.

Der Fremde grüßte freundlich, legte ein Buch auf den Tisch und erklärte den jungen Leuten höflich, aber bestimmt, sie hätten heute seine Hilfe in Anspruch genommen. Dafür könne er fordern, daß sie ihre Namen in das vor ihnen liegende Buch hineinschreiben würden. Im übrigen versicherte er sie in allen Stücken seiner Hilfe. Der Mann holte das Tintenfaß aus dem Schrank, um sich zuerst zu unterschreiben. – Allein der Fremde versicherte, daß Tinte völlig unnötig sei, ein Tropfen Blutes aus den Fingerspitzen ersetze die schönste Tinte.

Das war den guten Leuten denn doch zu arg. In der Angst ergriff der Schiffer hinter dem Rücken des Unheimlichen eine Bibel und las mit lauter Stimme einen Vers aus der Leidensgeschichte des Herrn. – Da sprang der Fremde hoch auf, Blitze entsprühten seinen Augen, und mit einem Donnerknall, der das Haus erbeben machte, fuhr er zum Fenster hinaus, Glas und Kreuzholz mit sich fortreißend. Selbst das Buch hatte der Böse – denn der war es – vergessen.

Am andern Morgen eilte der Schiffer zu seinem Beichtvater, und siehe da: Die Namen einer großen Anzahl Boizenburger Einwohner standen mit blutiger Schrift in dem Buche verzeichnet.

Den nächsten Sonntag hielt der fromme Pastor eine Bußpredigt, die einen gewaltigen Eindruck auf die Herzen der Zuhörer machte. Alles bat den Herrn, sie zeitlich zu strafen, doch sie um seiner Barmherzigkeit willen mit der ewigen Strafe zu verschonen. Und noch lag die reuige Gemeinde im inbrünstigsten Gebete vor dem Herrn der Gnade, da loderte eine mächtige Feuersäule empor und leckte mit blutroter Zunge von Dach zu Dach. Und der schreckliche Feuerruf durchhallte die Straßen, und die stillen Räume des Gotteshauses erbebten vor der Sturmglocke Geheul.

Entsetzt stürzte die Gemeinde aus der Kirche: Halb Boizenburg stand in Flammen. Vergebens waren alle Rettungsversuche. Die ganze Stadt wurde bis auf wenige Häuser in Asche gelegt. (262)

Teufel, Pastor und Pächter

Auf dem Hofe Groß Methling [Kr. Malchin] wohnte ein alter geiziger Pächter, der jährlich das Korn aufschüttete in der teuren Zeit. Viel Gold und Silber lag ihm aufgehäuft in Kisten und Schränken. Allein hart war sein Herz gegen Untergebene und Arme, und täglich spielte er Karten.

Einstmals an einem Pfingstmorgen, während die Leute zum Gotteshause zogen, wanderte er hinaus aufs Feld, um die Saat zu besehen und die Ernte zu berechnen. Da fährt auf der Landstraße daher ein Mann mit schwarzen, sich bäumenden Rossen. Neben ihm hält er an und steigt ab. Ein roter Mantel hing ihm weit über die Füße weg, und dreieckig war sein Hut. – »Habt Ihr Korn zum Verkauf?« fragte er den Pächter. »Ich gebe Euch doppelte Preise.« – »Wenn das ist«, sagte der Pächter, »so mag's darum sein. Kommt mit mir und esset bei mir!«

Sie gingen zusammen. Als sie auf den Hof kamen, da flogen mit Geschrei die Hühner und Enten alle davon, als ob ein Raubvogel daherzöge, und der Hofhund knurrte und heulte abwechselnd. Sie traten in die Stube. – »Ein solcher Gast muß herrlich bewirtet werden«, dachte der Landmann und ließ große Schüsseln mit Fleisch und kräftiges Bier auftragen. Der Fremde aber setzt sich zum Mahle, neckt ungebührlich die aufwartende Magd und reißt ihr die Schürze ab. Dabei fällt aus seiner Hand ein Messer nieder. Das Mädchen bückt sich, um es aufzunehmen; da sieht sie an den Füßen des Fremden einen Pferde- und einen Hühnerfuß!

Erschreckt eilt sie hinaus zur Hausfrau. Diese erzählt es dem Manne. In der Eile wird der Geistliche des Dorfes geholt. Er kommt im ganzen Summarium, die Bibel unter dem Arm. – Da ruft der Fremde ihm entgegen: »Was willst du von mir? Dich kenne ich. Du stahlst als Knabe deinem Mitschüler ein Messer.« – Der Geistliche tritt beschämt und verwirrt zurück, und der Fremdling läßt sich das Mahl unter vielen gotteslästerlichen Reden gut schmecken.

Inzwischen holt man im Wagen den Geistlichen aus dem nahen Brudersdorf. Er kommt mit der Bibel unter dem Arm im Meßgewande in die Stube und hält ihm das Kreuz entgegen. – Bei diesem Anblick zuckt der unheimliche Gast zusammen und ruft, hinter den Ofen flüchtend: »Fort mit dir, fort, ich mag dich nicht sehen!« – Würdevoll tritt ihm der alte Geistliche näher und berührt ihn fast mit dem Kreuz. »Erbarme dich mein!« ruft der Bedrängte.

»Du kommst mir nicht anders aus dieser Stube«, spricht der Geistliche, »als durch diese Tür und bei dieser Bibel vorbei.«

Da entsteht draußen ein Tosen, wie wenn der Sturm sich erhebt. Ein blauer Nebel sammelt sich über dem Hause. Den Leuten ward bange, und sie baten den Geistlichen, den Bösen freizulassen. – »Nun«, sprach er, »so öffnet das Fenster! Fahre aus, du unsaubrer Geist!«

Da fährt's hinaus wie ein Sturmwind mit gewaltigem Krachen. Das Fensterkreuz war ausgerissen, der Nebel verschwunden, und auf dem Scheunengiebel dem Hause gegenüber sitzt der Böse und stößt ein gräßliches Gelächter aus; dann verschwindet er.

Der Pächter aber ward von dieser Zeit ab ein sehr frommer Mann. (263)

Marktplatz, Marienkirche und Beginn der Kröpeliner Straße (links) in Rostock, um 1850

Der Teufel und der Schatzfinder

In Rostock lebte ein alter Invalide, der kam eines Abends von einem Spaziergang vor der Stadt zurück und sah in einiger Entfernung eine bläuliche Flamme, und wie er darauf zuging, einen großen Hund bei dem Feuer. Er erkannte, daß hier Geld brenne, nahm den Hund, legte ihn beiseite und füllte seine Taschen mit Geld, ohne daß der Hund Miene machte, sich zu widersetzen. In die Stadt zurückgekehrt, legte er das Geld bei einem Kaufmann in der Kröpeliner Straße nieder.

Als er es aber von ihm wieder abholen wollte, weigerte sich der Kaufmann, indem er behauptete, kein Geld erhalten zu haben. Die Sache kam vor Gericht, und da man dem Kaufmann mehr Glauben schenkte als dem armen Invaliden, der keinen Zeugen gehabt hatte, so wurde er ins Gefängnis geworfen.

Da kam eines Abends der Hund zu ihm und sagte: »Willst du mein sein, so will ich dich retten.» – Der Invalide sagte: »Nein.« –

Das wiederholte sich am andern Abend. Am dritten sagte der Hund, es werde dem Invaliden sein Todesurteil gesprochen werden. Dann solle er sagen, wenn er auf dem Richtplatz angekommen: »Mein Advokat kommt noch.« – So geschah es auch, und kaum hatte er die Worte gesprochen, als über den Berg ein Reiter in roter Kleidung auf einem Schimmel geritten kam. Der bat die Richter, mit ihm zu kommen, und führte sie in des Kaufmanns Haus, wo man das Geld versteckt fand. Mit dem Kaufmann aber war der rote Reiter plötzlich verschwunden. (264)

Die drei vom Teufel gestörten Spieler zu Stargard

Bei dem Gastwirt K. in Stargard [Kr. Neubrandenburg] war eine rechte Spielhölle. Nicht bloß, daß Bürger und Landleute sich dort zum Kartenspiel einfanden und an einem Abend oft das in mehreren Tagen sauer Erworbene verspielten, auch einzelne Geistliche waren von der allgemeinen Spielwut angesteckt und konnten Lust und Begierde nicht beherrschen, dem Spielteufel zu frönen.

So saßen auch einmal drei Pastoren beim Wirt K. und spielten Hazard. Große Haufen Geldes lagen auf dem Tische, und obwohl es schon tief in der Nacht war und die Pferde schon lange angespannt vor der Tür hielten, so konnten sie doch nimmer ein Ende finden.

Dem Kutscher des einen wird vor der Tür die Zeit lang, und er schleicht sich leise in die Stube und nimmt nicht weit vor der Tür Platz. Nicht lange nach ihm tritt ein anderer Mann in einem grünen Rock in die Stube und läßt sich, von den Spielern unbemerkt, nicht weit von ihm auf einen Stuhl nieder. – Da entfällt einem der Pastoren eine Karte, und als er sie aufheben will, gewahrt er den Fremden und bemerkt gleichzeitig, daß er einen Pferdefuß hat. Er schreit laut auf, die andern werden ebenfalls des Fremden mit dem Pferdefuß ansichtig, und alle fliehen entsetzt aus dem Zimmer. Der Fremde folgt ihnen auf dem Fuße.

Schnell geht da der Kutscher an den Spieltisch, rafft das Geld zusammen und eilt nach seinem Wagen. Als er hinauskommt, sitzt der Fremde bei seinem Herrn in der Kutsche. Er schwingt sich auf seinen Sitz, und die Pferde laufen von selber in gestrecktem Lauf von dannen. In der Kutsche hört der Kutscher ein lautes, heftiges Gespräch. Die Pferde sind gar nicht zu halten, sie laufen wie toll durch dick und dünn; und erst als sie den Grund und Boden ihrer Pfarre erreicht haben, da springt der Fremde aus dem Wagen. Und zu seinem großen Schreck bemerkt der Kutscher, daß seine braunen Pferde wie in Schweiß gebadet und mit Schaum bedeckt sind, so daß sie einem Paar Schimmel gleichen. – Der Prediger steigt still und zitternd aus dem Wagen, und der Kutscher hat auch nicht den Mut, seinen Herrn des Näheren zu fragen.

Nach längerer Zeit fängt der Pastor einmal mit dem Kutscher hierüber zu sprechen an und fragt ihn, ob er nichts von dem Gelde wisse, das sie auf dem Spieltische zurückgelassen hätten. – Da plagt diesen das Gewissen und er gesteht, daß er es sich angeeignet habe. – Der Pastor verlangt keine Herausgabe, sondern sagt ihm, er solle es nur behalten, es würde ihm keiner abverlangen; aber ob er wohl wisse, wer der Fremde gewesen sei.

Als dieser es verneinte, sagte er, der Teufel, der leibhafte Gottseibeiuns sei es gewesen, und er habe doch wohl gehört, was für ein heftiges Gespräch sie miteinander geführt hätten. Doch nur damit habe er ihn geschlagen, daß er auf seine Frage aus dem Liede »Nun ruhen alle Wälder«: »Wo bleibt denn Leib' und Seel?« geantwortet habe: »Nimm sie zu Deinen Gnaden, sei gut vor allem Schaden, Du Aug' und Wächter Israel!« Als dies der Teufel gehört, sei er aus dem Wagen gesprungen. (265)

Der Kartenspieler von Kessin

An einem Gründonnerstag setzten sich Bauern von Kessin zum Kartenspielen in der Schenke hin und spielten die ganze Nacht hindurch bis in den Karfreitag hinein; und auch als die Glocke zur Kirche rief, hörten sie nicht auf, sondern spielten den ganzen Karfreitag weiter.

Gegen Mitternacht trat ein Fremder im Mantel in die Wirtsstube und wurde von einem der Bauern zum Mitspielen aufgefordert. Der Fremde ließ sich nicht lange nötigen, sondern warf einen

Beutel mit Goldstücken auf den Tisch und sagte: »Wer die gewinnt, der möge mit mir in die Hölle fahren.« Jener Bauer, der den Fremden eingeladen, gewann nun fortwährend, so daß die übrigen Bauern nichts mehr zu verspielen hatten. Sie wollten nun auf Borg weiterspielen, allein dazu hatte der glückliche Gewinner keine Lust. Er sagte vielmehr, indem er aufgeregt die Karten auf den Boden warf: »Der Teufel soll mich holen, wenn ich auf Borg mit euch spiele.« Der Fremde wußte ihn jedoch zu begütigen, daß er sich dazu verstand, auf Kreide weiter mit ihnen zu spielen.

Schnell hoben nun die andern Bauern die Karten auf. Dabei bemerkten sie aber, daß der Fremde einen Pferde- und einen Krähenfuß hatte. Von Entsetzen ergriffen, warfen sie die Karten hin und liefen hinaus. Der Bauer spottete hinter ihnen her und spielte weiter. Schlag ein Uhr hatte er dem Fremden das letzte Geld abgewonnen. Da sagte dieser: »Jetzt bist du mein!« und fuhr mit ihm durch die Wand.

Noch sieht man in dem Hause den untilgbaren Blutflecken an der Stelle der Wand, wo dies geschehen. Der jetzige Bewohner des Hauses pflegt ihn durch einen großen Schrank zu verbergen. (266)

Der Teufelstaler

Einmal hat ein Zigeuner einem Viehhändler ein Pferd abgekauft und ihm bloß einen einzigen Taler und eine Feder von einem Adler dafür gegeben. Der Zigeuner hatte gesagt: Wer den Taler habe, der würde von allem Unglück verschont bleiben. Das hatte auch seine Richtigkeit. Ein Teil hatte der Zigeuner aber auch noch gesagt: Wer den Taler und die Feder hätte, der dürfte sich sein Lebtag nicht mit dem Teufel einlassen, dann hätte er seine Seele verspielt.

Dem Viehhändler ging das von Tag zu Tag besser. Alles, was er nur anfaßte, gelang ihm. Er hatte so viel Geld, daß er das alle drei Tage umschaufeln mußte, damit das nicht zu schimmeln begann. Einmal hat er sich aber doch mit dem Teufel eingelassen. Er hatte sich total besoffen. Nun macht sich ja der Teufel gern an solche heran, die saufen, denn die sind meistenteils für die Hölle reif. – Der Teufel kommt als ein Förster zu ihm und lädt ihn zum Kartenspielen ein. Sie spielten zuerst um die Adlerfeder. Der Teufel hat tausend Taler dagegen gesetzt. Er hat die Feder gewonnen. Nun gewann er ihm auch noch das ganze Geld ab. Zuletzt hatte der Viehhändler bloß noch den Taler. In seiner Trunkenheit setzte er den Taler gegen hunderttausend von dem Teufel. Er hat auch den Taler verloren. – Von Stund' an ging das mit dem Viehhändler zurück. Eine Kuh nach der andern ging ein. Zuletzt mußte er von Haus und Hof. Für seine letzten vier Groschen hat er sich einen Strang gekauft. In den Schindertannen hat er sich aufgehängt. (267)

Das tanzwütige Mädchen

Die alte Großmutter lag im Bett und war sehr krank. Das Mädchen, das ihre Enkelin war, wollte zum Tanzen. Die Mutter sagte aber, sie solle nicht zum Tanzen gehen: Das täte man nicht, wenn die Großmutter sehr krank sei. – Das Mädchen hatte aber seinen Kopf für sich und sagte: »Ick gah doch hen, un wenn ick mit 'n Düüwel danzen sall.«

Sie ging auch hin. Da ist auch ein Kerl dagewesen, den hat keiner gekannt, und es hat auch keiner gesehen, wie er hereingekommen ist. Der hat immerzu mit dem Mädchen getanzt. Auf dem Dorf fällt so ein fremder Kerl gleich auf. Nun wurden einige gewahr, daß der fremde Kerl einen Pferdefuß hatte. Jetzt kriegten es alle mit der Angst, denn der Teufel war auf dem Tanzsaal. Da haben einige den Choral »Großer Gott, wir loben dich« zu singen angefangen. Da haben alle mitgesungen. Das konnte der Kerl mit dem Pferdefuß nicht ertragen. Er verschwand, und keiner wußte, wo er geblieben war.

Das Mädchen hat das aber doch sehr mitgenommen. Sie ist in einem Trab nach Hause gelaufen. Als sie dort ankommt, war die Großmutter tot. – Diese Geschichte soll in Zierke [Kr. Neustrelitz] geschehen sein, und lange her ist das auch noch nicht. (268)

Zum Teufel gewünscht

Ein Richter ist übers Feld gegangen und hat frische Luft schöpfen wollen. Da kommt der Teufel bei ihm an, und der Richter fragt ihn, wer er ist. – Ja, wer er ist? – Er als Richter könne jeden fragen. – Na, er sei der Teufel. – Na, er könne mit ihm kommen: Was ihm den Tag über im Ernst gegeben würde, das könne er sich nehmen.

Sie gehen weiter. Da treffen sie eine Frau, die hat ein Kind auf dem Arm, das ist so unruhig. Da schilt sie: »Mücht di de Deuwel halen!« – »Dat nimm di!« sagt der Richter. – »Nee, dat is jo ehr Iernst nich.«

Sie gehen weiter. Da treibt einer ein Schwein vor sich her: »Mücht di de Deuwel halen mit Huut un Hoor!» – »Dat nimm di!« sagt der Richter wieder. – »Nee, dat is jo den' Mann sien Iernst nich. Dat seggt he jo bloß so baben n' Harten weg.«

Zuletzt kommen sie auf den Marktplatz. Da sind soviel Leute. Eine Frau ruft, als sie den Richter sieht: »Weh über dich, Richter, daß du so reich bist und ich so arm! Du hast mir die einzige Kuh genommen, so möchte dich der Teufel holen!« – Da sagt der Teufel: »Ditt is de Fruu ehr richtig' Iernst!« – Da ist er mit dem Richter in die Luft gefahren. (269)

Dem Teufel verfallen

Der Bürgermeister und der Schäfermeister und noch zwei Mann haben [irgendwo] Geld ausgegraben. Als sie zurückkommen, haben sie sich verabredet, sie wollten unterwegs alles totschlagen, was ihnen begegnen sollte. – Da ist der Böse gekommen und hat den einen zu fassen gekriegt; die anderen reißen aus.

Der Bürgermeister läuft nach Hause. Seine Frau hat im Wochenbett gelegen, sie hat ein kleines Mädchen gehabt. Da legt er sich das Kind auf die Brust, daß der Böse ihm nichts anhaben kann. Als ein Fohlen ist der Böse hineingekommen in die Stube und hat sich da aufgehalten. Die Frau hat so jämmerlich geschrien. Zuletzt springt der Bürgermeister auf und läuft aus dem Haus heraus, wo der Weg von Prillwitz nach Usadel [Kr. Neustrelitz] entlanggeht. Da standen so große Pappeln. Da ist der Teufel hindurchgefahren mit ihm, daß der Darm in der Pappel gehangen hat. (270)

Der Teufel und der listige Müller

Da war einmal ein lustiger Müller in Stintenburg [Kr. Hagenow]. Er hatte sein ganzes Geld versoffen. Die Mühle, die er sein eigen hieß, war eine alte Bockmühle. Als er nicht mehr aus noch ein wußte, verschrieb er sich dem Teufel für einen gehäuften Scheffel Geld und versprach ihm, er wolle nach sieben Jahren einen gestrichenen Scheffel wieder zurückzahlen.

Als die sieben Jahre um waren, kam der Teufel und wollte den Müller holen. Der hatte gerade einen Sack Korn in den Mahltrichter geschüttet und sagt zu dem Teufel: »Täuw noch 'n Oogenblick! Ick heff hürt, dat du heil stark büst un dat du di in grote Diere verwandeln kannst.« – »Dat kann ick«, sagt der Teufel und macht sich zum Löwen. – Nun hatte der Müller schon vorher mit dem Stangenbohrer ein Loch in den Balken gebohrt und einen Holzpflock dazu geschnitten. »Kannst du di œwer nu ok so lütt maken, dat du in ditt Lock rinkannst?« fragt der Müller. Dabei zeigt er auf das Loch im Balken. Der Teufel verwandelt sich in eine Maus und kriecht hinein in das Loch. Der Müller aber nimmt rasch den Holzpflock und schlägt ihn davor.

Sieben Jahre hat der Teufel nun in dem Loch gesessen, und jeden Tag hat er den Müller gebeten: »Lat mi doch ruut! Mien Grotmauder grämt sick tau un tau väl üm mi. Du kannst dien Geld ok giern behollen.«

Beim Einsperren hat der kluge Müller dem Teufel den Schwanz abgeklemmt. Seit der Zeit läuft der Teufel ohne Schwanz umher, und den Müller hat er, solange der gelebt hat, zufrieden gelassen. (271)

Der Tod und die Toten

Der Kerl mit dem Totenkopf

Da ging einmal ein Mädchen in dunkler Nacht von Alt nach Neustrelitz. Ihr hat ein bißchen gegraut. Darum fing sie an zu pfeifen, in einem fort. Als sie gewahr wurde, daß vor ihr einer ging, hat sie sich gefreut. Sie lief ein bißchen schneller und ging bald neben ihm. Nun wurde sie gewahr, daß der Kerl wohl ewas Feines sein mußte. Er ging in gutem Zeug und hatte einen großen Schlapphut auf, so wie die Zimmerleute. Als sie bei dem Fasanerieberg ankamen, setzte sich das Mädchen ein bißchen auf die Bank, die dort steht [1938]. Der feine Kerl setzte sich stillschweigend neben sie. Das Mädchen wunderte sich, daß der Kerl gar nicht redete. Sie war in dem Alter, in dem die kleinen Mädchen das Kribbeln kriegen, und sie hätte gar zu gern mit ihm angebandelt. Als der Kerl aber auch nun noch nichts sagte, fragte sie ihn, was die Uhr wäre. – Da drehte sich der Kerl um und sagte mit einer Stimme, die aus einer andern Welt kam: »Eins.« – Das arme Mädchen hat sich nicht schlecht erschrocken: Sie sah nun, daß der Kerl einen Totenkopf hatte. Und was das grauslichste war – er stand nun auf und hat das Mädchen umgefaßt und hat ihr einen Kuß gegeben.

Das Mädchen kriegte das »Schweinehüten« und wußte nicht, wie sie anschließend nach Hause gekommen ist. Am andern Tag hat sie die Rose im Gesicht gehabt. – Das Mädchen ist sein Lebtag nicht wieder mit Kerlen im Dunkeln gegangen. (272)

Die Totenhand hält fest

In Detershagen bei Neubukow lebte vor Jahren ein Herr, der gegen seine Untergebenen sehr grausam war. Einem seiner Tagelöhner starb die Frau. Da er nicht das Notwendigste zum Begräbnis hatte, bat er den Herrn um Unterstützung, wurde aber hart abgewiesen. – Da verkauft der Tagelöhner ein Stück Hausrat und legt das Geld unter das Kopfkissen der Toten. Der Herr erfährt es und verlangt das Geld. Wie er aber seine Hand danach ausstreckt, faßt die Totenhand seinen Arm. Vergebens sucht er sich zu befreien, versucht man, die Totenhand abzuschneiden. – Er mußte sich zuletzt den Arm abschneiden lassen, den die Tote mit ins Grab nahm. (273)

Das Totenhemd

Der Geist eines Verstorbenen kam allabendlich zur bestimmten Zeit zu seiner Familie, worüber sie in große Furcht und Aufregung geriet. Sie wandte sich an ihren Pastor, der in der nächsten Nacht um die Zeit, wenn der Geist zu erscheinen pflegte, zu kommen versprach. Der Geist stellte sich richtig wieder ein. Da fragte ihn der Pastor nach seinem Begehr. – »Ach«, erhielt er zur Antwort, »meine Mutter hat Tränen auf mein Totenhemd fallen lassen, und darum kann ich keine Ruhe finden.« – »Die will ich dir verschaffen«, sagte der Pastor. Er reichte ihm ein anderes Hemd auf einem Schwert, mit dem er auch das Totenhemd wieder zurücknahm. Da hatte der Geist Ruhe und zeigte sich den Seinigen nicht wieder. (274)

*

In Niestrelitz hett mal een Kierl wahnt, dee hett sien Fruu väl argert. Toletzt hett he s' dotargert. De Mann wull de Fruu œwer noch in 'n Dod argern. De Fruu hadd sich to Läwstieden een fien wittlinnen Hemd makt. Dat süll ehr Dodenhemd sinn. De Mann is œwer biegahn un hett dat Hemd verköfft un dat Geld versapen. De Fruu is mit 'n oll Hemd in de Ierd' kamen. Von dor an is se jede Nacht kamen un wull ehr Hemd. Dat hadd de Kierl œwer nich mihr. Donn hett he keen Stund' Rauh mihr hatt. De dodig' Fruu hett em so lang' tosett't, bett he biegahn is un hett sich uphungen. (275)

Das Hemd des Toten

In alten Zeiten lag um die Alt Strelitzer Kirche ein Friedhof und vor demselben, wie auch noch heute [1862], das Schulhaus, in welchem der Kantor seine Wohnung hatte. Dieser bemerkte einstmals, als er gerade um Mitternacht aus dem Fenster schaute, daß aus einem Grabe eine Leiche stieg, sich ihres Sterbehemdes entledigte und von dannen ging. Bald darauf erschien dieselbe aber wieder, zog sich das Leichenhemd wieder an und verschwand in dem Grabe. – Der Kantor, aufmerksam gemacht, war in der folgenden Nacht wieder am Fenster und sah wirklich dasselbe Schauspiel sich erneuern.

In der dritten Nacht, als der Tote wieder aus dem Grabe gestiegen, sich entfernt hatte und das Hemd auf dem Leichensteine lag, schlich der Kantor, ein waghalsiger Mann, aus seiner Wohnung hinaus und holte sich dasselbe. Als der Tote zurückkam und sein Hemd nicht fand, begann er einen furchtbaren Lärm. Bald wußte er, wo seine Kleidung verborgen lag, und zwang durch seine Drohungen den Dieb, als er denselben am Fenster bemerkte, ihm das Hemd wieder eigenhändig hinauszubringen.

Der Kantor wollte anfänglich zwar nicht nachgeben, machte sich aber dennoch bald auf den Weg zum erbitterten Toten. Als er aber unten auf dem Friedhof angekommen war, sprang ihm der Spuk auf den Rücken und jagte ihn in die Kirche hinein, zum Altare hin. Hier mußte der Kantor dreimal die Worte sagen: »Vergessen und vergeben!« Als der Kantor das erste Mal diese Worte sagte, antwortete eine Stimme aus der Ferne: »Vergeben, aber nicht vergessen!« So auch beim zweiten und dritten Mal, wo der Kantor diese Worte sprach. Sodann eilte der Tote wieder mit dem Kantor aus der Kirche, gab ihm aber vor der Türe noch zwei furchtbare Ohrfeigen, infolgedessen er erkrankte und bald darauf auch starb. (276)

Um Gotteslohn

Eine Pastorsfrau ist geizig gewesen. Sie hat alle getröstet, sie habe nichts zu verschenken. Die hat ein altes Dienstmädchen gehabt. Sie hat allen etwas gegeben, nur bedanken haben sie sich nicht dürfen, bloß »Viel Gotteslohn« sagen.

Die Pastorsfrau stirbt, das Mädchen wirtschaftet dem Pastor weiter. Wenn sie die Schweine füttert, sitzt die Frau immer auf dem Schweinetrog. Sie kann einfach nicht das Futter einschütten. Eine Zeitlang hält sie das aus.

Zuletzt sagt sie es dem Pastor. – Der sagt: »Karlin, frag sie doch, was ihr Begehr ist. Aber du darfst nicht du und nicht Sie zu ihr sagen, sondern ›Was ist Euer Begehr?‹. Dann wird sie dir antworten. Und worum sie bittet, das sag ihr zu, dann wird sie dich nicht wieder hindern.«

Als sie abends hinkommt, sitzt sie schon wieder dort. Sie fragt: »Wat is Juug' Begehr?« – »Karlin, du hast ja so viel Gotteslohn im Himmel, schenk mir einen davon!« – »Mienetwägen nähmt Juuch nägen!« – Da ist sie nie wieder gekommen. (277)

Die Einladung des Gehängten

Wie Sie wohl schon öfter gehört haben, stand [in Alt Strelitz] in alten Zeiten vor dem Brandenburger Tore ein Galgen. Vor vielen Jahren ist nun einmal in der Nacht ein alter hiesiger Fischer, namens Eichholz, an demselben vorbeigekommen, gerade als noch der Körper eines Hingerichteten daran gehängt hat. Der alte Mann kam von dem Dorfe Thurow, wo er wohl etwas mehr getrunken hatte, als ihm gut und dienlich war, und so kam es denn, daß er in seiner übermütigen Laune, ohne weiter etwas Arges dabei zu denken, den im Winde Baumelnden spottend aufforderte, doch einmal herunterzukommen und mit ihm Abendbrot zu essen. – Kaum hatte der Fischer diese frevelhaften Worte ausgesprochen, da stieg auch schon das Gerippe von dem Galgen und kam zu seinem größten Entsetzen geradewegs auf ihn zu. Schauerlich mit der dürren Hand drohend, sprach es dann mit hohler Stimme: »Bist du morgen nacht zwölf Uhr nicht pünktlich wieder hier, so hole ich dich!« Und damit entfernte es sich wieder.

Halbtot vor Angst und Schrecken, mit klappernden Zähnen und über und über mit Schweiß bedeckt, kam der alte Fischer zu Hause an. Sofort eilte er in seiner großen Not zu dem damaligen Prediger, beichtete selbigem alles genau und ausführlich und bat ihn flehentlich um seinen Rat und Beistand. – Der Pastor, ein sonst sehr kluger und gelehrter Herr, sann viel hin und her. Trotz allen Nachdenkens und Kopfzerbrechens wußte er aber keine rechte Hilfe ausfindig zu machen und keinen andern Ausweg anzugeben, als daß Eichholz tun müsse, wie ihm der Erhängte geheißen; doch werde er selbst mitgehen und ihn zu retten versuchen.

Am andern Abend spät trat nun mit Zittern und Zagen der reumütige Fischer seinen schweren Gang an. Der Pastor sowie noch einige Freunde begleiteten den Armen und hatten ihn zwischen sich in ihre Mitte genommen; und so schritten, unter dem Geläute der Kirchenglocken, ernst und schweigend die Männer durch die stille Nacht dahin. Schon von ferne sahen sie im Mondenscheine den Galgen und darunter den Erhängten, wie er grinsend mit den Knochenfingern winkte.

Als die Wanderer dem Hochgerichte ziemlich nahe waren, machten sie halt. Noch einmal fiel hier der Fischer mit dem Pastor auf die Knie und rief laut Gott um seinen Schutz und Beistand an. Nachdem er nun auch noch das heilige Abendmahl empfangen hatte, gab er gestärkt und gekräftigt dem Pastor und jedem seiner Freunde die Hand zum Abschiede und ging dann, seine Seele dem Allmächtigen empfehlend, gefaßt und ergeben allein dem Gerippe entgegen. – Doch als er dasselbe beinahe erreicht, winkte es ihm zurück und sprach: »Das Gebet und das heilige Abendmahl haben dich nicht gerettet, wohl aber die Glocken; denn worüber die gehen, das ist heilig. Und so kehre denn wieder heim in Frieden, laß aber künftig die Toten in Ruhe!« – Darauf ist das Gerippe verschwunden und der alte Fischer unangefochten wieder mit seinen Begleitern nach Hause zurückgekehrt. (278)

Der ewige Graf bei Dassow

In einer Kirche nahe bei Dassow lag ein Graf beerdigt, dessen Leichnam nicht verwesen wollte. Als die Kirche umgebaut ward, wurde auch der Sarg des unverweslichen Grafen herausgenommen und in das Leichenhaus gebracht.

Im Hause des Pastors kam die Rede darauf, wer wohl den Mut hätte, die Leiche aus dem Leichenhause zu holen. – Der Küster sagte, er habe ein Dienstmädchen im Hause, die nicht die geringste Furcht kenne. Diese, herbeigeholt, erklärte sich bereit, ging in das Leichenhaus, nahm den toten Grafen auf den Rücken und legte ihn zu nicht geringem Schrecken der Anwesenden auf den Tisch. Sie sollte ihn nun wieder fortschaffen, erklärte aber: »Herbröcht heff ick em. Ick ward mi woll häuden, em wedder wegtobringen.« – Erst gegen eine beträchtliche Summe verstand sie sich dazu und trat den Rückweg nach dem Kirchhof an.

Unterwegs fing der Tote zu reden an: »Laß meine Füße nicht auf dem Erdboden nachschleppen, zieh mich höher!« – Sie tut's, legt die Leiche dann in den Sarg mit den Worten »So, nun ruh in Frieden!« und will gehen. – Da faßt sie der Tote an der Schürze und sagt: »Ich hätte dich unterwegs erwürgen können, tat's aber nicht. Du verdienst durch mich ein gut Stück Geld. Da kannst du mir auch einen Gefallen tun.» – Das Mädchen sagt ja, und nun fordert er sie auf, hinter dem Altar der Kirche für seine Verwesung zu beten. – Sie tat es, aber eine Stimme rief: »Nie und nimmer!« – Sie sagt es dem Grafen wieder. – »Geh nochmals!« sagte er. – Die Stimme rief ebenso. Erst beim dritten Mal erklang es: »Nun, so mag es denn geschehen.« Und in dem Augenblick zerfällt sein Leichnam in Staub. (279)

Treue in Leben und Tod

Ein Mädchen hat beim Schmied gedient. Ihr Bräutigam ist als Soldat auf Urlaub gewesen. Er ist aus dem Krieg nicht wiedergekommen. Sie hat gesagt: »All de annern kamen trüch, bloß mien Wilhelm nich.« Sie hat solch blondes Flockenhaar gehabt, davon hat sie sich viel ausgerauft. – Es gebe noch mehr Männer, haben die anderen zu ihr gesagt. – »Nee, œwer nich so 'n as mien Wilhelm is.«

Da hat das einmal bei ihr ans Fenster geballert: »Willst du mit? Denn kumm!« – Das ist ihr Wilhelm gewesen. Er ist auf einem weißen Schimmel ohne Kopf geritten. Sie hat sich vor ihm aufs Pferd gesetzt – sie hat das noch nicht bemerkt, daß er tot war. Er hat gesagt:

»Der Mond, der scheint so helle,
Die Toten reiten schnelle,
Feinsliebchen, graut dir auch?«
»Wie sollte mir grauen, du bist ja bei mir.«

So sind sie zuletzt zu einer großen Stadt gekommen. Sie fühlt nun erst, daß seine Hand eiskalt ist. Er ruft, als sie auf den Friedhof kommen: »Engel, alle Engel, hier kommt her!« Dort ist eine große Grube offen gewesen, ein Grab. Da springt sie herunter vom Pferd. Das Mädchen sieht ein kleines Licht: Eine Frau ist bei der Kirche gewesen, im Leichenhaus. Das Mädchen hat eine weiße Schürze vorgebunden gehabt; es ist hineingelaufen in das Leichenhäuschen. Die Frau hat einen Besen gehabt; ob sie ausfegen wollte, weiß ich nicht. Die Toten haben sich alle steil aufgerichtet im Sarg, als Wilhelm ruft: »Langt raus meine Braut!« – Die Frau hat die weiße Schürze von dem Mädchen an den Besenstiel gebunden und die aus dem Fenster herausgehalten: »Hier ist deine Braut!« – Die weiße Schürze ist kohlschwarz gewesen nachher.

Als das Mädchen nach Hause kommt, sind ihre Eltern schon tot: Fünf Jahre ist sie mit dem Toten umhergereist.

Meine Mutter hat erzählt, ihre Mutter habe das Mädchen selbst gekannt. Das ist auf einem Bild dargestellt gewesen. (280)

Der geisterhafte Leichenzug

Einst wollten Neustrelitzer Einwohner, die in der Seestraße wohnten, in der Stadt Besorgungen machen. Wie sie nun in die Mühlenstraße kommen, da wo die Sassenstraße einmündet, sehen sie da einen Leichenzug halten. Schwarz vermummte Männer trugen auf einer Bahre den Sarg, und die Leidtragenden standen stillschweigend auf der Straße. Plötzlich setzte sich der Zug in Bewegung, langsam und feierlich schritten die Träger dahin. Die Trauergemeinde hatte aufgeschlagene Gesangbücher in den Händen und schien zu singen. Man konnte aber nichts hören. Jetzt konnte man auch sehen, daß die Gestalten eine Tracht trugen, wie sie vor hundert Jahren Mode war. Vorübergehende, die dem geisterhaften Leichenzug im Wege waren, wurden von einem eisigen Luftzug zur Seite gedrängt, denn nicht alle konnten den Spuk sehen. Mit einem Mal verschwand alles wieder.

Es leben noch mehrere Einwohner, die die Erscheinung gesehen haben wollen. Einer hat die Träger angerufen. Er bekam aber von irgendwoher eine furchtbare Ohrfeige, so daß sein Gesicht stark anschwoll. Er litt große Schmerzen. Freunde rieten ihm, er solle sich besprechen lassen. Er ging zu »Professor Engelhard«, der sich auf das Pusten verstand. Engelhard gab ihm den Rat, wenn ihm im Leben etwas Ähnliches passieren sollte, niemals die Erscheinung anzureden, denn das wäre eine Welt für sich. Das Püstern half sogleich, und in einer Stunde war das Gesicht wieder normal. Einige wollen gesehen haben, wie der Leichenzug von der Mühlenstraße in den Schulgang einbog und auf dem Hof des alten Gymnasiums verschwand. – Da wo das alte Gymnasium steht [1938], war einst der erste Friedhof von Neustrelitz. (281)

Die Totenmesse zu Rostock

Ich füge dessen ein Beyspiel an / welches nicht aus dem Munde eines umlauffenden Küster-Jungen / sondern von einem Hochvornehmen Mann / der beydes in Ihr. Königl. Majest. zu Dennemarck / wie auch Ihr Durchl. zu Holstein Diensten gestanden T. B. mir referiret worden / dessen Nahme aber allhie verschweige. Dieses Herren Groß- oder Eltermutter / welche zu Rostock wohnete / und eine fleissige Kirchgängerinn war / erwachte in den langen Nachten zur Winterzeit / und als sie vermuthete / daß es Zeit wäre / die Früh-Messe zu besuchen / stehet sie auf / kleidet sich an / und / ob die Ihrige gleich wiederrahten / indem es noch alzufrühe wäre zur

Die Universität und das Kloster zum Heiligen Geist in Rostock 1585

Kirchen zu gehen / gehet sie doch dahin / findet auch die Thüre offen / gehet hinein / setzet sich in ihren Kirchenstuhl nieder / und bezeiget sich devot, wie die andere Anwesende. Nachdem sie eine weile gesessen / nahet zu ihr eine Person / die schon eine Zeitlang todt gewesen / und warnet sie hinaus zu gehen / so ferne sie sich salviren wil / weil der Gottesdienst bereits verflossen / und die Früh-Messe bey nahe geendiget wäre. Die Gestalt so wol / als die Rede / alterirte nicht wenig die Gottesfürchtige Matrone, die aber vor gethanem Gebete nicht ausgehen wolte. Darauff nahet die Verstorbene wiederum zu ihr / und sagt sie solte gehen / sonst würde sie übel tractiret werden. Worauff die Matrone auffstehet / und hinaus eilet / kaum aber hatte sie die Kirchthüren erlanget / da sie umgeben ward von einer grossen Menge in Gestalt schwartzen Männer / welcher etliche ihr Stücke als Tonnenbände übers Haupt warffen / mit diesen Worten: Hast du gebetet / wir wollen dich segnen. Darauff ihr schwartzer Schleuer oder Regen-Kleid / wie auch ihr übriges Kleider-geräht dermassen zurissen / daß sie damit zerstückt zu Hause gekehret / und gegen Morgen die abgerissene

Lappen wiederum auffsuchen lassen / wovon ein Stück bey gedachten Herrn als ein sonderbahre Rarität sey asserviret und beybehalten worden. (282)

Der Totentanz

Als der Küster Schröder zu Sietow [Kr. Röbel] noch jung war, wohnte er am Kirchhof und mein »Alter« [Vater] auf dessen anderer Seite. Sie besuchten sich abends sehr oft und spielten »Sparrenzel«. Um den weiten Weg um den Kirchhof herum zu sparen, gingen sie den Fußsteig, der quer über den Kirchhof ging.

Eines Abends hatte sich der Küster bis nach elf Uhr aufgehalten. Es war heller Mondschein. Er wollte nach Hause gehen. Als er auf dem Kirchhof um die Kirchenecke biegt, tanzen zwischen den Gräbern ein paar Katzen. »Täuw«, denkt er, »juuch sall dei Schwerenot halen«, langt nach unten und sucht einen Stein zum Werfen. Als er sich aufrichtet, tanzen da zwei große Frauen, die noch nicht lange tot sind. Eine war Lisch Burmeister.

Er reißt aus, springt über die Kirchhofsmauer und läuft in sein Haus. Da ist er neugierig, ob sie wohl noch da sind, und guckt über die Mauer. Ihm ist so, als wenn ihm einer einen Eimer eiskaltes Wasser über die Ohren gießt, so daß er die ganze Nacht im Bett nicht warm wird.

Das hat er selbst erzählt. (283)

Am Sarg des Toten

Einem Schuster ist sein Bruder gestorben und liegt noch im Sarg in der Kirche. Der Tote kann keine Ruhe finden und muß deshalb herumwanken.

Da geht der Schuster eines Abends in die Kirche, setzt sich beim Sarg hin und macht mit einem alten Schwert einen Kreis um sich. Als die Uhr elf ist, kommt sein Bruder aus dem Sarg, zieht seinen Rock aus und verschwindet. Der Schuster holt sich nun den Rock in den Kreis herein.

Kaum schlägt die Uhr zwölf, da kommt der Tote an. Er sieht seinen Rock bei seinem Bruder im Kreis liegen und bittet ganz jammervoll, er solle ihm doch seinen Rock herauslangen. Er wolle ihm auch eine große Kiste mit Geld geben. – Doch der Bruder tut das nicht. Da setzt der Tote ihm die Kiste mit dem Geld an den Kreis heran und sagt ihm, er solle sie sich nur hereinholen. – Doch das tut der Bruder nicht. Er weiß recht gut: Sowie er den Kreis übertritt, muß er sterben. – Da kann der Tote nicht anders: Er schiebt ihm die Kiste in den Kreis hinein, nimmt den Rock, den sein Bruder ihm herauswirft, und verschwindet.

Der Bruder ist reich und glücklich für sein Leben gewesen. Und der Tote hat von nun an Ruhe gehabt und hat nicht mehr herumzuwanken brauchen. (284)

Die Mutwache am Sarg

Ein Priester war mal beim Schuster, und sie sprachen auch vom Spuken. – Er glaube an keine Spukzeit, sagte der Schuster. – Na, meinte der Priester, er gebe ihm hundert Taler, wenn er die ganze Nacht in der Kirche bliebe.

Der Schuster nahm sein Werkzeug und geht abends in die Kirche und fängt an, lustig zu schusterieren. Nach zwölf Uhr sieht er aus einem der Särge einen Arm herausgucken und bald darauf zwei Arme. »Bliew dor«, sagte der Schuster, »oder ick schmiet di mit 'n Leesten an 'n Kopp!« – Das dauerte aber nicht lange, da kamen auch zwei Beine und gleich darauf eine ganze Gestalt aus dem Sarg. Der Schuster nimmt nun den Leisten und wirft ihn der Gestalt batz an den Kopf, daß sie still liegenbleibt, und schustert lustig weiter.

Am nächsten Morgen finden sie den Priester tot in der Kirche liegen. (285)

Scheintot

Ein Mann hatte an einem Tage seine Frau begraben. Denselben Abend hörte er an seiner Tür ein Klopfen, welches von folgenden Worten begleitet wurde: »Mak up, mak up, ick bün jo dien Fruu!« – Hierauf antwortete der Mann: »So wenig as mien beid' Schimmels den' Bœhn rupkamen, so wenig kann mien Fruu ut dei Ierd ruutkamen.«

In demselben Augenblick stürmten seine beiden Schimmel zur Tür hinein, liefen die Treppe zum Boden hinauf und sahen zur Dachluke hinaus. Zu gleicher Zeit, als dies geschah, trat auch seine Frau ins Zimmer und erzählte ihm, wie die Totengräber sie ihres Schmuckes hätten berauben wollen, jedoch geflohen seien, als sie sich aufrichtete. (286)

Ewig leben

Zu der Zeit als das Wünschen noch geholfen hat, da war da eine Frau, die hatte sonst alles, was ihr Herz begehrte, war frisch und gesund, mochte gern essen und trinken und hatte Geld und Gut vollauf. Gut macht Übermut, und so wünschte sie sich, ewig zu leben. Das ging auch ganz gut.

Als sie aber die Hundert zu fassen hatte, da kroch sie immer mehr [in sich] zusammen, und das nahm mit der Zeit so zu, daß sie nicht mehr gehen und stehen, nicht mehr essen und trinken, nicht leben und nicht sterben konnte. Die Leute mußten sie kehren und wenden und ihr etwas zu essen geben, als wenn sie ein kleines Kind wäre. Sie kroch aber immer mehr zusammen und aß nichts mehr und trank nichts mehr.

Da dachten die Leute, es wäre am besten, wenn sie vor den Füßen wegkäme. Weil aber noch Leben in ihr war, so kriegten sie sie in ein Glas und hängten sie in der Kirche auf. So hängt sie nun in der Marienkirche zu Lübeck und ist so klein wie eine Maus und bewegt sich nur mehr noch alle Jahr einmal. (287)

»Botschaft aus dem Jenseits«

Meine Mutter hat mir erzählt: In Klocksin [Kr. Waren] ist ein Mann gewesen, der ist sehr alt geworden und hat viel Unrechtes getan. Meine Mutter hat immer zu ihm hinkommen müssen und ihm vorlesen. – Er könne nicht zur Gnade gelangen, hat er immer gesagt, unser Herrgott wolle ihn nicht haben. Er wäre schon so oft hingewesen und habe sich ertränken wollen, aber dann wäre da immer einer zu ihm gekommen und hätte gerufen: »Du kannst twintig Mal in 't Water springen, verdrinken deist du noch nich. Du sallst ierst bekennen, wat du begahn hest!«

Nun ist der Alte einmal beim Linnenwaschen gewesen; da kommt einer zu ihm, der sagt: »Kumm mal mit, böhr mi dat End' Linnen up, un denn kiek dor mal unner!« Da wimmelt das alles voll Maden auf der Erde. »So sallen di de Maden vertehren, wenn du nich bekennst!«

Meine Mutter muß immer wieder hin und ihm vorlesen. – Wenn er doch zu Gnaden käme, hat er immer wieder zu den Leuten gesagt. Und einmal hat er zu ihnen gesagt, er habe seine Frau belästigt und ihr Geld verschwendet und es auch mit andern Frauen gehalten. Er müßte ja doch alles bekennen.

Darauf kommt er nach Hause; seine Frau macht ihm das Abendbrot zurecht, und er ißt etwas. Hinterher sitzt er nur noch still da. – »Vadder, antwuurt mi doch!« sagt seine Frau. – Da ist er tot gewesen.

Da hat nun die Frau solche Sorgen gehabt, ob er wohl zur Gnade gelangt sei. Sie hat sich vor den Feuerherd gestellt und Gott gebeten, er möge ihr doch ein Zeichen geben, ob ihr Mann in Gnaden angenommen sei.

Eines Abends steht sie wieder vor dem Feuerherd und betet. Da kommt eine weiße Taube durch den Schornstein herein und flattert so vor ihr hin und her über dem Feuerherd. Da hat sie gemeint: »Nu weit ick doch, dat mien Mann selig worden is.« (288)

Der Gang ins Totenreich

In Satow [Kr. Bad Doberan] wollte ein junger Mann Hochzeit halten. Am Vorabend ging er zum Krug, um Getränk zu holen, und mußte dazu über den Kirchhof. Auf dem Rückweg stieß er an einen Totenkopf. Im Scherz lud er den Toten zur Hochzeit ein.

Am Hochzeitstag erschien ein Unbekannter im Hochzeitshaus und wurde zum Fest eingeladen. Aber auf seinem Teller häufte sich immer mehr; so ging es auch beim Kaffee und Abendbrot. Dann sprach er zu dem jungen Ehemann: »Nun will ich dir ein Gegengeschenk machen. Nimm einen Spaten, komm mit auf den Kirchhof und grabe!«

Sie kommen an das Grab, wo tags zuvor der Totenschädel lag. Nach zwei Fuß tiefem Graben öffnet sich eine eiserne Tür. Beide gehen hinein. Drinnen hören sie die Vögel singen und andere Zeichen des Frühlings. Eine halbe Stunde weilen sie dort, dann gehen sie wieder hinaus. Doch draußen ist es heller Tag, das Dorf hat sich völlig verändert: Die Kirche ist da, das Grab nicht mehr vorhanden, auch das Hochzeitshaus ist verschwunden.

Entsetzt geht der junge Mann zum Pastor. Dieser ist ihm ganz unbekannt. Er läßt sich die Sache vortragen, geht dann ans Kirchenbuch und berichtet: »Heute vor dreihundert Jahren ist ein junger Mann gleich nach der Hochzeit verschwunden.« – Da macht der Küster auf ein helles Feuer auf dem Kirchhof aufmerksam. – »Das ist meine Frau!« sagt der Unglückliche und verschwindet. (289)

Die Wilde Jagd

Die Entstehung des Wilden Jägers

Vor Jahren lebte in der Nähe von Wismar ein Edelmann, dem die Jagd über alles ging. Er jagte so lange, bis gar kein Wild mehr im Walde war. Da trat einst ein Fremder an ihn heran, der ihm Wild in Fülle versprach, wenn er seinen Namen mit Blut in ein Buch einschreiben wolle. – Der Edelmann tat es unter der Bedingung, daß er jagen dürfe, solange er wolle. – Von da an jagte er nur noch eifriger und fehlte nie.

Als er alt wurde und es zum Sterben ging, trat der Böse an sein Bett und wollte sein Recht geltend machen. – Aber der Kranke sagte, er habe noch gar nicht die Lust verloren zu jagen. – Wie lange er denn jagen wolle, fragte der Teufel. – »Ewig«, antwortete der Edelmann. – »Gut denn, so jagt in alle Ewigkeit hinein«, sagte der Teufel, drehte ihm das Genick um und fuhr von dannen.

Plötzlich heulte es in der Luft wie Hundegebell und Jagdruf. Neunmal tobte es ums Haus, dann brauste es in die Lüfte und verschwand. Da begann die Wilde Jagd, die bis zum Jüngsten Tage währt. (290)

Der Wod' und der kluge Bauer

Oft bellen die Hunde der Luft in finsterer Nacht auf den Heiden, in Gehölzen, an Kreuzwegen. Der Landmann kennt ihren Führer, den Wod', und bedauert den Wanderer, der nun noch nicht die Heimat erreicht hat. Denn oft ist der Wod' boshaft, seltener mildtätig. Nur wer mitten im Wege bleibt, dem tut der rauhe Jäger nichts. Darum ruft er auch den Reisenden zu: »Midden in den' Wegg!«

Ein Bauer kam einstmals trunken in der Nacht von der Stadt. Sein Weg führte ihn durch einen Wald. Da hört er die Wilde Jagd und das Getümmel der Hunde und den Zuruf des Jägers in hoher

Luft. »Midden in den' Wegg! Midden in den' Wegg!« ruft eine Stimme. Allein er achtet ihrer nicht.

Plötzlich stürzt aus den Wolken nahe vor ihn hin ein langer Mann auf einem Schimmel. »Hast Kräfte?« spricht er. »Wir wollen uns beide versuchen. Hier die Kette, fasse sie an! Wer kann am stärksten ziehen?« – Der Bauer faßte beherzt die schwere Kette, und hoch auf schwang sich der Wilde Jäger. Indes hatte jener sie um eine nahe Eiche geschlungen, und vergeblich zerrte der Jäger. – »Hast gewiß das Ende um die Eiche geschlungen?« fragte der herabsteigende Wod'. – »Nein«, versetzte der Bauer, »sieh, so halte ich es in meinen Händen!« – »Nun, so bist du mein in den Wolken«, rief der Jäger und schwang sich empor. – Der Bauer schürzte schnell die Kette wieder um die Eiche, und es gelang dem Wod' nicht. – »Hast doch die Kette um die Eiche geschlagen!« sprach der niederstürzende Wod'. – »Nein«, erwiderte der Bauer, der sie eiligst losgewickelt hatte: »Sieh', so halt' ich sie in meinen Händen.« – »Und wärst du schwerer als Blei«, rief der Wilde Jäger, »so mußt du hinauf zu mir in die Wolken!« – Blitzschnell ritt er aufwärts; aber der Bauer half sich auf die alte Weise. Die Hunde bellten, die Wagen rollten, die Rosse wieherten dort oben, die Eiche krachte an den Wurzeln und schien sich seitwärts zu drehen. Dem Bauern ward bange; aber die Eiche stand. – »Hast brav gezogen«, sprach der Jäger. »Mein wurden schon viele Männer; aber du bist der erste, der mir widerstand. Ich werde dich belohnen.« – Laut ging die Jagd an: »Hallo, holla, wohl!«

Der Bauer schlich seines Weges weiter. Da stürzt aus ungesehenen Höhen ein Hirsch ächzend vor ihn hin, und Wod' ist da, springt vom weißen Rosse und zerlegt eiligst das Wild. »Blut sollst du haben«, spricht er zum Bauern, »und ein Hinterteil dazu.« – »Herr«, sagt der Bauer, »siehe, dein Knecht hat nicht Eimer noch Topf.« – »Zieh den Stiefel aus!« ruft Wod'. – Er tat's. – »Nun wandere mit Blut und Fleisch zu Weib und Kind!«

Die Angst erleichterte anfangs die Last; aber allmählich ward sie schwerer und schwerer. Kaum vermochte er sie zu tragen. Mit krummem Rücken, vom Schweiße triefend, erreichte er endlich seine Hütte. Und siehe da, der Stiefel war voll Gold und das Hinterstück ein lederner Beutel voll Silbergeld. (291)

Das »Geschenk« des Wilden Jägers

To de Johannistiet is eens een Niestrelitzer de Thurowsch Landstrat längs gahn. As dat düster würd, hett he een Huulen un Bellen hürt. Dat güng ümmer: »Klabiff, klabaff!« Dat is de Wilde Jagd wäst. – De Mann makt dat nah un röp ok so as in de Luft: »Klabiff, klabaff!« – Dor röppt dat œwer von baben: »Wenn du mit uns jagen willst, denn frät ok mit uns!« – Donn hebben s' em 'ne Minschenküül runner schmäten: Dee süll he upfräten, ob he wull oder nich. He hett s' œwer nich upkrägen.

Sien Fruu wier em nahgahn, wiel he nich nah Huus kem. Dor hett se em an de Thurowsch Landstrat funnen. He leg' dor un wier dot. In 'n Hals hett he noch 'n Stück von de Minschenküül hatt. (292)

Die Axt des Wilden Jägers

Es ging ... ein Mann zur Nachtzeit über Feld. Als er unterwegs war, hörte er zu seinem Schrecken die Wilde Jagd nahen. Schnell hockte er hinter einem großen Steine nieder, um sich zu verstekken. Doch das half ihm wenig. Denn der Wilde Jäger, welcher gerade auf ihn zukam, bemerkte ihn dennoch; und als derselbe neben jenem Stein war, sprang er vom Pferde und rief, indem er wie zum Schlage ausholte: »Züh, hier find' ick jo noch 'n Stamm, wo ick mien Äx rinschlahn kann.« – Bei diesen Worten empfand der Mann einen derben Schlag im Rücken; und als die Wilde Jagd vorüber war, blieb er, der doch sonst gerade und aufgerichtet hatte gehen können, so krumm, wie er hinter dem Steine gehockt hatte.

So war der vorher so kräftige Mann schnell durch die Bosheit des Wilden Jägers ein armer Krüppel geworden. Er tat zwar alles, seine vorige Gestalt wieder zu erhalten, aber die Ärzte versuchten ihre Kunst vergeblich an ihm. Endlich gab ihm jemand den Rat, er solle sich nach Jahr und Tag wieder zur Nachtzeit um dieselbe Stunde an denselben Ort begeben, wo ihm das Übel widerfahren war, und warten, bis die Wilde Jagd wieder vorüberzöge, so würde er, wenn ihm noch zu helfen sei, wieder geheilt werden.

Dies tat der Mann. Richtig kam auch wieder um dieselbe Zeit die Wilde Jagd daher, und wieder hielt der Zug bei dem Stein, und der Jäger sprang wie das erste Mal vom Pferde, indem er sagte: »Züh, hier sitt mien Äx jo noch in den' Stamm, wo ick sei verläd'n Johr rinhaut heff.« – Bei diesen Worten aber war es dem, der beim Steine hockte, als würde ihm etwas aus dem Rücken gezogen; und als die Wilde Jagd vorüber war und er sich aufrichtete, konnte er wieder so gerade gehen wie ehemals in seinen gesunden Tagen. (293)

Die Wilde Jagd und die Holzdiebe

Ein andermal, es war im Herbste um die Zeit, wenn die Kartoffeln aufgenommen werden, kamen bei anbrechender Nacht zwei Penzliner Bürger, die aber beide jetzt schon längst tot sind, von Strelitz gefahren. Wie sie auf der Schwanenheide, durch welche der Weg nach Strelitz führt, ankommen, lassen sie ihre Pferde ein wenig sich ruhen und grasen. – Es war aber zu der Zeit gerade Holz auf der Schwanenheide, unweit des Wärmne-Sees, geschlagen, und unter anderm lagen dort auch viele Achshölzer, das heißt Holz zu Wagenachsen.

»Wat meenst du, Vaddermann«, hub der eine der Penzliner an, »wenn wi uns so 'n poor Asshölter uplöden un mitnehmen?« – »Je«, wandte der andere ein, »lüchten wi 's uck?« – »Ih«, meinte der erstere wieder, »wenn du sei man hinn'n wisshöllst; ick will 's woll vörn in 'ne Höcht krieg'n.« – So gingen sie denn beide ans Werk.

Als sie aber noch bei dem ersten Stücke beschäftigt waren, hörten sie ein vom Hohenzieritzer Gehölz kommendes, sich schnell aus der Ferne näherndes Blasen und Hundekläffen. Im Nu war auch schon die Wilde Jagd bei ihnen, voraus ein Jäger auf einem Schimmel, der gar schauerlich in sein Waldhorn stieß, und hinter ihm eine große Meute wilder Hunde, die mit ihrem Gekläff das Blasen ihres Herrn übertönen zu wollen schienen. – Dies hören und sehen, das Holz beiseitewerfen und Fersengeld nach Möglichkeit geben, war bei unseren Penzlinern eins. Sie dachten weder an

Pferde noch an Wagen, sondern rannten, ohne sich auch nur einmal umzusehen, spornstreichs davon und hielten erst bei dem eine halbe Stunde entfernten Penzlin stand. Das Toben der Wilden Jagd verlor sich aber, wie ihnen deuchte, ebenso schnell, als es gekommen war, über den Vielener See ziehend, bald in weiter Ferne.

Erst am andern Morgen wagten sich die beiden nach der Schwanenheide zurück, um Wagen und Pferde heimzuholen. Sie waren auch so glücklich, beides unbeschädigt wiederzufinden, haben sich aber später nicht noch einmal unter gleichen Umständen nach der Schwanenheide wagen mögen. (294)

Der Wilde Jäger vor der Mühle

Meines Urgroßvaters Bruder ist Müllergeselle gewesen, der hat sich bei einem Müller vermieten wollen. Der hat zu ihm gesagt: »Nee, dat nützt jo doch nich; bie mi kümmt alle Nacht de Will Jagd.« – Oh, das wolle er wohl kriegen.

Er geht hinauf in die Mühle und stellt sich an der Dachluke hin. Das dauert gar nicht lange, da kommt ihm etwas in den Arm geflogen; das ist ein kleines Bündelkind gewesen. Das sagt zu ihm: »Üm Wund' Jesu, lat mi nich los!« – Er hält das fest. Die Hunde sind um ihn herum [um die Mühle]. Bald darauf kommt ein Reiter an, der ruft ihm zu: »Schmiet mi dat run!« – »Nee!« – Als der Reiter zum dritten Mal ruft, sagt der Müllergeselle: »Ja, wenn du mi dat verspräken willst, dat du hier nich wedder jagen willst, denn sallst du 't hebben.« – »Ja.« – Da läßt er das kleine Bündelkind fallen, aber er ruft dabei: »Na, denn gah in Gotts Namen!«

So hat der Wilde Jäger dem Kind ja nichts anhaben können. Der Geselle ist ihm zu klug gewesen. (295)

Die Erlösung des Wilden Jägers

In einem Wald hat jede Nacht die Wilde Jagd getobt. Ein Bauer hat dicht bei dem Wald gewohnt, dem ist nichts geglückt. Einmal fährt er in der Nacht hin und will sich Holz holen. Da kommt die Wilde Jagd angesaust – vorauf ein wilder Hase, die Hunde und ein Jäger hinterher.

Als der Hase zu dem Bauern kommt, springt er hinauf auf seinen Wagen und dem Bauern zwischen die Beine. Die Hunde und der Jäger stehen alle um den Wagen herum. Dem Bauern wird angst, er wirft den Hasen vom Wagen. Da zerreißen die Hunde den Hasen in tausend Stücke, und der Wilde Jäger sagt zu dem Bauern: »Nu bün ick erlöst. Väle hunnert Johr bün ick all hinner den Hasen an wäst un künn em nich kriegen. Un du wardst von nu an mihr Glück hebben mit dien Veeh un Wirtschaft.«

Dem Bauern ist es auch besser gegangen von der Zeit an, und die Wilde Jagd ist nicht wieder gehört worden in jenem Wald. (296)

Frau Gaur in den Zwölften

In der Umgegend von Grabow erzählt man sich viel von »Fruu Gaur«. Sie wird als eine Frau gedacht, die auf einem hölzernen Schlitten, wie man sie noch jetzt [um 1879] bei den Landleuten findet, von Hunden (Wölfen) gezogen durch die Lüfte fährt. Eine Menge Hunde umkreisen das Fuhrwerk, indem sie fortwährend bellen und dadurch einen dem Geschrei der Nachtvögel ähnlichen Lärm verursachen. Gesehen hat sie niemand, und daher weiß man von ihrer Gestalt und Kleidung nichts zu sagen. Um die Weihnachtszeit, in den »Zwölften«, fährt sie mit Hundegebell durch die Luft, segnend und strafend. Dann verschließt der Bauer seine Haustür mit Dunkelwerden; Knechte und Mägde tragen Wasser, Geräte und was sie des Abends gebrauchen, vorher ins Haus, damit keiner mehr nach der Dämmerung draußen zu tun hat; denn Fruu Gaur straft die Nachlässigkeit und Faulheit des Gesindes. Während der Zwölften verbietet sie den Mädchen und Frauen das Spinnen und gibt ihnen überhaupt nur bis Fastnacht Frist dazu. Wenn der

Flachs am Fastelabend nicht aufgesponnen ist, kommt Fruu Gaur und zerreißt den Spinnrocken. Fragt nun fastnachts die Bäuerin ihre Nachbarin, ob sie schon anfängt zu weben, und wird diese antworten, daß sie noch nicht kann, weil sie ihren Flachs noch nicht aufgesponnen hat, so gilt das noch heute als ein Zeugnis der Faulheit.

Eines Abends kommt Fruu Gaur zu einem Bauer in Spornitz [Kr. Parchim], steigt auf seinen Boden und wirft alle zum Feste gebackenen Brote herunter, welche die Hunde schnell verzehren. Der Bauer steht furchtsam dabei, er wagt es nicht, das Vorhaben der Frau zu hindern. Als die Hunde alles Brot aufgefressen haben, sagt Fruu Gaur zu dem Bauer, er solle ihr nun sein größtes Stück Acker zeigen. – Der Bauer denkt: »Das alte Weib ist nicht klug, was will sie von meinem Acker wissen?« Weil er sich aber fürchtet und wünscht, sie sobald als möglich loszuwerden, führt er sie in den Hof (Garten) und zeigt ihr gerade sein kleinstes Ackerstück. Fruu Gaur tobt nun mit ihren Hunden auf diesem Stück auf und ab, so daß keine Stelle nachbleibt, wohin sie nicht gekommen. Darauf verschwindet sie. Als nun die Erntezeit kommt, da gibt des Bauern Hofstück zehnmal soviel Roggen als sonst. Da ärgert sich der Bauer, denn er weiß nun, daß es Fruu Gaur gewesen und er sie zu dem größten Stück hätte führen müssen. (297)

Frau Waur und das weiße Weib in der Lewitz

Auf einer Horst [Anhöhe] in der Lewitz wohnte ein weißes Weib und neckte die Hirten und Forstarbeiter viel. Das Vieh leitete sie irre; und den Arbeitern verstreute sie das Arbeitszeug.

Einst im Herbst brannte der Sukower Schmied auf dieser Horst Kohlen. Als er nun eines Morgens beim Meiler stand und die Rauchlöcher zustopfte, hörte er ein ungewöhnliches Geräusch. Er sah auf und erblickte ein weißes Weib, das in fliegenden Haaren, ungewaschen und schweißtriefend bei ihm vorüberrannte. Halblaut sagte er vor sich hin: »Dor is de oll Fruu Waur woll hinner.«

Nach einigen Augenblicken hörte er Jagdgetöse; und ehe er sich noch recht besinnen konnte, war die Wilde Jägerin bei ihm. »Hest kein witt Wiew seihn?« fragte sie. – »Ja«, antwortete zitternd der Schmied, »vör fief Minuten löp hier ein vörbie, dei hadd sick œwer noch nich kämmt orrer wuschen.« – Da rief Frau Waur: »Hole mir einen Eimer voll Wasser!« Er tat's.

Da stieg die Wilde Jägerin vom Pferde, wusch sich und trocknete sich mit ihrem langen Jagdgewande ab. Dann sprang sie wieder aufs Roß; und fort ging's in wilder Hast.

Nach einer Viertelstunde kam sie wieder zurück und hatte das weiße Weib als Jagdbeute vor sich auf dem Pferde. – Seit der Zeit sah man in der Lewitz kein weißes Weib wieder. (298)

Die geschenkten Späne

Ein Rademacher aus Kobrow [Kr. Sternberg] hatte die Ausbesserung der Wagen, Haken usw. beim Herrn von Pressentin in Leezen [Kr. Schwerin] übernommen und ging, um Zeit zu gewinnen, den weiten Weg des Nachts, beladen mit seinem Handwerkszeug. Zwischen Brütz und Leezen hört er mit einem Male ein schreckliches Stampfen, Heulen und Toben und eine ganze Meute Jagdhunde vorüberlaufen. Erschrocken blickt er um sich und sieht am Wege Frau Wohl sitzen, die auf ihrer wilden Jagd den Wagen zerbrochen [hat]. – Sie befiehlt dem geängstigten Manne, eine neue Deichsel einzusetzen, was er auch schnell besorgt, da er ja das Geschirr dazu bei sich hatte. Zum Dank, sagte sie, solle er sich die Späne aufsammeln und mit nach Hause nehmen. – Da er zögert, nimmt sie selbst drei von der Erde auf und steckt sie in seinen Handschuh.

Am Morgen findet er in demselben drei Taler. Schnell begibt er sich an den Ort, wo er das Holz behauen und die Deichsel hergerichtet, aber es hat kein Span mehr dagelegen. (299)

War's die Wilde Jagd?

Mein Vater hat hier früher gedient in Tietshof, er ist so ein Bengel gewesen von achtzehn Jahren. Er kommt hier von zu Hause [Blankensee, Kr. Neustrelitz] und will abends wieder nach Tietshof raufgehen, das ist so bei zehn Uhr gewesen. Er kommt dort an, wo der Weg nach Cammin [Kr. Neubrandenburg] abgeht; da kommt ja ein fürchterliches Geschrei wie Hundeheulen und Menschengeschrei aus Richtung Cammin und zieht sich in Richtung Wanzka an der Waldgrenze entlang. Da ist er zurückgegangen zu seinen Alten und ist die Nacht hiergeblieben. Und er war gar nicht furchtsam.

Er sagt, er ist oft gewandert in der Nacht, aber hier ist ihm doch graulich geworden. Und am nächsten Tag erst ist er zu seiner Arbeitsstelle hingegangen. Keiner hat ihm sagen können, was das gewesen ist. Man nimmt an, das waren Dünste aus der Erde. Er hat gedacht, das wäre die Wilde Jagd. (300)

Spuk und Spukerscheinungen

Der Amtmann als Pudel

Mehr als hundert Jahre ist es her, da lebte in Feldberg ein Amtshauptmann, der wegen seiner Hartherzigkeit weit und breit gefürchtet war. Weil er nun im Leben so wenig gut getan hatte, konnte er nach dem Tode keine Ruhe finden, sondern mußte in Gestalt eines schwarzen Pudels mit zwei Köpfen, großen, feurigen Augen und acht Beinen, vier davon waren ihm aus dem Rücken herausgewachsen, jede Nacht auf dem »Gottsberge« umgehen. Kam einmal ein argloser Wanderer des Weges daher, so tauchte das unheimliche Tier plötzlich neben ihm auf, fletschte die Zähne, stierte ihn drohend an und lief neben ihm her, wobei es sich mitunter herumwarf und auf den oberen vier Beinen weiterlief. – Ebenso erging es den Fuhrwerken, die den Gottsberg bei Nacht passieren mußten. Die Pferde scheuten bei seinem entsetzlichen Anblick so sehr, daß kein Kutscher sie zu halten vermochte. Erst wenn die Ruhrbucht hinter ihnen lag, wurden sie wieder ruhiger. – Auch in der Amtsstube trieb der Spuk sein Unwesen. Die Schreiber konnten kein Protokoll aufnehmen, ohne daß eine geisterhafte zweite Hand mit ihnen geschrieben hätte. Die Akten flogen auf die Erde, und das Licht wurde ausgeblasen. – Als nun diese Not kein Ende nehmen wollte, beschlossen die Feldberger, den bösen Geist unschädlich machen zu lassen. Sie ließen einen Geisterbanner, den Scharfrichter von Neubrandenburg, kommen, und dieser bannte den Geist in eine große, grüne, bauchige Flasche, deckte sie mit einem silbernen Schilling zu und vergrub sie in der »Voßkuhl«. Hier gehen die Meinungen auseinander. Einige wollen wissen, er sei auf dem »Läbenwierdel« vergraben, andere, er sitze auf dem Amt in einer dunklen Kammer, sei aber durch den Bannspruch machtlos geworden. – Um ganz sicher zu sein, daß auch die unheimliche Hand nicht wiederkehre, ließ man das Grab des bösen Mannes mit einer dicken Steinplatte zudecken. (301)

Spuk in der Kirche

Zu Gadebusch ist ein Priester Hahn gewesen, der stirbt. Das ist zu Weihnachten gewesen. Der Küster geht hinaus, da sieht er ein Licht im Turm. Da ist einer zwischen den Glocken und läutet, als wenn [das Weihnachtsfest] eingeläutet wird. Er sagt das am nächsten Tag dem Pastor. – Der Pastor sagt, er soll ihn rufen, wenn es wieder so kommt.

Am nächsten Tag ist es wieder so. Als sie an den Turm kommen, wo es zu den Glocken geht, sagt der Priester zum Küster: »Jetzt müssen Sie zurückbleiben. Ich werde allein mit ihm sprechen.« – Aus den Glocken haben sie den Geist von Hahn herausbekommen, aber aus dem Beichtstuhl nicht. Wenn der Pastor gekommen ist, ist Hahn auch immer dagewesen. Da haben sie einen zweiten Beichtstuhl gebaut. – Ein alter Gadebuscher hat mir erzählt, Hahn hat wandeln müssen, weil er was auf dem Herzen hatte: Er hat so viele Leute nach Amerika verkauft, als Sklaven. (302)

Die weiße Gestalt

Der Bauer Johann Markwardt in Zieslübbe [Kr. Parchim] hatte ein Mädchen aus Raduhn, das war in der schwarzen Nacht geboren. Das sah immer eine weiße Gestalt, die konnte es erlösen. – Als es einmal nach Hause gegangen ist nach Raduhn und ist dann wieder zurückgekommen, da hat die weiße Gestalt es auf der Grenze wieder abgepaßt und hat es immer gebeten, es solle sie doch erlösen. Wenn es in den Kuhstall mußte zum Melken, dann mußte der Bauer immer mit. Wenn sie im Kuhstall ankamen, dann sagte das Mädchen zu dem Bauern: »Dor in de Eck sitt 't all wedder.«

Und der Bauer war schon ganz furchtsam geworden. Wenn er einmal nach Domsühl gewesen war zu seinen Schwiegereltern und kam zurück, dann ging das bis zur Grenze, da hatte er keine Angst. Doch von da an lief er, was er konnte, und hatte mit seiner Frau abgesprochen, das Schlafstubenfenster aufzulassen. Dann ist er mit einem Satz gleich kopfüber in die Stube hineingestürzt. Das ist tatsächlich passiert.

Das Mädchen hat sich nicht halten können. Es ist später ausgewandert nach Amerika. (303)

Juchhans

Juchhans? Den hat mein Vater selbst erlebt. Früher ist ja der Zwang [Mahlzwang] gewesen: Hornkaten [Kr. Ludwigslust] hat zu der Mühle in Grabow gehört. Einmal hat sich mein Vater mit einem zusammengetan, sie schieben beide nach der Laufmühle bei Göhlen hin.

Als sie zurückkommen, jucht da Juchhans. Meines Vaters Kollege jucht auch. – »Mal ins!« sagt Juchhans. – Der andere jucht wieder. – Mein Vater schiebt vorwärts und schaut sich nach einer Zeit um. Der andere ist nicht zu sehen. Mein Vater geht zurück: Da ist der andere weit entfernt: Er schiebt und schiebt, der Schweiß leckt immer so herunter. – »Na, wat makst du denn? Du kümmst jo nich ut de Städ'!« sagt mein Vater. – »Je, ick weit ok nich«, sagt sein Kollege, »de Kor ward ümmer schwierer un schwierer.« – Mein Vater langt die Kornriemen vom Nacken und nimmt sie doppelt: »Denn willen wi den' ollen Mählsack ollich eins affwalken. Ein«, sagt mein Vater, »twei!« – »Drei ok!« sagt Juchhans. – »Schät ok!« sagt mein Vater: »Nu fat man wedder an!« Da ist die Karre schön leicht, und der andere schiebt wieder los.

Doch es dauert gar nicht lange, da wird die Karre immer schwerer und schwerer und schwerer, und der andere bleibt wieder zurück. Mein Vater wieder hin: »Kümmst je nich nah?« – »Je, de oll Kor will nich ut de Stell.« – »Denn möten wi wedder bie!« Da hat mein Vater ihn [Juchhans] so lange geschlagen, bis nach dem Kreuzweg hin. Da ist Juchhans weggewesen.

Das hat mein Vater selbst erlebt und erzählt. (304)

Die Marienkirche in Neubrandenburg, um 1850

Die vermeintliche Totenhand

In Neubrandenburg war einmal ein alter Nagelschmied, der ein gotteslästerliches Leben führte und sich einst beim Trinken rühmte, daß er sich vor Gott und Teufel nicht fürchte und kein Grauen kenne. Um das zu beweisen, vermaß er sich, in einer Winternacht beim Beginn der Geisterstunde in ein ihm bezeichnetes Grab einen Nagel einzuschlagen.

Er begibt sich auf den Kirchhof der Marienkirche und schlägt, wiewohl von Grauen erfaßt, wirklich mit drei kräftigen Schlägen den Nagel in das Grab. Wie er sich erheben will, vermag er es nicht, denn er hat in der Eile seinen Rockzipfel mit angenagelt. Er glaubt, daß die Hand des Toten ihn festhalte, sinkt bewußtlos nieder, und ein Schlagfluß macht seinem Leben ein Ende. So fand man seine Leiche am andern Morgen mit angenageltem Rocke. – Auch nach dem Tode fand er keine Ruhe, sondern irrt noch [1880] oft um Mitternacht seufzend und klagend auf dem Kirchhof umher. (305)

Bestraftes »Spuken«

In Dammwolde [Kr. Röbel] war ein Pastor, der hatte einen Knecht und zwei Mädchen. Nun kriegte der Pastor einmal Besuch; dem sagte er, er hätte ein Mädchen, die ginge, wenn er sie schicke, im Dunkeln nach der Kirche. – Der andere wollte das nicht glauben, aber der Pastor rief sein Mädchen und sagte: »Gah nah dei Kirch un hal mi dat Bauk von 'n Altor!«

Das Mädchen ging auch. Der Knecht sagte da zu dem andern Mädchen, das seine Braut war: »Täuw, dei will 'ck mal gruugen maken!« Er nahm sich ein Laken über und ging dicht hinter dem Mädchen her.

Sie schloß die Tür auf; und als sie zum Altar hinging, kroch er hinterher und stellte sich bei der Türe hin. Als sie zurückkam, sah sie dort etwas Weißes stehen. Sie ging hinaus, warf die Tür zu und schloß von draußen zu. Er fing nun, da er eingeschlossen war, vor Angst an zu schreien. Sie aber lief weg und gab dem Pastor das Buch.

Am andern Morgen war Johann Friedrich nicht zu finden. Der Pastor fragte das Mädchen. – Die Braut sagte, daß er der andern nachgeschlichen wäre, um sie zu ängstigen. – Da erzählte die: »Ja, in dei Kirch bie dei Dör stünd' wat Witts, dat mag hei wäst sien.« Und nun erzählte sie das Ganze.

Der Pastor ging in die Kirche. Da war Johann Friedrich ganz »zerschmettert«: Ein Bein lag auf dem Altar, der Kopf auf der Kanzel, die Därme hingen über die Bänke, und das andere lag in der hintersten Ecke. (306)

Die spukende Tonne von Buchholz

Das Kirchdorf Buchholz [Kr. Rostock] hat, wie fast alle alten Dörfer, einen Teich mitten im Dorfe. Durch das Dorf geht die alte Landstraße von Bützow nach Rostock. Auf diesem Wege, von Süden her, vom sogenannten Kirchende, kommt alle Nacht eine Tonne ins Dorf gerollt und stürzt sich in den Teich. Obgleich sie niemandem Schaden zufügt, der sie zufällig auf ihrer Wanderung sieht, so ist es doch bei allen solchen Erscheinungen nicht gut, wenn man absichtlich darauf ausgeht, sie zu sehen und zu beobachten. Ein solcher Fürwitz wird allemal bestraft.

Es fand sich einmal im Dorfe ein beherzter Knecht, der bei einem Bauern diente, dessen Gehöft an dem bezeichneten Wege lag. Dieser Knecht stellte sich eines Abends so, daß er die Tonne sehen konnte, wenn sie ankommen und im Teiche verschwinden würde; und zur Vorsicht hatte er alle Türen hinter sich offen gestellt, daß er im Notfalle nach seiner Schlafstelle bei den Pferden flüchten könnte. – Als nun indes die Zeit herankam, worin die Tonne herbeizurollen pflegte, da ergriff den Neugierigen eine solche Angst und Beklommenheit, daß er in vollem Laufe nach seiner Lagerstätte eilte. Aber auf der großen Diele des Viehhauses, über welche sein Weg ihn führte, erhielt er einen so derben Schlag ins Gesicht, daß er fast alle Besinnung verlor und kaum das Bett erreichen konnte. Die Nacht brachte er schlaflos und schweißtriefend zu, auch war er mehrere Tage zur Arbeit unfähig.

Es war freilich nur eine Harke gewesen, die auf der Diele gelegen und dem Knechte, da er darauf getreten, den Schlag versetzt hatte. Aber es war doch die Strafe seiner unbesonnenen Neugierde, und er konnte froh sein, daß ihm nichts Ärgeres widerfahren war. (307)

Das merkwürdige Geräusch

Spukerei gibt es nicht. Das sind alles Tatsachen. In meiner Jugend wurde viel von Spuk erzählt. Ich traute mich im Dunkeln gar nicht hinaus, pinkeln zu gehen. Meine Kinder habe ich nicht mehr »gruugen« gemacht. Und mir geht das in ein Ohr hinein und aus dem andern hinaus. Aber eine Geschichte werde ich dir erzählen:

In diesem Haus wohnte früher der alte Wolgast. Sein Sohn Karl, der war ja schon in der Schule ein Kerl wie ein Bulle. Na, die beiden Alten liegen nachts im Bett. Und da sagt Frau Wolgast: »Vadder, up unsen Bœhn, dor rögt sick wat. Ick glööw, dor sünd weck!« Er ja raus, nimmt sich seinen Browning – nach dem Ersten Weltkrieg hatten ja viele noch Schußwaffen –, und Karl, der nimmt sich einen dicken Knüppel, und dann ja beide rauf die Bodentreppe. Und wenn sich da wieder etwas regte, dann duckten sie sich. Er war ja in der Unterhose, und sie im Nachthemd stand dabei und sagte immer: »Paßt bloß up, dat se juuch nich eens up 'n Kopp haugen!« Er tastet sich ja rauf mit seinem Browning, und als er gerade rüberkieken kann, da läuft das wieder – und da ist das die Katze mit einem Federwisch. Die Katzen gnagen ja immer an den frischen Gänseflügeln. – Siehst du, das ist auch ein Spaß. (308)

Das eingeredete Gespenst

Kennst du die Geschichte von dem Gespenst in Stargard? Im Deutschen Haus der eine Kellner, der kann die Leute so gut verrückt machen. Der hat dem einen eingeredet, am Kirchhof, da spukt es manchmal. Als der ein paar getrunken hat und nach Hause gehen will, sieht er auch wirklich ein Gespenst und kommt ganz aufgeregt zurück.

Als sich das ein paar Tage später rumgesprochen hatte, am Kirchhof ist ein Gespenst gesehen worden, traute sich abends keiner mehr auf die Straße. Die Jungen haben sonst immer abends Räuber und Soldat auf dem Burgberg gespielt. Die saßen nun den ganzen Abend in der Stube und machten Schularbeiten. Soviel Schularbeiten sind in Stargard noch nie gemacht worden. Und Kohlen aus dem Keller holen wollte keiner mehr; hopp-hopp waren sie wieder oben. So fix wurden die Kohlen geholt. Vom Lindenhof und vom Kreuzbruchhof die Kinder kamen einfach nicht mehr in die Schule. Morgens vor acht ist das ja noch dunkel. Die mußten mit dem Auto abgeholt werden. Auch die Alten haben Angst gehabt.

Nun hat sich das wieder ein bißchen beruhigt. Ob da wirklich einer mit dem Laken rumgehopst ist oder ob der sich das bloß eingebildet hat, weiß ich nicht. (309)

Sein eigener Spuk

Von Malk nach Bresegard [Kr. Ludwigslust], beim sogenannten »Kronsberg«, ist ein vier bis fünf Meter tiefer Hohlweg, wo es spukt. Das hat mein eigener Großvater erlebt: Als er an den Hohlweg kommt, hat ihn die Angst gepackt... Je näher er an die Spukstelle herangekommen ist, desto näher ist der Spuk gewesen. Er hat die Priemdose zusammen mit dem Messer in der Rocktasche gehabt, und je schneller er ging, desto lebhafter ist das Geklapper geworden um ihn herum. Aus seinen Schritten ist zuletzt Trapp geworden. Und als er unten gewesen ist, hat er erst einmal stillgestanden und die Gedanken gesammelt. Und dann hat er erst einmal einen Priem abgebissen, und da hat er gemerkt, daß er der Spuk selbst gewesen ist. – Das hat sich in Wirklichkeit so abgespielt. (310)

In der Unterwelt

Die Bergmannsbraut

Da sind eine Braut und ein Bräutigam – ein Bergmann – gewesen, die haben sich verheiraten wollen. Morgens, am Tag vor der Hochzeit, hat er sich sein seidenes Halstuch in die Tasche gesteckt. Abends kommt er nicht wieder. Die Braut hat nie wieder etwas von ihm gehört. Sie hat immer gebetet, wenn er tot sei, möge es unser Herrgott geben, daß er nie verwese und daß sie so lange lebe, daß sie noch ein Wort über ihn höre. – Sie ist hundert Jahre alt geworden.

Er ist im Bergschacht zu Schaden gekommen. Da haben sie einmal den Schacht aufgegraben, dabei haben sie ihn ausgegraben. Er ist nicht verwest gewesen. Kein Mensch hat sich an ihn erinnert, keiner hat ihn gekannt. Sie ist schon auf Krücken gegangen. Da haben sie auch das alte Mädchen zu der Stelle hingebracht: Ob sie ihn kenne? Sie ist ja die Älteste im Dorf gewesen. Als sie ihn sieht, fällt sie mit ihren Krücken über ihn: »Das ist mein geliebter Bräutigam!« – Da ist er zerfallen, und sie ist auch tot gewesen. (311)

Der Schatz in der Maledei

Zu einem alten Böttchermeister aus Cantnitz [Kr. Neustrelitz], der sich im Walde Haselstöcke zu Faßreifen schnitt, kamen zwei Männer und verlangten von ihm, er solle ihnen mit verbundenen Augen folgen und eine kleine Arbeit für sie verrichten. Solange er nicht nach dem Wege forsche, würde ihm nichts zuleide geschehen, im Gegenteil, sie könnten ihm reichen Lohn versprechen. – Der Böttcher erklärte sich bereit und wurde mit verbundenen Augen eine Strecke Weges geführt. Am Bestimmungsorte angelangt, nahm man ihm die Binde ab, und er sah sich in einem Gewölbe vor mehreren großen, bis an den Rand mit Sand gefüllten

Tonnen, die er zuschlagen mußte. Zuvor durfte er sich mit diesem Sande die Taschen füllen, soviel hineingehen wollte. Nach getaner Arbeit führten ihn die Männer auf dieselbe Weise in sein Dorf zurück. Als er nun seine Taschen untersucht, findet er, daß sich der Sand in lauteres Gold verwandelt hat.

Von Neugier und wohl auch von Habgier getrieben, sucht er im Schnee seinen Fußspuren zu folgen und findet, daß sie auf die »Maledei« bei Schlicht zuführen, in der vor Zeiten Raubritter gehaust haben sollen. Ein undurchdringliches Dorngestrüpp hindert ihn am Weiterkommen; er kann nicht eindringen und muß nach mehreren vergeblichen Versuchen nach Hause zurückkehren. Zur Strafe für seinen Wortbruch fand er das Gold wieder zu weißem Sande geworden. (312)

Das Weib mit dem goldenen Kamm

Hart am »Karksee« (Kirchsee) der Insel Poel, auf dem sogenannten »Schloßberge«, liegt, von hohen Wällen umgeben, die ziemlich große Kirche von Kirchdorf. Hier stand vor Zeiten ein Schloß. In dem Schloßberge sind noch viele Gewölbe, in denen große Schätze verborgen sein sollen. Zwei Eingänge führen in das »Slot«, wie die Leute auf Poel den Berg noch nennen, sie sind aber neuerdings vermauert worden.

Vor Jahren spielten drei Knaben am Kirchsee beim Schloßberg. Da kamen sie auf den Gedanken, in das Gewölbe hineinzugehen. Das erste Gewölbe war schmal und leer. Durch eine offene Tür kamen sie in ein zweites, noch größeres. Im Dunkeln weitertappend, sahen sie aus der Ferne ein Licht schimmern. Diesem nachgehend, kamen sie in ein drittes Gewölbe, das von einer Ampel beleuchtet war.

Hier lagen Haufen Goldes. Dem Eingang gegenüber war ein eichener Tisch, auf einem Stuhl daneben saß eine alte Frau schlafend, in ihrer Rechten einen goldenen Kamm haltend, und zu ihren Füßen ein großer Pudel. Die Knaben blieben betroffen stehen. Als der Hund sie sah, sprang er auf und zeigte ihnen die Zähne. Die Knaben fingen an zu schreien.

Da erwachte die Alte und sprach: »Kinnings, kamt man ranne nah mi! Dei Pudel deit juuch nicks.» – Die Kinder aber wagten sich nicht heran. Da lachte die Alte und sagte: »Kamt doch man her! Ji hefft dat Hoor juuch nich kämmt. Kiekt, ick will juuch mit dissen golden Kamm kämm'n.« Als die Kinder auch jetzt nicht wollten, sagte sie: »Wer kümmt, sall sick ok von dat Geld all de Taschen vullstäken.« – Da ging der eine Knabe hin, und sie fing an, ihn mit dem Kamme zu kämmen. Aber sein Haar verwandelte sich in Pudelzotten, und er wurde mehr und mehr einem Pudel ähnlich.

Da erfaßte Entsetzen die beiden anderen. Sie liefen fort, erreichten auch glücklich den Ausgang, brachen aber dort ohnmächtig zusammen. Den dritten Knaben sah man nicht wieder, und die beiden anderen starben bald darauf.

Alle zehn Jahre um Mitternacht schickt das Weib mit dem goldenen Kamm ihre Pudel auf den Schloßberg, die die dort weidenden Kühe um die Kirche hetzen. Man sieht die Pudel nicht, auch hört man sie nicht bellen; aber das Vieh brüllt und rennt ängstlich umher. (313)

Im Paradies

In Glienke, bei Neubrandenburg, erzählt man sich folgende Sage: Zwei Knechte dienten zusammen bei einem Herrn. Sie waren sehr gute Freunde und versprachen, wenn sie sich trennen müßten, doch gegenseitig auf ihrer Hochzeit sich zu besuchen.

Nach einigen Jahren machte der eine Knecht Hochzeit und lud seinen Freund dazu ein, und sie waren sehr lustig miteinander. Der Verheiratete kam aber bald in Not und ließ sich dadurch zum Stehlen verleiten. Er wurde gleich beim ersten Mal ertappt und nach kurzem Prozeß am Galgen aufgehängt.

Um diese Zeit machte sein Freund auch Hochzeit. Einige Tage vorher ging er in die Stadt, um einzukaufen, und sein Weg führte ihn am Galgen vorüber. Er gedachte seines Freundes, der immer so brav gewesen und daß gewiß nur die Not ihn zum Unrecht verleitet [habe]. Dabei betete er ein Vaterunser für ihn und sagte: »Auf deiner Hochzeit bin ich so vergnügt gewesen, und du hast mir versprochen, auf meine zu kommen, und kannst nun nicht kommen.« – Auf einmal hörte er vom Galgen her deutlich die Worte: »Ich werde doch kommen!«

Am Hochzeitstage teilte der Bräutigam dem Pastor mit, welchen Gast er noch erwarten dürfe, und bat, wenn er wirklich käme, ihn zwischen Pastor und Küster setzen zu dürfen. Richtig kam der Gehenkte mit dem Strick um den Hals, setzte sich schweigend an den bezeichneten Platz, aß und trank und entfernte sich dann schweigend.

An der Tür winkte er dem Bräutigam, ihn zu begleiten, und als sie vors Dorf gekommen [waren], sagte er: »Durch dein Vaterunser hast du mich erlöst, habe Dank!« Sie gingen noch eine Strecke zusammen – und im Gehen merkt der Bräutigam, wie die Gegend verändert ist. Sie sind in einem großen herrlichen Garten. »Willst du nicht umkehren?« fragt der Tote. »Man wird dich vermissen.« – »O laß mich bleiben! Es ist hier so schön!« – »Du sollst wissen, daß wir im Paradiese sind. Du darfst aber nun nicht weiter mitgehen. Lebe wohl!« Und damit verschwindet er.

Der Bräutigam kehrt nach seinem Dorfe um, aber erst am dritten Tage kommt er dahin. Er findet alles verändert, er fragt nach seiner Braut. – Keiner kennt sie und ihn.

Da geht er zum Pastor. Auch das ist ein ganz fremder Mann. Auf seine Mitteilung, daß er vor ein paar Tagen hier getraut worden, schlägt der Pastor im Kirchenbuche nach, immer weiter zurück, und da findet sich, daß vor hundertfünfzig Jahren ein Mann dieses Namens getraut worden. – Da bittet er den Pastor, ihm das Abendmahl zu reichen, und als er es genommen, sinkt er als ein Häufchen Asche vor des Pastors Füßen zusammen. (314)

Der Schmied in der Unterwelt

Auf der Hohen Burg [Kr. Güstrow] soll in alten Zeiten ein mächtiges Schloß gestanden haben, von welchem aus ganz Mecklenburg beherrscht wurde. Später soll es aber in die Tiefe des Berges versunken sein, und die Hohe Burg ist jetzt mit Waldungen bedeckt.

Eines Tages hatte sich an dem Berge ein wandernder Schmiedegeselle niedergelegt, um sich ein wenig von der Reise auszuruhen. Dabei war er eingeschlafen. Bald aber wurde er aus dem Schlafe geweckt, und er sah vor sich ein altes Männchen mit grauem Bart. – Das Männchen fragte ihn, ob er wohl Lust habe, sich ein schönes Stück Geld zu verdienen. – Der Schmiedegeselle meinte, wenn ihm dieses auf ehrliche Weise möglich sei, sei ihm damit sehr gedient. – Das Männchen nickte ihm zu und bedeutete ihm, mitzukommen. Der Geselle folgte ihm, und nach einer kurzen Strecke kamen sie an eine Tür, welche in das Innere des Berges führte. Sie traten ein und kamen bald in einen großen weiten Stall, in welchem viele hundert Pferde standen. – Das Männchen forderte ihn nun auf, die Pferde zu beschlagen. – Der Geselle fand auch eine vollständige Schmiede im Berge und Kohlen die Menge. Das Männchen zog ihm den Blasebalg, und der Geselle fing nun wacker an zu arbeiten und beschlug ein Pferd nach dem andern.

Darauf verging ein volles Jahr. Da waren alle Pferde beschlagen. Zum Lohne bekam er nun von dem Männchen so viel Geld, als er in seinem Ranzen tragen konnte. Darauf führte ihn das Männchen wieder hinaus und sagte ihm noch beim Abschied, durch diese Pferde würde Mecklenburg einst wieder ein großes und mächtiges Königreich werden, wie es vor Zeiten gewesen sei.

Der Schmiedegeselle ging darauf seines Weges weiter und ist später ein sehr wohlhabender Mann geworden. (315)

NACHWORT

Zur Sagenüberlieferung in Mecklenburg

Über die ältere Sagentradition in Mecklenburg ist kaum etwas bekannt: Die reiche Chronikliteratur von Thietmar von Merseburg († 1018) bis David Chyträus († 1600) ist bisher nicht systematisch auf ihren Gehalt an Erzählstoffen hin untersucht; im Schrifttum der nachreformatorischen Zeit wird nur sporadisch auf Sagensujets verwiesen; und die Sagenaufzeichnung im Gefolge der Brüder Grimm setzte hier erst in der zweiten Hälfte des 19. Jahrhunderts ein. Dabei hat auch in Mecklenburg die Überlieferung von Erzählgut historischen oder mythischen Gehalts zweifellos seit Jahrhunderten eine Rolle gespielt; und Generationen einfacher Menschen standen so im Banne dieses Erzählguts, daß es nicht nur ihr Denken, sondern ihr Leben wesentlich mitbestimmte.

Ein seltenes Zeugnis dafür findet sich in der Autobiographie Heinrich Schliemanns, jenes 1822 geborenen mecklenburgischen Pastorensohns, den das Sagenerlebnis der Kindheit in Ankershagen (Kr. Waren) zur Ausgrabung Trojas inspirierte. Er schreibt darüber:

»In unserm Gartenhause sollte der Geist von meines Vaters Vorgänger, dem Pastor von Russdorf, ›umgehen‹; und dicht hinter unserm Garten befand sich ein kleiner Teich, das sogenannte ›Silberschälchen‹, dem um Mitternacht eine gespenstische Jungfrau, die eine silberne Schale trug, entsteigen sollte. Ausserdem hatte das Dorf einen kleinen, von einem Graben umzogenen Hügel aufzuweisen, wahrscheinlich ein Grab aus heidnischer Vorzeit, ein sogenanntes Hünengrab, in dem der Sage nach ein alter Raubritter sein Lieblingskind in einer goldenen Wiege begraben hatte.

Ungeheuere Schätze aber sollten neben den Ruinen eines alten runden Thurmes in dem Garten des Gutseigenthümers verborgen liegen. Mein Glaube an das Vorhandensein aller dieser Schätze war so fest, dass ich jedesmal, wenn ich meinen Vater über seine

Geldverlegenheiten klagen hörte, verwundert fragte, weshalb er denn nicht die silberne Schale oder die goldene Wiege ausgraben und sich dadurch reich machen wollte?

Auch ein altes mittelalterliches Schloss befand sich in Ankershagen, mit geheimen Gängen in seinen sechs Fuss starken Mauern und einem unterirdischen Wege, der eine starke deutsche Meile lang sein und unter dem tiefen See bei Speck durchführen sollte; es hiess, furchtbare Gespenster gingen da um, und alle Dorfleute sprachen nur mit Zittern von diesen Schrecknissen.

Einer alten Sage nach war das Schloss einst von einem Raubritter, namens Henning von Holstein, bewohnt worden, der, im Volke ›Henning Bradenkirl‹ genannt, weit und breit im Lande gefürchtet wurde, da er, wo er nur konnte, zu rauben und zu plündern pflegte. So verdross es ihn denn auch nicht wenig, dass der Herzog von Mecklenburg manchem Kaufmann, der an seinem Schlosse vorbeiziehen musste, durch einen Geleitsbrief gegen seine Vergewaltigungen schützte, und um dafür an dem Herzog Rache nehmen zu können, lud er ihn einst mit heuchlerischer Demuth auf sein Schloss zu Gaste. Der Herzog nahm die Einladung an und machte sich an dem bestimmten Tage mit einem grossen Gefolge auf den Weg. Des Ritters Kuhhirte jedoch, der von seines Herrn Absicht, den Gast zu ermorden, Kunde erlangt hatte, verbarg sich in dem Gebüsch am Wege, erwartete hier hinter einem, etwa eine viertel Meile von unserm Hause gelegenen Hügel, den Herzog und verrieth demselben Henning's verbrecherischen Plan. Der Herzog kehrte augenblicklich um. Von diesem Ereigniss sollte der Hügel seinen jetzigen Namen ›der Wartensberg‹ erhalten haben. Als aber der Ritter entdeckte, dass der Kuhhirte seine Pläne durchkreuzt hatte, liess er den Mann bei lebendigem Leibe langsam in einer grossen eisernen Pfanne braten, und gab dem Unglücklichen, erzählt die Sage weiter, als er in Todesqualen sich wand, noch einen letzten grausamen Stoss mit dem linken Fusse. Bald danach kam der Herzog mit einem Regiment Soldaten, belagerte und stürmte das Schloss, und als Ritter Henning sah, dass an kein Entkommen mehr für ihn zu denken sei, packte er alle seine Schätze in einen grossen Kasten und vergrub denselben dicht neben dem runden Thurme in seinem Garten, dessen Ruinen heute noch zu sehen sind. Dann gab er sich selbst den Tod. Eine lange Reihe flacher Steine auf unserm Kirchhofe sollte des Missethäters Grab bezeichnen, aus dem Jahrhunderte lang sein linkes, mit einem schwarzen Seidenstrumpfe bekleidetes Bein immer wieder herausgewachsen war. Sowol der Küster Prange als auch der Todtengräber Wöllert beschworen hoch und theuer, dass sie als Knaben selbst das Bein abgeschnitten und mit dem Knochen Birnen von den Bäumen abgeschlagen hätten, dass aber im Anfange dieses Jahrhunderts das Bein plötzlich zu wachsen aufgehört habe.

Natürlich glaubte ich auch all dies in kindlicher Einfalt, ja bat sogar oft genug meinen Vater, dass er das Grab selber öffnen oder auch mir nur erlauben möge, dies zu thun, um endlich sehen zu können, warum das Bein nicht mehr herauswachsen wolle.

Einen ungemein tiefen Eindruck auf mein empfängliches Gemüth machte auch ein Thonrelief an einer der Hintermauern des Schlosses, das einen Mann darstellte und nach dem Volksglauben das Bildniss des Henning Bradenkirl war. Keine Farbe wollte auf demselben haften, und so hiess es denn, dass es mit dem Blute des Kuhhirten bedeckt sei, das nicht weggetilgt werden könne. Ein vermauerter Kamin im Saale wurde als die Stelle bezeichnet, wo der Kuhhirte in der eisernen Pfanne gebraten worden war. Trotz aller Bemühungen, die Fugen dieses schrecklichen Kamins verschwinden zu machen, sollten dieselben stets sichtbar geblieben sein – und auch hierin wurde ein Zeichen des Himmels gesehen, dass die teuflische That niemals vergessen werden sollte...« (Schliemann 1892, S. 2–4).

Eine lokale Sagenüberlieferung, wie sie hier geschildert wird, gab es sicherlich an vielen Orten; und daß die »Dorfleute... nur mit Zittern« davon sprachen, dürfte ebenfalls lange und weithin typisch gewesen sein. Um 1830, als der junge Schliemann in diese Sagenwelt hineinwuchs, nahm die Bildungsschicht in Mecklenburg freilich noch kaum Notiz von der Volkssage.

So bringen die »Mecklenburgischen Sagen« von Friedrich Studemund (1822 ff., als Buch 1848) nahezu ausschließlich angelesene oder selbstgedichtete Historien und Romanzen, die nur zum Teil Sagenstoffe wiedergeben (vgl. Nr. 32, 55 unserer Ausgabe). Erst der Dorfpastor Johann Jacob Nathanael Mussäus, dem wir die erste volkskundliche Darstellung der »niedern Stände auf dem flachen Lande« in Mecklenburg verdanken (1837), wies auf die »Menge von Mährchen, Sagen (Läuschen)« hin, die hier erzählt wurden. Er war auch einer der ersten, die solche Erzählungen aufschrieben, brachte jedoch alles, was er in seiner Gemeinde zu hören bekam, für den Druck (1840) ins Hochdeutsche (vgl. Nr. 224, 263, 291). Dagegen teilte der Advokat Wilhelm Raabe die Sagen in seinem »Allgemeinen plattdeutschen Volksbuch« (1854) folgerichtig in der Mundart mit – leider ohne Hinweis auf die Quellen (vgl. Nr. 151, 176, 190, 199, 205).

Eine erste größere Sagensammlung veranlaßte der promovierte Röbeler Maler Albert Niederhöffer, indem er seine Landsleute um entsprechende Zuschriften bat. Seine Aufrufe fanden ein erstaunliches Echo, so daß er in rascher Folge vier Bände »Mecklenburg's Volkssagen« (1857–1862) herausbringen konnte. Sie enthalten zahlreiche mythische und historische Sagen, die nicht nur als »Volksüberlieferung» deklariert sind (II, S. 27; III, S. 133; vgl. Nr. 58, 125, 137 usw.), sondern sicherlich auch darauf zurückgehen (vgl. Nr. 29, 34, 80, 83, 121 usw.). Vielfach wirkt nur das Honoratiorendeutsch der Beiträger verfremdend. Ein Teil der Texte besteht allerdings aus breit angelegten Sagennovellen und -gedichten, die der Herausgeber aus »literarischen Kreisen« zugesandt erhielt oder selbst verfaßte (vgl. Nr. 30, 97, 164, 261, 262). Das gibt der Anthologie, in der erstmals vermerkt ist, von wem die jeweilige Niederschrift stammt, einen weithin belletristischen Anstrich – und unterstreicht, daß es sich hier um Sagengut in bürgerlicher Adaption handelt.

Bereits 1867 startete der Rostocker Germanistikprofessor Karl Bartsch daher eine neue Sammelaktion, die vom »Verein für meklenburgische Geschichte und Alterthumskunde« mitgetragen wurde. An ihr beteiligten sich Beiträger aus allen Sozialschichten, die meist aus eigener Erinnerung schöpften. Zugleich wurde das bisher Gesammelte gesichtet. So finden sich in dem umfangreichen zweibändigen Werk »Sagen, Märchen und Gebräuche aus Meklenburg« (1879/80), das Bartsch (seit 1871 in Heidelberg) zusammenstellte, viele Texte aus den älteren Sammlungen neu abgedruckt. Bartsch griff vor allem dann auf sie zurück, wenn ihm seine Helfer im Lande keine erzählerisch gleichwertigen Texte zugeschickt hatten. Dabei übernahm er die Sagen von Mussäus und Raabe nahezu wortgetreu, während er die Texte bei Niederhöffer teilweise radikal kürzte bzw. sie (nach damaliger Auffassung) »sagengerecht« umformte (vgl. Nr. 12f., 23, 75, 92f. usw.). Den größten Teil seines Materials verdankte Bartsch jedoch den neuen Aufzeichnungen, die überwiegend gängige Sagenstoffe festhielten. Er ordnete das ganze Sagengut nach inhaltlich-thematischen Gesichtspunkten, so daß sich deutlich die unterschiedlichen Sagenkreise um die Wilde Jagd, um Riesen, Zwerge, den Teufel, Hexen, Gespenster usw. abzeichneten, und druckte auch mehrere Varianten derselben Sage ab, wenn sie ihm vorlagen, so daß sich die verbreiteten Sageninhalte heraushoben. Damit bot die Ausgabe nicht nur einen Überblick über die bis dahin bekannte mecklenburgische Sagenüberlieferung, sondern vermittelte auch einen Eindruck von dem lebendigen Sagengut der Zeit. »Der Bartsch« gilt bis heute als Standardwerk, dessen Erscheinen lange Jahre weitere Sammlungen überflüssig zu machen schien.

So knüpfte denn auch der Warener Gymnasiallehrer Richard Wossidlo, als er 1886 seine lebenslange volkskundliche Sammelarbeit in Mecklenburg begann, nicht bei Bartsch an. Im Gegensatz zu seinen Vorgängern zog er selbst über Land, um sich nach Sprichwörtern, Rätseln und Reimen, Sagen, Märchen und Schwänken umzuhören, und wandte sich dabei bewußt an eine andere soziale Trägerschicht: Ihm ging es um das Erzählgut der »einfachen Leute«, der Tagelöhner, Knechte, Hirten, Kleinbauern, Handwerker usw., die aufgrund ihrer geringen Schulbildung und ihrer sozialen Lage kaum Zugang zur bürgerlichen Kultur ihrer Zeit hatten. Zugleich war Wossidlo bemüht, alles »im Volk« Erzählte möglichst genau zu erfassen. Er zeichnete es daher grundsätzlich in der Mundart der Erzähler auf und versuchte, das Gehörte wörtlich mitzuschreiben. Dabei stellte er bald fest, daß nach wie vor Sagen im Mittelpunkt des dörflichen Erzählens standen, aber erzählerisch weit weniger ausgeformt waren als in den Ausgaben von Niederhöffer und Bartsch. Das Gros der ca. 30000 Sagen, die Wossidlo aus dem »Volksmund« zusammentrug, sind nicht abgerundete Erzählungen, sondern knappe Berichte oder ganz kurze Mitteilungen, oft in einem einzigen Satz. Das mag gelegentlich mit der nur flüchtigen Notiz schon oft gehörter Sagenstoffe zusammenhängen, spiegelt jedoch im allgemeinen die mündliche Überlieferung realistisch wider (vgl. Nr. 4, 5, 26, 49f., 141). In seinen Veröffentlichungen bis hin zu der Torso gebliebenen Ausgabe »Mecklenburgische Sagen« (Bd. I–II, 1939) verkürzte Wossidlo die Sagentexte freilich zum Teil noch mehr, da es ihm oft nur auf die Dokumentation einzelner Sagenzüge ankam. Nur in dem von Gisela Schneidewind edierten Band »Herr und Knecht. Antifeudale Sagen aus Mecklenburg« (1960) sind die plattdeutschen Sagenaufzeichnungen Wossidlos generell im Wortlaut wiedergegeben (und ins Hochdeutsche übersetzt; vgl. unsere Ausgabe Nr. 37, 39, 43, 48ff. usw.).

Die ausführlicheren, zum Teil an Bartsch orientierten Sagentexte, die sich im Wossidlo-Archiv finden, wurden dem »Volksprofessor« zumeist von seinen zahlreichen freiwilligen Mitarbeitern im Lande zugesandt (vgl. Nr. 25, 79, 94, 108, 111 usw.). Einer von ihnen, der Antiquitätenhändler Martin Pfitzner aus Neustrelitz, trat auch mit einer bemerkenswerten eigenen Sammlung hervor (1938; vgl. Nr. 90, 104, 143f., 221 usw.). Was darüber hinaus an Sagensammlungen existiert, fußt entweder auf älteren gedruckten Quellen (vgl. S. 295) oder ist unerheblich. Meine eigenen Aufzeichnungen erfassen dann im wesentlichen nur noch den Ausklang der alten Sagentradition (vgl. Nr. 110, 171ff., 300, 303, 308ff.).

Diesen Ausklang meinten allerdings auch schon manche Aufzeichner des 19. Jahrhunderts feststellen zu können. So heißt es etwa bei Niederhöffer: »Vor diesem . . ., da glaubte man noch viel an Spuken, und unsere Väter wußten gar manche Stückchen der Art zu erzählen. Nun ist man freilich weit darüber hinaus; die junge Welt ist aufgeklärter, und will nichts von alle dem mehr wissen« (II, S. 44). Zugleich finden sich jedoch Hinweise wie: »Hunderte von Geschichten wußte man von diesem Gespenste (gemeint ist Juchhans, vgl. Nr. 304) zu erzählen« (II, S. 80). »Noch viele Geschichten werden von dem wilden Jäger Jenn oder Jenner im Lande Stargard erzählt . . .« (III, S. 95) usw. Noch am Ende des 19. Jahrhunderts bestand die übliche Kommunikation vieler Gewährsleute, die Wossidlo bereitwillig ihre Sagen erzählten, im mündlichen Austausch der gängigen Wissens- und Glaubensinhalte. So waren »Lied und Sage«, wie er rückschauend in seinem Sagenbuch (1939) bemerkte, »damals neben der Predigt die geistige Nahrung des Landvolkes« (I, S. XIV). Immerhin bekam Wossidlo über 6000 Spukgeschichten und fast 3000 Hexensagen zu hören, die »vielfach den Kern der dörflichen Unterhaltung« bildeten (II, S. 300).

Hier fand die verbreitete Angst vor Gespenstern und Schadenzauber ihren sprachlichen Niederschlag. Eine ähnlich große Rolle spielten die Sagen um den Teufel und um Teufelsbündner, in denen der Teufel in der Regel als lebensbedrohend, oft aber auch als »dummer Teufel« geschildert wurde. Der Glaube, daß Tote wiederkehrten, wenn sie eine schwere Schuld nicht gesühnt hätten, oder ihnen nach dem Tode Unrecht widerfahre, fand in einer Fülle von Totensagen Ausdruck. Von dem im Sturmgebraus einherziehenden Totenheer berichteten die vielerzählten Sagen von der Wilden Jagd. Furcht vor persönlicher Unbill hielt die überlieferten Sagen von Werwölfen und vom Mahrrieden (Alpdrücken) lebendig, von denen die Menschen gepeinigt würden. Und Sagen von verborgenen Schätzen und mißglückter Schatzhebung gaben immer wieder neu der Phantasie von Erzählern und Hörern Nahrung, die selbst in Armut lebten. Auch die Sagen über den Schloßgeist Petermännchen, über Zwerge und Kobolde sowie Frevel aller Art wurden viel erzählt, wie die Fülle der Aufzeichnungen zeigt. In all diesen Sagen geht es zum einen um menschliches Fehlverhalten mit weitreichenden Konsequenzen, zum andern um mehr oder minder wahrscheinliche Begegnungen mit der Welt des Numinosen, die bis ins 20. Jahrhundert Erzähler wie Hörer gedanklich stark beschäftigte (vgl. Nr. 146, 158, 160, 169, 172 usw.). Mit Spuk- und Gespenstersagen z. B., die hier nur mit relativ wenigen Textbeispielen vertreten sind (vgl. Nr. 301 ff.), ließe sich ein eigener Band füllen.

Daneben traten die »historischen Sagen« in der mecklenburgischen Erzählüberlieferung deutlich zurück. In ihnen ist weniger von herausragenden geschichtlichen Ereignissen die Rede als von lokalen Begebenheiten, die das Leben der Vorfahren betrafen. Dennoch haben sich über die »Wendenzeit«, das Raubritter- und

Räuberunwesen, den Dreißigjährigen Krieg (die »Schwedenzeit«), den Siebenjährigen Krieg (die »Preußenzeit«) und die napoleonische Fremdherrschaft (die »Franzosenzeit«) eigene Sagenzyklen herausgebildet, in denen menschliche Schicksale vor dem meist nur angedeuteten historischen Hintergrund geschildert werden. Die Texte bei Niederhöffer und Bartsch lassen vielfach erkennen, daß ihre dem Bildungsbürgertum angehörenden Aufzeichner ihr eigenes Geschichtswissen in die Sagenaufzeichnung mit einbrachten (vgl. Nr. 1, 3, 7, 14f. usw.). Solches Wissen, durch Kalender oder Zeitung vermittelt, mag zum Teil auch auf die volkstümliche Überlieferung abgefärbt haben. So meinte Wossidlo, der in der Neubrandenburger Gegend auf eine Vielzahl von »Rethra-Sagen« (Nr. 3ff., 6) stieß, ihm sei »aus den Erzählungen der Alten immer wieder vor Augen getreten, wie früher das ganze Innenleben der dort seit Jahrhunderten ansässigen Bevölkerung angefüllt war mit den Vorstellungen von dem Glanz der im Volksmunde Schön-Rethra genannten Tempelstätte, von den vergrabenen Schätzen, dem Untergang der übermütigen Bewohner, der Flucht mit dem goldenen Götzen usw.« (II, S. XXV). Das Bild, das die von ihm notierten Rethra-Sagen vermitteln, ist freilich so bunt und widersprüchlich, wie sich menschliche Phantasie ferne Zeiten nur ausmalen konnte (vgl. Nr. 4f.). Und das gilt mehr oder minder auch für die mündlich überlieferten Sagen zur Historie der Folgezeit (vgl. Nr. 19, 26, 28, 39, 66 usw.). Daß sich hier die Grenzen zwischen historischen und mythischen Sagen vielfach verwischten, war nur natürlich. Zudem konnte die gleiche Sage durch leichte Veränderungen einen ganz unterschiedlichen Gehalt und Akzent bekommen (vgl. Nr. 6 und 250, 51 und 244). Zum Teil war aber auch der Einfluß schriftlicher Überlieferung wirksam, oder die Erinnerung an ein dramatisches Geschehen hielt sich über Generationen so wach, daß das Berichtete doch recht genau ausfiel (vgl. Nr. 37, 48, 49f., 95, 106ff. usw.). Natürlich sind auch diese Sagen selbst dort, wo sie die unmittelbare Lebenswelt der Erzähler betreffen, keine verläßlichen historischen Quellen. Dazu war immer zu viel Phantasie mit im Spiel. Aber sie geben uns doch Hinweise darauf, was das Volk im alten Mecklenburg von seiner Geschichte wußte und wie es sie sah.

Bei der Lektüre des Textteils fällt auf, daß den »alten Sagen« ein hohes Maß an Information zugebilligt wurde: »Die Sage berichtet uns, daß vor uralten Zeiten...« (Nr. 30), »Nach einer alten Sage haben die Mönche...« (Nr. 80) usw. Vielfach knüpfte der Sageninhalt ja an Gebäude, Kunstwerke oder einfach große Steine an, die nicht nur wirklich existent waren, sondern erklärungsbedürftig schienen (vgl. Nr. 7, 55ff., 61 usw.). Andererseits konnte auch im nachhinein ein Hünengrab zum Indiz dafür werden, daß es einmal Riesen gegeben hätte, oder der Fund alter Waffen bestätigen, daß an dieser Stelle tatsächlich einst eine Burg stand (vgl. Nr. 257, 260, 3, 15, 25, 32 usw.). Noch eingängiger waren Hinweise darauf, daß man selbst solche Sachzeugnisse kenne, oder die Berufung auf Leute, die das Geschilderte bezeugen könnten (vgl. Nr. 43, 204, 226, 240, 283). So nennen die Erzähler auch gerne diejenigen, von denen sie die Sagen gehört haben (vgl. Nr. 28, 37, 94f., 98 usw.), soweit sie nicht eigenes Erleben berichten (z. B. Nr. 172f.). Ebensooft findet sich freilich nur der Hinweis, das werde allgemein erzählt (vgl. Nr. 16, 83, 96, 127, 136 usw.), was durchaus auch eine gewisse Distanz zu dem Sageninhalt ausdrücken konnte. Bemerkenswert sind zum einen die sozialkritischen Akzente in einer Reihe von Sagen, die sich vor allem gegen die feudale Oberschicht richten (vgl. Nr. 12f., 38, 41, 48 usw.), zum andern Züge einer ergebenen Frömmigkeit, namentlich in den Texten bei Niederhöffer, die so ausgeprägt in der späteren Überlieferung nicht wiederkehren (vgl. Nr. 8, 68, 70, 72f. usw.).

Wie schwierig die Wege dieser Überlieferung zu erfassen sind, deutet der Text Nr. 21 an, in dem der Aufzeichner einen alten Mann so erzählen läßt, wie dessen Großvater zu erzählen pflegte. Da stehen nicht nur unterschiedliche Erzählweisen nebeneinander. Die mitgeteilten Fassungen der Sage von Henning Bradenkierl zeigen, daß es sich hier um verschiedene Überlieferungsebenen handelt. Die akademisch nüchterne Wiedergabe des Sagenstoffes durch Bartsch (Nr. 37) oder die distanzierte Nacherzählung Schliemanns (S. 279) weisen schon vom Text her auf eine andere soziale Trägerschicht als die naiv pseudo-realistische Mundartversion eines Landarbeiters (Nr. 38). Gewiß – auch Bartsch und Schliemann beziehen sich auf den »Volksmund«, geben jedoch ihren eigenen Duktus wieder. Wossidlo hat zwar während seiner langen Sammelarbeit eine Fülle von Äußerungen über die Quellen seiner Erzähler sowie ihre unterschiedliche Einstellung zur Sage notiert und in der Einführung zu seinem Sagenbuch mitgeteilt. Aber wie die Sage in den verschiedenen Sozialschichten im Alltag, in der mündlichen Erzählung wirklich „lebte“, darüber wissen wir immer noch wenig. Ziel dieser Ausgabe ist es daher, zumindest Zugänge zur mecklenburgischen Sagenwelt zu öffnen.

Zu dieser Ausgabe

Das Anliegen dieser Sagenreihe des Bechtermünz Verlages, die Sagen der verschiedenen deutschen Landschaften Lesern im gesamten deutschsprachigen Raum zugänglich zu machen, verlangt den Abdruck vor allem schriftsprachlicher Texte. Doch aus Mecklenburg liegt nur das bis ca. 1870 gesammelte Sagengut in überwiegend hochdeutschen Fassungen vor, während das anschließend zusammengetragene, bei weitem reichhaltigere Material fast ausschließlich in der Mundart aufgezeichnet wurde. Die Auswahl mußte sich daher vor allem auf die älteren Sammlungen stützen, sollten vom Herausgeber unbearbeitete Texte geboten werden, und konnte demzufolge die jüngeren Aufzeichnungen, die eine Übersetzung notwendig machten, nur in begrenztem Ausmaß berücksichtigen. Dennoch wurde versucht, die aufgrund ihres Gehalts und ihrer Verbreitung wichtigsten Sagensujets aufzunehmen und einen repräsentativen Querschnitt der Überlieferung zu bieten, zumindest was die motivische Seite betrifft. Zugleich wurde Wert darauf gelegt, keine Sagenbruchstücke, sondern erzählerisch abgerundete Sagentexte zu bringen, die einen Eindruck von der inhaltlichen Substanz der Stoffe vermitteln und heutige Leser noch anzusprechen vermögen. So fiel auch von daher ein großer Teil des oft fragmentarischen jüngeren Materials aus.

Andererseits sollten nicht nur Sagenstoffe, sondern auch der wechselnde Duktus der Überlieferung dokumentiert werden. So ste-hen am Anfang jeder Sagengruppe die am Schreibtisch produzierten oder bearbeiteten Sagen der Sammlungen von Studemund bis Bartsch und Krambeer, denen sich hochdeutsche Übertragungen früher Mundarttexte und im Wortlaut notierter Volkssagen anschließen. Um etwas von der sprachlichen Eigenart dieser Erzählungen zu bewahren, wurden jedoch die Dialoge der Sagengestalten in der Mundart belassen. Außerdem sind mehrmals hoch- und plattdeutsche Varianten gleicher oder ähnlicher Sagensujets nebeneinandergestellt, die den Unterschied zwischen bewußter schriftlicher Formulierung und spontaner mündlicher Wiedergabe veranschaulichen (vgl. Nr. 3ff., 16 und 19, 25f., 36f., 135f., 138 und 141, 274f., 291 und 292).

Die Wiedergabe der hoch- und plattdeutschen Texte folgt wortgetreu der jeweiligen Vorlage, so daß diese nicht nur von Inhalt und Auffassung her, sondern auch sprachlich den Geist der Zeit ihrer Niederschrift widerspiegeln. Auch die Übersetzung ins Hochdeutsche hält sich so eng wie möglich an die Originale. Gelegentliche Zusätze des Herausgebers (vor allem Kreisangaben zu Orten und Jahreszahlen) stehen in eckigen Klammern; Kürzungen sind durch drei Punkte im Text gekennzeichnet bzw. in den Anmerkungen vermerkt; lediglich Änderungen der Sagenüberschriften werden nicht erwähnt. So ist im Prinzip die wissenschaftliche Benutzbarkeit der Ausgabe gewahrt.

Auch die Quellenangaben und Anmerkungen zu den Texten sind für den an Fragen der Erzählforschung Interessierten gedacht, richten sich aber an alle Leser, die etwas über die abgedruckten Sagentexte wissen möchten. Dabei können die notierten Parallelbelege nur Hinweise auf die tatsächliche Überlieferung sein. Die vollständige Aufarbeitung des reichen Sagenguts im Wossidlo-Archiv steht noch aus.

Zu danken habe ich insbesondere Frau Ingeborg Müller für ihre Auskünfte über dieses Sagengut, dessen Katalogisierung sie vor Jahren in Angriff genommen hatte, Frau Thea Luth-Hartmann und Frau Gerda Witte für ihre Mithilfe bei der technischen Herstellung des Manuskripts sowie Herrn Dr. Ralf Wendt für seine Unterstützung bei der Beschaffung der Abbildungen.

ANHANG

Literatur

AaTh = Aarne, Antti / Thompson, Stith: The Types of the Folktale. A Classification and Bibliography. Second Revision Helsinki 1961.

Ahrens 1876 = Ahrens, W.: Historisch-topographische Skizzen aus der Vorzeit der Vorderstadt Neubrandenburg. Neubrandenburg 1876.

Barnewitz, Hans W.: Aus Bützows Sagenwelt. In: Festschrift zur 700-Jahr-Feier der Stadt Bützow. Bützow 1929, S. 87–92.

Bartsch I, II = Bartsch, Karl: Sagen, Märchen und Gebräuche aus Meklenburg. Bd. I–II, Wien 1879, 1880. Nachdruck Hildesheim 1978.

Bausinger, Hermann: Formen der »Volkspoesie«. Berlin 1968.

Bechstein 1853 = Bechstein, Ludwig: Deutsches Sagenbuch. Leipzig 1853. Neu hrsg. von Karl Martin Schiller. Meersburg/Leipzig 1930.

Bechstein, Ludwig: Aus dem Sagenschatz der Schleswig-Holsteiner und Mecklenburger. Hrsg. von Wolfgang Mörig. Husum 1985.

Becker, Julius: Die Sage vom Feuerreiter. In: Meckl. Jbb. 81, 1917, S. 1–28.

Beckmann, Paul: Die Rethra-Sagen in Mecklenburg. In: Deutsches Jahrbuch für Volkskunde 5, 1959, S. 44–73.

Bentzien, Ulrich: Die Ochsenhäker. Ein Sagentyp und seine gerätekundlichen Aspekte. In: Festschrift für Friedrich Sieber. Lĕtopis C 6/7, 1964, S. 323–327.

Bentzien, Ulrich: Wagen ohne Pferde. Prophezeiungssagen mit technischen Erfüllungszeichen aus Mecklenburg. In: Kultur und Lebensweise 1980, Heft 2, S. 19–29.

Beyer, Wilhelm Gottlieb: Erinnerungen an die nordische Mythologie in Volkssagen und Aberglauben Mecklenburgs. In: Meckl. Jbb. 20, 1855, S. 140–207.

Buddin 1924 = Buddin, Fritz: Sagen aus dem Süden des Landes Ratzeburg. Schönberg 1924 (= Quellen der Heimat, Reihe 3, Heft 3).

Burde-Schneidewind, Gisela: Historische Volkssagen zwischen Elbe und Niederrhein. Berlin 1969.

Burde-Schneidewind, Gisela: Damshagen. Erzählüberlieferungen aus der Geschichte des Dorfes. In: Jahrbuch für Volkskunde und Kulturgeschichte 18, 1975, S. 106–132.

Burde-Schneidewind, Gisela: Das steinerne Weib. Volkssagen aus fünf Jahrhunderten. Rostock 1979.

Burkhardt, Albert: Vineta. Sagen und Märchen vom Ostseestrand. Rostock 1965.

Deecke 1911 = Deecke, Ernst: Lübische Geschichten und Sagen. 5. Aufl., mit Quellen und Literaturnachweisen versehen von Heinrich Wohlert. Lübeck 1911.

Firmenich I–III = Firmenich, Johannes Matthias: Germaniens Völkerstimmen. Sammlung der deutschen Mundarten in Dichtungen, Sagen, Mährchen, Volksliedern usw. Bd. I–III, Berlin 1843, 1846, 1854.

Fischer 1796 = Fischer, J. C.: Meklenburgische Sagen der Vorzeit. Rostock/Leipzig 1796.
Frahm 1890 = Frahm, Ludwig: Norddeutsche Sagen von Schleswig-Holstein bis zum Harz. Leipzig/Altona 1890.
Franck, Hans: Mecklenburgische Sagen. Berlin/Leipzig 1941.
Gerling 1904 = Gerling, Reinhold: Mecklenburgs Sagenschatz. Für Erwachsene und die reifere Jugend. Oranienburg 1904.
Gerndt, Helge: Fliegender Holländer und Klabautermann. Göttingen 1971.
Goldschmidt 1704 = Goldschmidt, Peter: Höllischer Morpheus / welcher kund wird / durch / die geschehene Erscheinungen / derer Gespenster / und Polter-Geister . . . (1698), 2. Aufl. Hamburg 1704.
Goldschmidt 1705 = Goldschmidt, Peter: Verworffener Hexen- und Zauber-Advokat . . . Hamburg 1705.
Gotthardt 1862 = Gotthardt, Hermann Christian Heinrich: Sagen der Vorzeit Malchin's und Denkwürdigkeiten der Stadt während der letzten 3 Jahrhunderte. Malchin 1862.
Grimm, Brüder: Deutsche Sagen (1816/18). 4. Aufl., besorgt von Reinhold Steig. Berlin 1905.
Günther, J. Ch. Fr.: Mecklenburgische Volkssagen und Volksaberglaube. In: Meckl. Jbb. 8, 1843, S. 202–212.
Heimat = Die Heimat. Ab Jg. 4: Die Mecklenburgische Heimat. 1 ff. Rostock (usw.) 1922 ff.
Heimat ostmeckl. = Ostmecklenburgische Heimat. 1 ff. Tetorow 1928 ff.
Heimat Volksbl. = Die Heimat. Volksblatt für Mecklenburg. 1 ff. Crivitz (usw.) 1907 ff.
Heimat plattd. = Uns' plattdütsch Heimat. Nahrichtenblatt von den plattdütschen Landsverband Meckelborg. 1 ff. Rostock 1924 ff.
Heimatbll. = Mecklenburg-Strelitzer Heimatblätter. 1 ff. Neustrelitz 1925 ff.
Heimatland = Lieb Heimatland. 1 ff. Lübtheen 1928 ff.
Hubrich-Messow, Gundula: Sagen aus Mecklenburg. Husum 1991.
Jahrbuch nd. = Jahrbuch des Vereins für niederdeutsche Sprachforschung. 1 ff. Bremen (usw.) 1875 ff.
Karbe, Walter: Mecklenburgische Nixensagen. In: Globus 97, 1910, S. 29–33.
Karstens 1966 = Karstens, Heinrich: Niederdeutsche Sagen. Bd. III: Deutsche Lande an der Ostsee. Hannover 1966.
Klüver I–V = Klüver, Hans Henrich: Beschreibung des Herzogthums Mecklenburg und dazu gehöriger Länder und Oerter. Bd. I–V, Hamburg 1728–1740.
Klüver/Jargow I–VI = Klüver, Hans Henrich: Beschreibung des Herzogthums Mecklenburg und dazu gehöriger Oerter. 2. Aufl., hrsg. von Johann Friedrich Jargow. Bd. I–VI, Hamburg 1737–1742.
Krambeer 1922 = Krambeer, Karl: Mecklenburgische Sagen. Ausgabe für Lehrer. Ribnitz 1922.
Kuhn, Adalbert: Märkische Sagen und Märchen. Berlin 1843.
Kuhn/Schwartz 1848 = Kuhn, Adalbert / Schwartz, Wilhelm: Norddeutsche Sagen, Märchen und Gebräuche aus Meklenburg, Pommern, der Mark, Sachsen, Thüringen, Braunschweig, Hannover, Oldenburg und Westfalen. Leipzig 1848.
Lyser 1838/39 = Lyser, Johann Peter: Abendländische 1001 Nacht. Bd. I–XV, Meißen 1838/39. Neudruck: Bd. I–III, Gütersloh 1980.

Mackensen, Lutz: Hanseatische Sagen. Leipzig 1928.
Mantzel = Mantzel, Ernst Johann Friedrich: Bützowsche Ruhestunden. 1 ff. Bützow 1761 ff.
Mayr, H.: Lebensbilder und Sagen aus Mecklenburg. Leipzig 1911.
Meckl. = Mecklenburg. Zeitschrift des Heimatbundes Mecklenburg. 1 ff. Schwerin 1906 ff.
Meckl. Jbb. = Jahrbücher des Vereins für me(c)klenburgische Geschichte und Altert(h)umskunde. 1 ff. Schwerin 1836 ff.
Meyer, Gustav Friedrich: Schleswig-Holsteinische Sagen. Jena 1929.
Mitt. Ratz. = Mitteilungen des Altertumsvereins (ab Jg. 4: des Heimatbundes) für das Fürstentum Ratzeburg. 1 ff. Schönberg 1919 ff.
Mon. Meckl. = Mecklenburgische Monatshefte. 1 ff. Rostock 1925 ff.
Müllenhoff, Karl: Sagen, Märchen und Lieder der Herzogthümer Schleswig, Holstein und Lauenburg. Kiel 1845. Neue Ausgabe, besorgt von Otto Mensing. Schleswig 1921.
Mussäus, Johann Jacob Nathanael: Ueber die niedern Stände auf dem flachen Lande in Meklenburg-Schwerin. In: Meckl. Jbb. 2, 1837, S. 107–140.
Mussäus, Johann Jacob Nathanael: Meklenburgische Volksmährchen. In: Meckl. Jbb. 5, 1840, S. 74–100.
Nachtigall, Werner / Werner, Dietmar: Der schweigsame Fischer und andere Volkssagen um Stände und Berufe aus dem Mecklenburgischen. Berlin 1988.
Neumann 1970 = Neumann, Siegfried: Ein mecklenburgischer Volkserzähler. Die Geschichten des August Rust. (1968), 2. erw. Aufl. Berlin 1970.
Neumann 1971 = Neumann, Siegfried: Mecklenburgische Volksmärchen. Berlin 1971.
Neumann 1973 = Neumann, Siegfried Armin: Plattdeutsche Legenden und Legendenschwänke. Volkserzählungen aus Mecklenburg. Berlin 1973.
Neumann 1978 = Neumann, Siegfried Armin: Plattdeutsche Märchen. Volkserzählungen aus Mecklenburg. Rostock 1978.
Neumann 1991 = Neumann, Siegfried: Sagen aus Pommern. München 1991.
Neumann, Siegfried: Der mecklenburgische Volksschwank. Sein sozialer Gehalt und seine soziale Funktion. Berlin 1964.
Neumann, Siegfried: Lebendiges Erzählen in der Gegenwart. Befunde und Probleme. In: Probleme und Methoden volkskundlicher Gegenwartsforschung. Hrsg. von Paul Nedo und Wolfgang Jacobeit. Berlin 1969, S. 157–167.
Neumann, Siegfried: Volkserzähler unserer Tage in Mecklenburg. Bemerkungen zur Erzähler-Forschung in der Gegenwart. In: Deutsches Jahrbuch für Volkskunde 15, 1969, S. 31–49.
Neumann, Siegfried: Volkserzählung heute. Bemerkungen zu Existenzbedingungen und Daseinsformen der Volksdichtung in der Gegenwart. In: Jahrbuch für Volkskunde und Kulturgeschichte 23, 1980, S. 92–102.
Neumann, Siegfried: Richard Wossidlo und die mecklenburgische Volksdichtung. In: Kikut 5, 1980, S. 3–17.
Neumann, Siegfried: Volksdichtung. In: Mecklenburgische Volkskunde. Hrsg. von Ulrich Bentzien und Siegfried Neumann. Rostock 1988, S. 402–422.
Neumann, Siegfried: Historische Erzählüberlieferungen in Vorpommern. In: Stier und Greif. Blätter zur Kultur- und Landesgeschichte in Mecklenburg-Vorpommern 2, 1992, S. 11–14.

Neumann, Siegfried: Historische Erzählüberlieferungen in Mecklenburg. In: Stier und Greif 3, 1993, S. 22–27.
Neumann, Siegfried: Alltagsreflexion und Weltsicht in Sagen, Märchen und Schwänken norddeutscher Erzähler der Gegenwart. In: Das Bild der Welt in der Volkserzählung. Hrsg. von Leander Petzoldt, Siegfried de Rachewiltz, Ingo Schneider und Petra Streng. Frankfurt a. M./Berlin/Bern/New York/Paris/Wien 1993, S. 221–237.
Niederhöffer I–IV = Niederhöffer, Albert: Mecklenburgs Volkssagen. Bd. I–IV, Leipzig 1857–1862.
Passehl 1924 = Passehl, Wilhelm: Sagen aus dem Norden des Landes Ratzeburg und den angrenzenden Gebieten. Schönberg 1924 (= Quellen der Heimat, Reihe 3, Heft 2).
Pechel, Ada: Geschichten und Sagen der Heimat. Kröpelin/Bad Doberan 1929.
Petzoldt, Leander: Deutsche Volkssagen. 2. überarb. Aufl. München 1978.
Petzoldt, Leander: Historische Sagen. Bd. I–II, München 1976/77.
Petzoldt, Leander: Dämonenfurcht und Gottvertrauen. Zur Geschichte und Erforschung unserer Volkssagen. Darmstadt 1989.
Peuckert, Will-Erich: Deutsche Sagen. Bd. I: Niederdeutschland. Berlin 1961.
Pfitzner/Karbe 1938 = Pfitzner, Martin / Karbe, Walter: Das alte und das neue Strelitz. Neustrelitz 1938.
Pröhle 1863 = Pröhle, Heinrich: Deutsche Sagen. Berlin 1863.
Pröhle 1879 = Pröhle, Heinrich: Deutsche Sagen. 2. neubearb. Aufl. Berlin 1879.
Prütting, Hildegunde: Zur Geschichtlichen Volkssage. In: Bayerisches Jahrbuch für Volkskunde 1953, S. 16–26.
Raabe 1854 = Raabe, Heinrich Friedrich Wilhelm: Allgemeines plattdeutsches Volksbuch. Sammlung von Dichtungen, Sagen, Märchen, Schwänken, Volks- und Kinderreimen, Sprichwörtern, Räthseln usw. Wismar/Ludwigslust 1854.
Ranke, Friedrich: Die deutschen Volkssagen. München 1910.
Richter 1900 = Richter, J. W. Otto: Deutscher Sagenschatz. Bd. II: Sagenschatz aus dem mittleren Norddeutschland. Eine Auswahl der schönsten Sagen aus der Provinz Hessen-Nassau, Thüringen, dem Harze und seiner Umgebung, Mecklenburg und den Hansestädten Lübeck und Hamburg. Glogau 1900.
Röhrich, Lutz: Sage. Stuttgart 1966, 2. Aufl. 1971.
Röhrich, Lutz: Sage und Märchen. Erzählforschung heute. Freiburg i. Br. 1976.
Röhrich, Lutz: Orale Traditionen als historische Quelle. In: Vergangenheit in mündlicher Überlieferung. Hrsg. von Jürgen von Ungern-Sternberg und H. Reinau. Stuttgart 1988, S. 79–99.
Röhrich, Lutz: Die sichtbaren Beweise. Wahrzeichen, Denkmäler und andere Realien in der Sagenüberlieferung. In: Archäologie und historische Erinnerung. Nach 100 Jahren Heinrich Schliemann. Hrsg. von Justus Cobet und Barbara Patzek. Essen 1992, S. 137–156.
Roggentin, Ruth: Die Wunder-Eiche. Eine Auswahl mecklenburgischer Sagen. Schwerin 1959.
Schliemann, Heinrich: Selbstbiographie, bis zu seinem Tode vervollständigt (von Alfred Brückner). Hrsg. von Sophie Schliemann. Leipzig 1892.
Schmidt, Otto: Mecklenburgische Sagen. In: Schmidt, Otto: Mecklenburg. Ein Heimatbuch. Wismar 1925, S. 227–238.
Schneidewind, Gisela: Der Sagenkreis um den mecklenburgischen Gutsherrn Georg Haberland. In: Deutsches Jahrbuch für Volkskunde 5, 1959, S. 8–43.

Schneidewind, Gisela: Ein historisches Ereignis des 18. Jh.s in Mecklenburg und seine Überlieferung in der Volkssage. In: Internationaler Kongreß der Volkserzählungsforscher in Kiel und Kopenhagen (1959). Vorträge und Referate. Hrsg. von Kurt Ranke. Berlin 1961, S. 378–384.
Schneidewind, Gisela: Zu einigen antifeudalen Sagentypen. In: Deutsches Jahrbuch für Volkskunde 8, 1962, S. 159–165.
Schreiber, Heinrich: Die Sagen der Kühlung. 3. Aufl. Brunshaupten 1904.
Studemund 1848 = Studemund, Friedrich: Mecklenburgische Sagen (1820). 2. Aufl. Schwerin 1848.
Vick, Hans: Sagen und Erzählungen aus Boizenburg. Boizenburg 1956.
Vick, Hans: Sagen und volkskundliche Überlieferungen aus dem Kreis Hagenow. Schwerin 1959.
Vogel 1901 = Vogel, Anna und Clara: Ostseesagen und Erzählungen in Wort und Lied. Berlin 1901.
Volksüberlieferung. Festschrift für Kurt Ranke. Hrsg. von Fritz Harkort, Karel C. Peeters, Robert Wildhaber. Göttingen 1968.
WA = Wossidlo-Archiv, Rostock.
Wagner, Annalise: Spuk, Schatzgräber, Riesen, Zwerge. 40 Sagen aus Südostmecklenburg. Neustrelitz 1970.
Wagner, Annalise: Die Teufelsmühle und andere Sagen von Drachentötern, Räubern und Wiedergängern. Neustrelitz 1973.
Wagner 1900 = Wagner, Richard: Bilder aus der mecklenburgischen Geschichte und Sagenwelt. Leipzig/Berlin/Rostock 1900.
WASN = Wossidlo-Archiv, Sammlung Neumann.
Wendt 1979 = Wendt, Ralf: Das Schweriner Petermännchen. Sage und Wirklichkeit einer Volksüberlieferung. Schwerin 1979.
Woeller, Waltraud: Volkssagen zwischen Hiddensee und Wartburg. Berlin 1979.
Wossidlo 1909 = Wossidlo, Richard: Volkssagen über Rethra. In: Korrespondenzblatt des Gesamtvereins der deutschen Geschichts- und Altertumsvereine 57, 1909, Sp. 225–246. Auch in: Meckl. 4, 1909, S. 2–11.
Wossidlo 1912 = Wossidlo, Richard: Sagen aus Waren und seiner Umgebung. In: Illustrierter Führer von Waren und seiner Umgebung. Waren 1912, S. 65–95.
Wossidlo 1925 = Wossidlo, Richard: Von de lütten Ünnerierdschen. Rostock 1925.
Wossidlo I, II = Wossidlo, Richard: Mecklenburgische Sagen. Bd. I–II, Rostock 1939.
Wossidlo 1969 = Wossidlo, Richard: Reise, Quartier in Gottesnaam. Das Seemannsleben auf den alten Segelschiffen im Munde alter Fahrensleute. Hrsg. von Paul Beckmann. Bd. I–II, Rostock 1940, 1943. 8. Aufl., neu bearb. von Ulrich Bentzien. Rostock 1969.
Wossidlo, Richard: Über die Erforschung der Rethrasagen. In: Mitteilungen des Verbandes deutscher Vereine für Volkskunde Nr. 8 (Dez. 1908), S. 21–30.
Wossidlo, Richard: Volkssagen aus Mecklenburg. 1: Heilige Berge. In: Rostocker Anzeiger 1915, Nr. 204. Auch in: Meckl. 18, 1923, S. 18–22; 2: Wassersagen. In: Meckl. 11, 1916, S. 17–23.
Wossidlo, Richard: Glockensagen und Glockenglaube aus Mecklenburg. In: Meckl. 13, 1918, S. 15–28.
Wossidlo, Richard: Die Sagenwelt des Ratzeburger Landes. In: Mitt. Ratz. 1, 1919, S. 44–46.

Wossidlo, Richard: Die Petermännchen-Sage und der Martensmann-Brauch. In: Führer durch das Mecklenburgische Landesmuseum in Schwerin. 3. Aufl. Schwerin 1925, S. 38–44.
Wossidlo, Richard: Röbeler Sagen. In: Das alte Röbel. Ein Gedenkbuch zur 700-Jahr-Feier... Rostock 1926, S. 7–10.
Wossidlo, Richard: Zur mecklenburgischen Sagenforschung. In: Mecklenburgische Landes-Universitätsgesellschaft, 4. Jahresbericht, 1928, S. 5–13.
Wossidlo, Richard: Glaubt das Volk noch an seine Sagen? In: Quickborn 22, 1928/29, S. 115–122.
Wossidlo, Richard: Volkssagen vom Warener Burgwall. In: Meckl. 25, 1930, S. 28–31.
Wossidlo, Richard: Volkssagen von Malchow. In: Heimat ostmeckl. 3, 1930, S. 65–69. Auch in: Mon. Meckl. 11, 1935, S. 261–263.
Wossidlo, Richard: Einige Bemerkungen zu der Sagenwelt der Bützower Gegend. In: Das Reformgymnasium zu Bützow von 1860 bis 1935. Bützow 1935, S. 24–32.
Wossidlo, Richard: Die Sagen unseres Kreises. In: Heimatkalender des Kreises Waren 1935, S. 32–35.
Wossidlo/Henßen 1957 = Wossidlo, Richard / Henßen, Gottfried: Mecklenburger erzählen Märchen, Schwänke und Schnurren. Berlin 1957.
Wossidlo/Neumann 1965 = Wossidlo, Richard / Neumann, Siegfried: Volksschwänke aus Mecklenburg. (1963), 3. erg. Aufl. Berlin 1965.
Wossidlo/Schneidewind 1960 = Wossidlo, Richard / Schneidewind, Gisela: Herr und Knecht. Antifeudale Sagen aus Mecklenburg. Berlin 1960.
Wossidlo/Teuchert I–VII = Wossidlo, Richard / Teuchert, Hermann: Mecklenburgisches Wörterbuch. Bd. I–VII, Neumünster/Berlin 1942–1992.
ZfdMyth = Zeitschrift für deutsche Mythologie. 1 ff. Göttingen 1853 ff.
ZfVk = Zeitschrift (des Vereins) für Volkskunde. 1 ff. Berlin 1891 ff.

Quellennachweise und Anmerkungen zu den Texten

Die *Quellennachweise* führen jeweils an, was über die Herkunft des betreffenden Textes zu ermitteln war. Das beschränkt sich meist auf die Druckvorlage und deren gedruckte oder mündliche Quellen, wobei zum Teil die Aufzeichner, zum Teil auch die Erzähler genannt werden können. Letzteres gilt vor allem für die Aufzeichnungen Richard Wossidlos und des Herausgebers, die unter volkskundlichen Gesichtspunkten erfolgten. Um dem Leser die Lokalisierung der Belege zu erleichtern, ist den genannten Aufnahmeorten (außer Städten über 3000 Einwohnern) der jeweilige Kreis (seit 1952) hinzugefügt.

In den *Anmerkungen zu den Texten* wird jeweils auf ermittelte Parallelbelege aus Mecklenburg verwiesen. Die Nachweise beschränken sich jedoch auf Erstbelege von Texten bzw. deren ersten Abdruck in repräsentativen Sammlungen und Zeitschriften. Spätere Abdrucke mit exakter Quellenangabe, etwa bei Bartsch, Ranke, Burkhardt, Hubrich-Messow, oder ungekennzeichnete Nachdrucke und Bearbeitungen in populären Anthologien werden hier bewußt nicht mit berücksichtigt: So schöpfen etwa die Ausgaben von Richter, R. und A. Wagner, Gerling, Schreiber, Krambeer, Pechel, Schmidt, Franck, Roggentin, Karstens oder Woeller ihre mecklenburgischen Sagen nahezu vollständig aus Niederhöffer und Bartsch, seit Schmidt gelegentlich auch aus Wossidlo. Nachtigall/Werner bieten zwar ein »Quellenverzeichnis«, weisen jedoch die Quellen der einzelnen (bearbeiteten) Texte nicht aus. Die Vorlagen dieser Ausgaben Text für Text aufzulisten, hätte die Anmerkungen ungebührlich anschwellen lassen. Gleiches gilt im Hinblick auf das handschriftliche Material des Wossidlo-Archivs, auf das jeweils nur kurz verwiesen wird.

Die verkürzt zitierten Quellen sind im Literaturverzeichnis aufgeschlüsselt. An weiteren, nicht allgemein üblichen Abkürzungen werden verwendet:
abw. = abweichend; ders. = derselbe; Erz. = Erzähler; fragm. = fragmentarisch; hs. = handschriftlich; jähr. = jährig; Kr. = Kreis; Mda. = Mundart; (N) = aufgezeichnet vom Herausgeber; Orig. = Original; Var. = Varianten, Belege; vgl. = vergleiche; (W) = aufgezeichnet von Wossidlo; WA = Wossidlo-Archiv, Rostock; WASN = ebenda, Sammlung Neumann.

Aus der »Wendenzeit«

1 Krambeer 1922, S. 12: nach Niederhöffer IV, 1862, S. 226–228; von Kämmerer H. Pintz zu Röbel.

2 Bartsch I, 1879, S. 297f., Nr. 396.2, Anfang gekürzt. – Var. hs. im WA.

3 Bartsch I, 1879, S. 320, Nr. 429; von Frl. Zimmermann in Neustrelitz. – Vgl. Niederhöffer III, S. 10ff.

4 WA; Erz. Arbeiter Tamm in Wustrow, Kr. Neustrelitz, 1907 (W).

5 Wossidlo 1909, S. 231f. – Var. hs. im WA.

6 Bartsch I, 1879, S. 387, Nr. 533; von Frl. Zimmermann in Neustrelitz. – Vgl. Nr. 250f.; Niederhöffer II, S. 3ff.; hs. Var. im WA.

7 Krambeer 1922, S. 104: nach Bartsch I, 1879, Nr. 605, von mehreren Erz. – Vgl. Studemund 1848, S. 170ff.; Niederhöffer II, S. 124ff.; hs. Var. im WA.
8 Bartsch I, 1879, S. 286, Nr. 379: nach Niederhöffer IV, 1862, S. 82f.
9 Niederhöffer III, 1860, S. 253f., Anfang gekürzt. – Vgl. Gotthardt 1862, S. 5; hs. Var. im WA.
10 Karstens 1966, S. 64: nach Bartsch I, 1879, Nr. 350.2. – Vgl. Nr. 260.
11 Bechstein 1853, S. 163f., Nr. 213.

Ritter und Raubritter

12 Bartsch I, 1879, S. 103f., Nr. 116: nach Niederhöffer I, 1857, S. 66–73.
13 Bartsch I, 1879, S. 302, Nr. 403: nach Niederhöffer I, 1857, S. 198–204. – Var. hs. im WA.
14 Niederhöffer I, 1857, S. 87f.; von Pastor Masch in Demern, Kr. Gadebusch. – Vgl. Studemund 1848, S. 184f.; Wossidlo I, Nr. 310 a; hs. Var. im WA.
15 Niederhöffer IV, 1862, S. 177f.; von F. Gesellius. – Var. hs. im WA.
16 Bartsch I, 1879, S. 328f., Nr. 443; von einem Seminaristen in Neukloster. – Var. hs. im WA.
17 Krambeer 1922, S. 58f.: nach Niederhöffer IV, 1862, S. 192–194. – Vgl. Studemund 1848, S. 202ff.; Meckl. Jbb. 26, 1861, S. 204; Heimatland 1932, Nr. 88; Wossidlo/Neumann Nr. 389.
18 Bartsch I, 1879, S. 306f., Nr. 409, Anfang gekürzt; von L. Bremer. – Vgl. Niederhöffer IV, S. 173ff.
19 Heimatland 1931, Nr. 59.

Räuber zu Wasser und zu Lande

20 Passehl 1924, S. 13: nach Deecke 1911, S. 175f. – Vgl. Raabe 1854, S. 68ff.; Heimat Volksbl. 2, 1908/09, S. 310; hs. Var. im WA.
21 Passehl 1924, S. 12f.; aus Dassow. – Var. hs. im WA.
22 Krambeer 1922, S. 8: nach Niederhöffer III, 1860, S. 67ff.; von Fr. Schulz. – Vgl. Mon. Meckl. 7, 1931, S. 263.
23 Bartsch I, 1879, S. 447f., Nr. 624: nach Niederhöffer III, 1860, S. 72–82; von A. C. F. Krohn zu Penzlin. – Vgl. Wossidlo I, Nr. 307; hs. Var. im WA.
24 Bartsch I, 1879, S. 440f., Nr. 615; von Student Harms. – Vgl. Mantzel 19, 1765, S. 70f.; Meckl. Jb. 8, 1843, S. 152; 37, 1872, S. 149f.; Niederhöffer I, S. 98ff.; II, S. 57ff.; IV, S. 77, 256ff.; Bartsch I, Nr. 344, 420; Wossidlo I, Nr. 308ff. (Hinweis auf 144 Var.).
25 WA; Erz. 75jähr. Maurer Winkelmann in Gadebusch, 1895, durch Lehrer Sager; fragm. veröff. bei Wossidlo I, 1939, Nr. 313 a. – Var. siehe Nr. 26.
26 WA; Erz. Frau Röper in Herrnburg, Kr. Grevesmühlen, ca. 1907, durch Lehrer Schulz. – Vgl. Klüver II, 1728, S. 61; Meckl. Jbb. 5, 1840, S. 99f.; Firmenich I, 1843, S. 71f.; Raabe 1854, S. 141f.; Niederhöffer I, S. 63f.; Mitt. Ratz. 6, 1924, S. 39; Wossidlo I, Nr. 313f.; zahlr. hs. Var. im WA.
27 Niederhöffer III, 1860, S. 236–238; von C. Struck zu Dargun.
28 Wossidlo I, 1939, S. 121, Nr. 328, in Mda.; Erz. ein Tagelöhner in Prillwitz, Kr. Neustrelitz (W). – Vgl. ebenda Nr. 318, 324–327.
29 Niederhöffer IV, 1862, S. 56f. – Vgl. ebenda S. 212f.; Mon. Meckl. 4, 1928, S. 85; hs. Var. im WA.

Fürsten und adlige Herren

30 Niederhöffer III, 1860, S. 246–248, Anfang gekürzt. – Vgl. Klüver/Jargow II, 1738, S. 617; Fischer 1796, S. IIf.; Studemund 1848, S. 57ff., 193ff.; Raabe 1854, S. 240; Pröhle 1863, Nr. 64; Bartsch I, Nr. 436.1.

31 Krambeer 1922, S. 60f.: nach Niederhöffer III, 1860, S. 182–187; von L. Kreutzer zu Parchim. – Vgl. Niederhöffer IV, S. 236ff.

32 Studemund 1848, S. 229f., Anfang gekürzt. – Vgl. Niederhöffer II, S. 164ff.

33 Bartsch II, 1880, S. 467f., Nr. 658; Erz. Zimmermannsfrau Schröder in Finkenthal, Kr. Teterow, durch Lehrer Schwartz.

34 Niederhöffer II, 1859, S. 157; von G. F. Neumann zu Röbel. – Vgl. ebenda I, S. 132f.; II, S. 157f.

35 Bartsch I, 1879, S. 301, Nr. 402; von Seminarist Kreutzer aus Dömitz.

36 Bartsch I, 1879, S. 320–322, Nr. 430: nach mehreren Quellen. – Var. siehe Nr. 37.

37 Wossidlo/Schneidewind 1960, S. 76f., Nr. 139a; Erz. 79jähr. Landarbeiter Lewerenz in Schwerin, 1928 (W). – Vgl. Niederhöffer I, S. 215ff.; Wossidlo/Schneidewind Nr. 138a–c, 139b–d, 140a–c, 141f.

38 Wossidlo/Schneidewind 1960, S. 15f., Nr. 11, Orig. in Mda.; Erz. Frau Körtze in Neukloster, um 1920, durch Seminarist Puls. – Vgl. Mon. Meckl. 14, 1938, S. 60; Wossidlo/Neumann Nr. 410; Neumann 1970, Nr. 132.

39 Wossidlo/Schneidewind 1960, S. 13, Nr. 8; Erz. Büdner Koppelow in Vipperow, Kr. Röbel, 1912, durch Tischler Dinse.

Gutsherren, Bauern, Knechte

40 Bartsch I, 1879, S. 299f., Nr. 398; von C. Lange. – Vgl. Wossidlo/Schneidewind Nr. 126 a–e, g.

41 Bartsch I, 1879, S. 365, Nr. 499, in Mda.; Erz. eine Frau aus Parchim, durch Gymnasiast Behm. – Vgl. Niederhöffer IV, S. 88–92; hs. Var. im WA.

42 Bartsch I, 1879, S. 210f., Nr. 267; Erz. Fritz Drögmöller, durch Schüler O. Wien. – Vgl. Wossidlo/Schneidewind Nr. 40; hs. Var. im WA. – AaTh 756.

43 Wossidlo/Schneidewind 1960, S. 70, Nr. 137 a, Orig. in Mda.; Erz. alter Seemann Schröder in Wismar, 1935 (W). – Vgl. ebenda Nr. 137 b–y; Niederhöffer II, S. 233f.; Bartsch I, Nr. 267; Meckl. 11, 1916, S. 41; Heimat ostmeckl. 7, 1934, S. 76f.

44 Niederhöffer II, 1859, S. 198f.

45 Niederhöffer IV, 1862, S. 246f. – Vgl. Wossidlo/Schneidewind Nr. 118 a–b.

46 Bartsch I, 1879, S. 104, Nr. 117. – Vgl. Niederhöffer II, S. 16f.; hs. Var. im WA.

47 Wossidlo I, 1939, S. 163f., Nr. 460, in Mda.; Erz. alte Tagelöhnerwitwe Schuldt in Groß Gievitz, Kr. Waren, 1895 (W).

48 Wossidlo/Schneidewind 1960, S. 106f., Nr. 186 a, Orig. in Mda.; durch Lehrer Sager in Wittenburg, 1897. – Vgl. ebenda Nr. 186 b–j; Meckl. 7, 1912, S. 91.

49 Wossidlo/Schneidewind 1960, S. 104, Nr. 182 a, Orig. in Mda.; Erz. 75jähr. Ziegler Boldt in Schwerin, 1927 (W). – Vgl. ebenda Nr. 181 a–j, 182 b–c, 183 a–b, S. 161.

50 Wossidlo/Schneidewind 1960, S. 98, Nr. 172 b, Orig. in Mda.; Erz. Frau Schumacher in Zirtow, Kr. Neustrelitz, 1926 (W). – Vgl. ebenda Nr. 172 a, c–o, 173–179.

51 Niederhöffer IV, 1862, S. 199–201; von F. C. W. Jacoby in Neubrandenburg. – Vgl. Nr. 236. – AaTh 1645.

Städtische Belange

52 Niederhöffer IV, 1862, S. 57ff.; von F. Gesellius. – Vgl. Heimat ostmeckl. 11, 1938, S. 92.
53 Bartsch I, 1879, S. 359f., Nr. 491: nach Niederhöffer I, 1857, S. 77–79. – Vgl. Heimatbll. 6, 1930, S. 14.
54 Pröhle 1879, S. 111f., Nr. 80; »von Pastor Bode«. – Vgl. Studemund 1848, S. 31; Niederhöffer II, S. 31f.; Richter 1900, S. 223; Vogel 1901, Nr. 34.
55 Studemund 1848, S. 107f. – Vgl. Niederhöffer II, S. 127f.; III, S. 148ff.; Bartsch I, Nr. 103.
56 Niederhöffer I, 1857, S. 27–29; aus Wesenberg. – Vgl. Kuhn/Schwartz 1848, Nr. 6 = Bechstein 1853, Nr. 215.
57 Wagner 1900, S. 89: nach Niederhöffer III, 1860, S. 217f.; von A. C. F. Krohn zu Penzlin.
58 Niederhöffer II, 1859, S. 85–87.
59 Krambeer 1922, S. 65f.: nach Niederhöffer IV, 1862, S. 202–204. – Vgl. Nr. 132.
60 Wossidlo/Schneidewind 1960, S. 12, Nr. 6a, Orig. in Mda.; durch Lehrer Suhr in Ribnitz, 1937. – Vgl. ebenda Nr. 5 a–f, 6 b–d.

Reisen und Abenteuer

61 Bartsch I, 1879, S. 358, Nr. 489: nach Niederhöffer IV, 1862, S. 50f. – Vgl. Studemund 1848, S. 70f.
62 Bartsch I, 1879, S. 304f., Nr. 407; von T. de Vry in Oberhof. – Vgl. Niederhöffer IV, S. 222f.
63 Niederhöffer IV, 1862, S. 170f.
64 Bartsch I, 1879, S. 386, Nr. 531; von Lehrer E. Struck in Waren. – Vgl. ebenda Nr. 513, 537; II, S. 462; Heimatbll. 1, 1925, S. 24; hs. Var. im WA.
65 WA, Orig. in Mda.; Erz. ein Soldat in Waren, 1907 (W).
66 WA, Orig. in Mda.; Erz. Tagelöhner Schröder in Kastorf, Kr. Altentreptow, 1912 (W). – Var. hs. im WA.
67 Bartsch I, 1879, S. 449, Nr. 626; durch Student A. Reimers in Rostock. – Var. hs. im WA.
68 Niederhöffer III, 1860, S. 141 f.; von F. C. W. Jacoby zu Neubrandenburg.
69 WASN, Orig. in Mda.; Erz. 74jähr. Büdner Eckhoff in Eldena, Kr. Ludwigslust, 1959 (N).

Kirche und Glauben

70 Vogel 1901, S. 210 f., Nr. 35. – Vgl. Mantzel 5, 1762, S. 74 ff.; Studemund 1848, S. 31; Bechstein 1853, Nr. 220; Niederhöffer I, S. 73ff., Pröhle 1863, Nr. 71; Richter 1900, S. 223; hs. Var. im WA.
71 Bartsch I, 1879, S. 354f., Nr. 483: nach Niederhöffer I, 1857, S. 213–215; von Lehrer Pechel zu Röbel. – Vgl. Meckl. Jbb. 9, 1844, S. 411; Studemund 1848, S. 32ff.; hs. Var. im WA.

72 Niederhöffer I, 1857, S. 47–49; von Pastor Masch zu Demern, Kr. Gadebusch. – Vgl. Meckl. 33, 1938, S. 104.
73 Raabe 1854, S. 76, in Mda.
74 WA, Orig. in Mda.; Erz. Altenteiler Springborn in Helpt, Kr. Strasburg, 1899, durch Lehrer Wolf. – Var. hs. im WA.
75 Bartsch I, 1879, S. 428, Nr. 601: nach Niederhöffer II, 1859, S. 141–156. – Var. hs. im WA.
76 Krambeer 1922, S. 25f.: nach Niederhöffer IV, 1862, S. 268–270.
77 Niederhöffer III, 1860, S. 65–67, Anfang gekürzt.
78 Niederhöffer II, 1859, S. 179–181; von Lehrer Pechel zu Röbel. – Vgl. Bartsch I, Nr. 543; Heimat Volksbl. 4, 1910/11, S. 265; hs. Var. im WA.
79 WA, Orig. in Mda.; Erz. Bauernwitwe Schmidt in Völkshagen, Kr. Ribnitz-Damgarten, 1912, durch Garling.
80 Niederhöffer II, 1859, S. 119. – Var. hs. im WA.
81 Bartsch I, 1879, S. 351f., Nr. 478; von Küster Schwartz in Bellin, Kr. Güstrow. – Vgl. Text Nr. 252 und 255; Var. hs. im WA.
82 Bartsch I, 1879, S. 362, Nr. 495; von Frl. Zimmermann in Neustrelitz. – Vgl. Pfitzner/Karbe 1938, S. 114; Wossidlo I, Nr. 526f.
83 Bartsch I, 1879, S. 289f., Nr. 384: nach Niederhöffer III, 1860, S. 69–72; von G. C. F. Neumann zu Röbel. – Vgl. Bartsch I, Nr. 110; Mitt. Ratz. 4, 1922, S. 7.
84 Bartsch I, 1879, S. 424, Nr. 592; von Hilfsprediger Timmermann in Mummendorf, Kr. Grevesmühlen. – Vgl. Pröhle 1863, Nr. 72; Bartsch I, Nr. 598; hs. Var. im WA.
85 Niederhöffer IV, 1862, S. 121; von A. C. F. Krohn zu Penzlin.
86 Bartsch I, 1879, S. 407, Nr. 565: nach Niederhöffer II, 1859, S. 1–3. – Vgl. Niederhöffer II, S. 159ff.; Bartsch I, Nr. 570f.; Heimat Volksbl. 4, 1910/11, S. 279; hs. Var. im WA.
87 Bartsch I, 1879, S. 401, Nr. 556; von Frl. Zimmermann in Neustrelitz. – Vgl. Niederhöffer II, S. 75f.

Aus der »Schwedenzeit«

88 Bartsch I, 1879, S. 300, Nr. 399: nach Niederhöffer II, 1859, S. 89–91; von J. G. C. Ritter zu Friedrichshöhe. – Vgl. Meckl. Jbb. 5, 1840, S. 142; hs. Var. im WA.
89 Niederhöffer IV, 1862, S. 263f. – Vgl. Bartsch I, Nr. 374.
90 Pfitzner/Karbe 1938, S. 84, in Mda.; aus Neustrelitz.
91 Kuhn/Schwartz 1848, S. 7f., Nr. 7; mdl. – Vgl. Niederhöffer III, S. 222ff.; Bartsch I, Nr. 496.
92 Bartsch I, 1879, S. 330, Nr. 445: nach Niederhöffer III, 1860, S. 196–199; von Organist Hahn zu Dargun. – AaTh 1610.
93 Bartsch I, 1879, S. 312f., Nr. 418: nach Niederhöffer III, 1860, S. 103–106; von A. C. F. Krohn zu Penzlin.
94 WA; Erz. der Schäfer in Striesenow, Kr. Güstrow, ca. 1894, durch Gutsbesitzer von Bülow.
95 WA, Orig. in Mda.; Erz. Frau Gelert in Laupin, Kr. Ludwigslust, 1933 (W). – Vgl. Heimatland 1933, Nr. 102; hs. Var. im WA.
96 WA, Orig. in Mda.; Erz. eine Frau aus Groß Krams, Kr. Hagenow, 1898, durch Lehrer Pegel. – Var. hs. im WA.

97 Niederhöffer I, 1857, S. 90–92. – Var. hs. im WA.
98 Bartsch I, 1879, S. 328, Nr. 442; von Seminarist G. P. aus Zarrentin, Kr. Hagenow.

Unter Preußen und Franzosen

99 Niederhöffer II, 1859, S. 171 f.; von Pastor Wolff zu Rövershagen, Kr. Rostock.
100 WA, Orig. in Mda.; Erz. Häusler Evert in Wredenhagen, Kr. Röbel, 1934 (W). – Vgl. Heimatland 1931, Nr. 59; hs. Var. im WA.
101 Wossidlo I, 1939, S. 232, Nr. 666, in Mda.; Erz. Kuhhirte Mahncke in Jabel, Kr. Waren, 1895 (W).
102 WASN, Orig. in Mda.; Erz. 84jähr. Bauer Christian Gildhoff in Spornitz, Kr. Parchim, 1962 (N).
Weitere Erzählungen um König Fritz bei Wossidlo/Neumann Nr. 380–413; Neumann 1970, Nr. 126–133; Neumann 1971, Nr. 144–146, 148 f.
103 Bartsch I, 1879, S. 385, Nr. 528; von Lehrer F. Haase in Rostock.
104 Pfitzner/Karbe 1938, S. 111, in Mda.; aus Neustrelitz.
105 WASN, Orig. in Mda.; Erz. 84jähr. Bauer Christian Gildhoff in Spornitz, Kr. Parchim, 1962 (N).
106 WA, Orig. in Mda.; Erz. ein Arbeiter aus Tollow, Kr. Wismar, 1890, durch Frau von Liebeherr.
107 WA, Orig. in Mda.; von Bauer Micheel in Jabel, Kr. Waren, um 1890.
108 WA; von Gutsbesitzer Jesse in Wolken, Kr. Bützow, 1898. – Vgl. Niederhöffer IV, S. 273 ff.; hs. Var. im WA.
109 Heimat ostmeckl. 2, 1929, S. 23 f. – Var. hs. im WA.
110 WASN, Orig. in Mda.; Erz. 58jähr. Bäuerin Anne Rödlin in Blankensee, Kr. Neustrelitz, 1959 (N).
111 WA, Orig. in Mda.; von Schallje aus Dewitz, Kr. Neubrandenburg, 1937.
112 WA, Orig. in Mda.; Erz. Frau Bülow in Wittenburg, durch Lehrer Sager, um 1900. – Var. hs. im WA.
113 Heimat ostmeckl. 7, 1934, S. 120, in Mda.
114 WA, Orig. in Mda.; Erz. Frau Müller in Passentin, Kr. Waren, 1909 (W). – Vgl. Bartsch I, Nr. 602; hs. Var. im WA.

Allerlei Frevel

115 Bartsch I, 1879, S. 358 f., Nr. 490; von einem Seminaristen in Neukloster. – Vgl. Nr. 306; Raabe 1854, S. 113 f.; Niederhöffer III, S. 153 ff.; IV, S. 87 f.; hs. Var. im WA.
116 Niederhöffer IV, 1862, S. 182 f.
117 WA, Orig. in Mda.; Erz. Arbeitsfrau Matow in Jabel, Kr. Waren, 1896, durch Bauer Micheel. – Var. hs. im WA.
118 Niederhöffer I, 1857, S. 158–161.
119 Wagner 1900, S. 87 f., Nr. 29: nach Bartsch I, 1879, S. 421 f., Nr. 589; von mehreren Erz. – Vgl. Studemund 1848, S. 108 ff.; Niederhöffer I, S. 229 ff.; II, S. 42 ff.; IV, S. 38; Bartsch I, Nr. 598; hs. Var. im WA.
120 Bartsch I, 1879, S. 357, Nr. 486; von einem Seminaristen in Neukloster. – Vgl. Studemund 1848, S. 254 ff.; Niederhöffer I, S. 117 ff.

Recht und Unrecht

121 Niederhöffer I, 1857, S. 25–27; von Pastor C. Masch zu Demern, Kr. Gadebusch. – Vgl. Mitt. Ratz. 1, 1919, S. 76f.; 5, 1923, S. 26f.; hs. Var. im WA. – AaTh 960 A + AaTh 939 A.

122 Niederhöffer III, 1860, S. 108–110; von G. F. C. Neumann zu Röbel. – Vgl. Studemund 1848, S. 72ff.; Bartsch I, Nr. 651; Mon. Meckl. 4, 1928, S. 76; hs. Var. im WA.

123 Bartsch I, 1879, S. 459, Nr. 641; von Gymnasiast Schweder. – Vgl. Niederhöffer I, S. 138ff.

124 Bartsch I, 1879, S. 380, Nr. 523: nach Niederhöffer I, 1857, S. 206–209. – Vgl. Raabe 1854, S. 178f.; hs. Var. im WA.

125 Niederhöffer III, 1860, S. 214f.; von L. Kreutzer zu Parchim.

126 Niederhöffer IV, 1862, S. 60f.; Anfang gekürzt. – Vgl. Wossidlo/Schneidewind 1960 Nr. 31 a–b. – AaTh 756.

127 Bartsch I, 1879, S. 110f., Nr. 126; von Weber Grapenthien in Penzlin. – Vgl. Niederhöffer II, S. 98ff.; Mon. Meckl. 4, 1928, S. 76; Wossidlo/Schneidewind Nr. 18. – AaTh 756.

128 Wossidlo/Schneidewind 1960, S. 19f., Nr. 18 a, Orig. in Mda.; Erz. ein Arbeiter in Wismar, um 1900, durch Schriftsetzer Tiedt. – Vgl. Bartsch I, Nr. 647ff., 652; Wossidlo/Schneidewind Nr. 20 a–d, 21 a–g, 22 a–q, 28. – AaTh 756.

129 Bartsch I, 1879, S. 450, Nr. 628.1: nach Niederhöffer III, 1860, S. 19–23. – Var. hs. im WA.

130 Bartsch I, 1879, S. 206f., Nr. 257; von einem Seminaristen in Neukloster. – Vgl. Niederhöffer I, S. 150ff., 181ff.; II, S. 59ff.; III, S. 55f.; Bartsch I, Nr. 256.2ff.; Heimat Volksbl. 6, 1912/13, S. 45; hs. Var. im WA – AaTh 1590.

131 Wossidlo/Schneidewind 1960, S. 27, Nr. 26 a, Orig. in Mda.; Erz. 85jähr. Tagelöhnerfrau Mamerow in Remplin, Kr. Malchin, 1910 (W).

132 Wossidlo/Schneidewind 1960, S. 28, Nr. 26b, Orig. in Mda.; Erz. Tagelöhnerfrau Hartwig in Wadehäng, Kr. Güstrow, 1907 (W).

133 Niederhöffer III, 1860, S. 26–28; von G. F. C. Neumann zu Röbel. – Vgl. ebenda IV, S. 247f.; Bartsch I, Nr. 450f.; Heimatland 1933, Nr. 103; hs. Var. im WA.

Untergegangene Orte

134 Niederhöffer III, 1860, S. 144f. – Var. hs. im WA.

135 Niederhöffer III, 1860, S. 106f.

136 Lieb Heimatland 1935, Nr. 40. – Vgl. Niederhöffer IV, S. 55f.

137 Niederhöffer II, 1859, S. 97f. – Vgl. Heimat Volksbl. 2, 1908/09, S. 3; Heimatland 1935, Nr. 130; hs. Var. im WA.

138 Bartsch I, 1879, S. 286f., Nr. 380; von Seminarist Sevecke. – Vgl. Niederhöffer II, S. 106ff.; Heimatland 1932, Nr. 82; hs. Var. im WA.

139 WA; von Schwarz in Stavenhagen, 1934. – Var. hs. im WA.

140 Wossidlo/Schneidewind 1960, S. 57, Nr. 114 b, Orig. in Mda.; Erz. 75jähr. Ludwig Mundt in Heiligendamm, Kr. Bad Doberan, 1925, durch Sekretär Brauer. – Vgl. Nr. 59; Niederhöffer III, S. 146ff.; Bartsch I, Nr. 385; Wossidlo/Schneidewind Nr. 114 a, c–t.

141 WA; Erz. Lübbert in Granzin, Kr. Hagenow, 1935 (W). – Vgl. Heimatland 1932, Nr. 82; hs. Var. im WA.

Orakel und Schicksal

142 Bartsch I, 1879, S. 196, Nr. 249: nach Niederhöffer IV, 1862, S. 118–120.
143 Pfitzner/Karbe 1938, S. 117, in Mda.; aus Neustrelitz. – Vgl. ebenda S. 74.
144 Pfitzner/Karbe 1938, S. 74f., in Mda.; aus Neustrelitz.
145 WA; von Lehrerin E. Bauer in Schwerin, 1954. – Var. hs. im WA.
146 WA, Orig. in Mda.; Erz. 95jähr. Töpfermeister Güssloff in Wittenburg, 1896, durch Lehrer Sager. – Var. hs. im WA.
147 Niederhöffer IV, 1862, S. 245f.; von Lehrer Langmann zu Sponholz, Kr. Neubrandenburg; Anfang gekürzt.
148 WA, Orig. in Mda.; Erz. Arbeiter Saß in Waren, 1895 (W). – Var. hs. im WA.
149 Wossidlo/Schneidewind 1960, S. 59, Nr. 116, Orig. in Mda.; Erz. 75jähr. Tagelöhnerwitwe Schuldt in Groß Gievitz, Kr. Waren, 1894 (W). – Vgl. Bartsch I, 1879, Nr. 416.

Zauberkundige und Hexen

150 Niederhöffer III, 1860, S. 136f. – Vgl. Bartsch I, Nr. 129.
151 Raabe 1854, S. 124f., in Mda. – Vgl. Wossidlo II, Nr. 978; hs. Var. im WA.
152 Niederhöffer IV, 1862, S. 32–34. – Vgl. Bartsch I, Nr. 131, 145; Wossidlo II, Nr. 1283; hs. Var. im WA.
153 Goldschmidt 1705, S. 541.
154 Bartsch I, 1879, S. 121f., Nr. 142: nach Niederhöffer II, 1859, S. 21–31; von Pastor Fr. Günther zu Groß Methling, Kr. Malchin. – Vgl. Meckl. Jbb. 8, 1843, S. 206ff.; Raabe 1854, S. 132f.; Niederhöffer IV, S. 215f.; Wossidlo II, Nr. 1245; hs. Var. im WA.
155 Wossidlo II, 1939, S. 379f., Nr. 1273, in Mda.; durch Lehrer Lübbe in Nienhagen, Kr. Bad Doberan, 1907. – Vgl. Meckl. Jbb. 5, 1840, S. 83 = Niederhöffer II, S. 140f.; III, S. 224ff.; Bartsch I, Nr. 143.4, 146, 381; Heimatland 1937, Nr, 168; Wossidlo II, Nr. 1274ff.
156 Bartsch I, 1879, S. 133f., Nr. 158, in Mda.; von Küster Schwartz in Bellin, Kr. Güstrow.
157 Bartsch II, 1880, S. 469f., Nr. 663.1; Erz. Arbeitsmann Fretwurst in Klockenhagen, Kr. Ribnitz-Damgarten, durch Lehrer Schwartz. – Vgl. Niederhöffer IV, S. 133; Bartsch I, Nr. 157.3, 178; II, Nr. 663.2; hs. Var. im WA.
158 Wossidlo II, 1939, S. 320, Nr. 990, Orig. in Mda.; von Lehrer Ahrens in Züsow, Kr. Wismar 1898. – Vgl. Bartsch I, Nr. 140; Wossidlo II, Nr. 987ff.
159 Wossidlo II, 1939, S. 331, Nr. 1040, in Mda.; Erz. ein Arbeiter in Schwerin, 1935 (W).
160 Heimat ostmeckl. 12, 1939, S. 27, in Mda.; Erz. Schneider Schröder in Laage, durch Rechtsanwalt Kähler. – Var. hs. im WA.
161 Niederhöffer II, 1859, S. 17f.; von F. F. L. Bohn zu Demern, Kr. Gadebusch.
162 Wossidlo I, S. 192f., Nr. 558, in Mda.; Erz. ein Arbeiter in Grevesmühlen, 1928 (W). – Vgl. Bartsch I, S. 515; hs. Var. im WA.
163 Wossidlo I, 1939, S. 246, Nr. 723, in Mda.; Erz. ein Arbeiter in Hagenow, 1919 (W).

Wundertäter, Freimaurer und Wildschützen

164 Bartsch I, 1879, S. 127–129, Nr. 148; von einem Seminaristen in Neukloster. – Vgl. Niederhöffer III, 1860, S. 158f.; IV, 1862, S. 220f.; Bartsch I, Nr. 272, 278f.; Heimat ostmeckl. 4, 1931, S. 26f.; Wossidlo II, Nr. 1042; Wossidlo/Schneidewind Nr. 135; Neumann 1978, Nr. 29; hs. Var. im WA.

165 Bartsch I, 1879, S. 231, Nr. 300; von Wirtschafter L. Thilo in Neu Heinde, Kr. Teterow. – Vgl. ebenda Nr. 301; II, 1880, Nr. 667; Wossidlo I, Nr. 696ff.

166 Bartsch I, 1879, S. 234, Nr. 303.3: nach Niederhöffer I, 1857, S. 177–179. – Vgl. Niederhöffer II, S. 128ff.; IV, S. 225f.; Bartsch I, Nr. 303.2; Heimatland 1931, Nr. 62; Mitt. Ratz. 14, 1932, S. 61; Mon. Meckl. 9, 1933, S. 19; Wossidlo I, Nr. 624ff.; hs. Var. im WA.

167 Wossidlo I, 1939, S. 225f., Nr. 643, in Mda.; Erz. ein Arbeiter in Schwerin, 1931 (W). – Vgl. ebenda Nr. 406, 642, 644; hs. Var. im WA.

168 Niederhöffer IV, 1862, S. 35f. – Vgl. Wossidlo I, Nr. 665.

169 Wossidlo I, 1939, S. 237, Nr. 691, in Mda.; Erz. ein Arbeiter in Schwerin, 1931 (W). – Vgl. ebenda Nr. 689f., 693f.; Heimat ostmeckl. 5, 1932, S. 2; Mon. Meckl. 9, 1933, S. 19.

170 Wossidlo I, 1939, S. 245, Nr. 719, in Mda.; Erz. eine Frau in Waren, 1900 (W). – Vgl. ebenda II, Nr. 1076f.; hs. Var. im WA.

171 WASN, Orig. in Mda.; Erz. alte Tagelöhnerwitwe Helene Walther in Cammin, Kr. Neubrandenburg, 1958 (N). – Var. hs. im WA.

172 WASN, Orig. in Mda.; Erz. wie Nr. 171 (N).

173 WASN, Orig. in Mda.; Erz. wie Nr. 171 (N). – Var. hs. im WA.

174 WA, Orig. in Mda.; Erz. Arbeiter Kollhof in Penzlin, Kr. Waren, 1929 (W). – Vgl. Niederhöffer III, S. 121ff.

175 WA, Orig. in Mda.; Erz. Lukow in Neustrelitz, 1930 (W).

176 Raabe 1854, S. 76f., in Mda.

177 Wossidlo I, 1939, S. 212f., Nr. 598 a, in Mda.; Erz. ein alter Mann in Wulkenzin, Kr. Neubrandenburg, 1896 (W). – Vgl. ebenda Nr. 597ff.; Bartsch I, Nr. 304.4.

178 Wossidlo I, 1939, S. 213, Nr. 600, in Mda.; Erz. Dachdecker Prohl in Waren, 1895 (W).

179 Wossidlo I, 1939, S. 215f., Nr. 611 a, in Mda.; Erz. wie Nr. 178 (W). – Vgl. ebenda Nr. 611 b–c.

180 Wossidlo I, 1939, S. 217, Nr. 617, in Mda.; Erz. eine alte Frau in Waren, 1895 (W). – Var. hs. im WA.

181 WASN; Erz. 61jähr. Neubauer Franz Bock in Cammin, Kr. Neubrandenburg, 1959 (N).

Verwandelte – Mahrt und Werwolf

182 Heimat Volksbl. 4, 1910/11, S. 280, in Mda. – Var. hs. im WA.

183 Bartsch I, 1879, S. 197, Nr. 251.1; von Küster Schwartz in Bellin, Kr. Güstrow. – Vgl. Mitt. Ratz. 2, 1920, S. 17; Wossidlo II, Nr. 1401; hs. Var. im WA.

184 Bartsch I, 1879, S. 139, Nr. 167.2; von E. Thiessenhusen.

185 Niederhöffer III, 1860, S. 134f. – Vgl. Bartsch I, Nr. 184f.; Wossidlo II, Nr. 1348.

186 Bartsch II, 1880, S. 466f., Nr. 657; von Lehrer Schwartz in Bellin, Kr. Güstrow. – Vgl. Wossidlo II, Nr. 1341f.
187 Bartsch I, 1879, S. 148–150, Nr. 183; von Seminarist G. Diehn. – Vgl. Niederhöffer II, S. 11ff.; Wossidlo II, Nr. 1352ff.
188 Bartsch I, 1879, S. 146f., Nr. 181: nach Niederhöffer IV, 1862, S. 162–167; von L. Kreutzer zu Parchim. – Var. hs. im WA.
189 Wossidlo II, 1939, S. 394f., Nr. 1338, in Mda.; Erz. ein Arbeiter in Neukloster, 1913.
190 Raabe 1854, S. 77f., in Mda. – Vgl. Wossidlo/Neumann Nr. 34. – AaTh 1575** abw.

Petermännchen und andere Hausgeister

191 Kuhn/Schwartz 1848, S. 1f., Nr. 1; von einem Bauern aus Loerz bei Mirow. – Vgl. Lyser 1838/39, 345ff. Nacht; Mon. Meckl. 4, 1928, S. 678f.; hs. Var. im WA.
192 Niederhöffer II, 1859, S. 215–217. – Vgl. Mon. Meckl. 4, 1928, S. 678; hs. Var. im WA.
193 Niederhöffer II, 1859, S. 220–222. – Var. hs. im WA.
194 Niederhöffer II, 1859, S. 217f.
195 Gerling 1904, S. 20f. – Vgl. Niederhöffer II, S. 213f.; Bartsch I, Nr. 85.4.
196 Niederhöffer II, 1859, S. 223f.
197 Wendt 1979, S. 21, in Mda.; Erz. Marcus in Godern, Kr. Schwerin, 1922 (W).
198 Wossidlo/Schneidewind 1960, S. 93f., Nr. 162 a; von Lehrer Pegel in Laupin, Kr. Ludwigslust, 1914. – Vgl. Bartsch I, Nr. 336.12; Wossidlo II, Nr. 879ff.; Wossidlo/Schneidewind Nr. 44; hs. Var. im WA.
199 Raabe 1854, S. 15f., in Mda.
200 Wossidlo II, 1939, S. 287, Nr. 871, in Mda.; Erz. ein Schäfer in Grevesmühlen, 1928 (W). – Vgl. ebenda Nr. 867–870; Bartsch I, Nr. 298; II, Nr. 668.
201 Wossidlo II, 1939, S. 267, Nr. 805, in Mda.; Erz. Arbeiter Thiess in Schwerin, 1928 (W). – Vgl. ebenda Nr. 801ff.; Kuhn/Schwartz 1848, Nr. 4.

Das Zwergenvolk

202 Niederhöffer IV, 1862, S. 79–82. – Vgl. Bartsch I, Nr. 60; Wossidlo 1925, S. 12, 13f.; ders. I, Nr. 225; hs. Var. im WA.
203 Niederhöffer II, 1859, S. 120f.; von J. G. C. Ritter zu Friedrichshöhe. – Vgl. ebenda III, S. 190ff.; Bartsch I, Nr. 81; Wossidlo 1925, S. 12.
204 Niederhöffer IV, 1862, S. 63f. – Vgl. Bartsch I, Nr. 61.3, 71, 88; Wossidlo 1925, S. 31f.; ders. I, Nr. 244; hs. Var. im WA – AaTh 113 A.
205 Raabe 1854, S. 112, in Mda. – Vgl. Wossidlo 1925, S. 10; ders. I, Nr. 238–242 g; Wossidlo/Henßen Nr. 134 d–f. – AaTh 822*.
206 Bartsch I, 1879, S. 59, Nr. 76: nach Niederhöffer III, 1860, S. 199–201; von Fr. Schulz. – Vgl. Niederhöffer IV, S. 78f.; Bartsch I, Nr. 61.1, 72, 80.1, 87.2; Mitt. Ratz. 1, 1919, S. 16; Wossidlo 1925, S. 11; hs. Var. im WA.
207 Bartsch I, 1879, S. 50f., Nr. 70.3; von einem Seminaristen in Neukloster. – Vgl. Niederhöffer IV, S. 19ff.; Bartsch I, Nr. 98f.; Wossidlo 1925, S. 7f., 14f.; hs. Var. im WA.

208 Bartsch I, 1879, S. 47f., Nr. 67; von Seminarist W. Fehlandt in Neukloster. – Vgl. Niederhöffer IV, S. 13f.; hs. Var. im WA.

209 Bartsch I, 1879, S. 50, Nr. 70.2. – Vgl. Wossidlo 1925, S. 24; hs. Var. im WA.

210 Bartsch I, 1879, S. 59f., Nr. 77; von H. Ohnesorge. – Vgl. Wossidlo 1925, S. 57.

211 Bartsch I, 1879, S. 44f., Nr. 61.5; von Senator Schultetus in Plau. – Vgl. Heimat ostmeckl. 3, 1930, S. 66; hs. Var. im WA.

212 Bartsch I, 1879, S. 43f., Nr. 61.4; von Senator Schultetus in Plau. – Vgl. Niederhöffer III, S. 86f.; IV, S. 21ff., 105ff.; Bartsch I, Nr. 62, 73, 88, 92.1, 93; Wossidlo 1912, S. 83; ders. 1925, S. 30, 61ff.; ders. I, Nr. 245, 247ff.; Meckl. 25, 1930, S. 30; Heimat ostmeckl. 3, 1930, S. 68; 5, 1932, S. 149; Mon. Meckl. 11, 1935, S. 263; hs. Var. im WA.

213 Wossidlo 1925, S. 50f., in Mda. – Vgl. ebenda S. 51f.; Heimat ostmeckl. 3, 1930, S. 65f.; hs. Var. im WA.

214 Wossidlo 1925, S. 25f., in Mda. – Var. hs. im WA.

215 Wossidlo 1925, S. 53f., in Mda. – Vgl. ebenda S. 53; Bartsch I, Nr. 80.2, 82, 84; Heimat ostmeckl. 6, 1933, S. 100; Wossidlo I, Nr. 220; hs. Var. im WA.

216 Wossidlo 1925, S. 29, in Mda. – Vgl. Bartsch I, Nr. 72, 95; Mitt. Ratz. 1, 1919, S. 15; hs. Var. im WA.

217 Wossidlo 1925, S. 40, in Mda. – Vgl. Meckl. Jbb. 9, 1844, S. 370f.; Niederhöffer II, S. 96f., 122f.; IV, S. 17ff.; Bartsch I, Nr. 61.2, 65, 83, 87.1, 97; Wossidlo 1925, S. 37ff.; ders. I, Nr. 230 a–b.

218 WA, Orig. in Mda. = verkürzt Wossidlo 1925, S. 15; Erz. Tagelöhner Schwerdtfeger in Zippelow, Kr. Neustrelitz, 1907 (W). – Vgl. Nr. 227; Wossidlo 1925, S. 15f.; ders. I, Nr. 176; hs. Var. im WA.

219 Wagner 1900, S. 83, Nr. 26 e: nach Meckl. Jbb. 9, 1844, S. 371. – Vgl. Niederhöffer II, S. 122; Bartsch I, Nr. 87.1; hs. Var. im WA.

Nixen und andere Wassergeister

220 Niederhöffer IV, 1862, S. 121–123.

221 Pfitzner/Karbe 1938, S. 120; aus Neustrelitz.

222 Niederhöffer III, 1860, S. 1f. – Var. hs. im WA.

223 Karbe in Globus 97, 1910, S. 30. – Vgl. Niederhöffer IV, S. 74ff.

224 Meckl. Jbb. 5, 1840, S. 78, Nr. 4 = Bechstein 1853, Nr. 217 = Niederhöffer III, 1860, S. 87f.; von Pastor J. Mussäus zu Hanstorf. – Vgl. Niederhöffer II, S. 201ff.; III, S. 176ff.; Bartsch I, Nr. 192, 558; Vogel 1901, Nr. 19; Globus 97, 1910, S. 29f.; Wossidlo 1912, S. 73; Heimat ostmeckl. 5, 1932, S. 150; hs. Var. im WA.

225 WA, Orig. in Mda.; Erz. Frau Möller in Wustrow, Kr. Neustrelitz, 1909 (W). – Vgl. Mitt. Ratz. 1, 1919, S. 78; hs. Var. im WA.

226 WA, Orig. in Mda.; Erz. Frau Bahrs in Mallin, Kr. Waren, 1909 (W).

227 Wossidlo I, 1939, S. 134, Nr. 345, in Mda.; Erz. Arbeiter Nehls in Ribnitz, 1890 (W). – Vgl. Nr. 210.

228 Wossidlo 1912, S. 87f., in Mda. – Vgl. Niederhöffer IV, S. 36f.

229 Wossidlo/Henßen 1957, S. 194, Nr. 133, in Mda.; Erz. Büdner (ehem. Seefahrer) Brüdigam in Völkshagen, Kr. Ribnitz-Damgarten, 1892, durch Lehrer Schröder. – Vgl. Wossidlo 1969, S. 236ff.

230 Wossidlo II, 1939, S. 324f., Nr. 1013, in Mda.; Erz. ein alter Seemann in Körkwitz, Kr. Ribnitz-Damgarten, 1922; auch in Wossidlo 1969, S. 231 (W).

Schlangen und zu Schlangen Verwünschte

231 Niederhöffer IV, 1862, S. 130; von F. Latendorf aus Neustrelitz. – Vgl. Bartsch I, Nr. 367.1; Wossidlo I, Nr. 426f.; hs. Var. im WA.

232 Wossidlo I, 1939, S. 149f., Nr. 402, in Mda.; Erz. alter Büdner Stoll in Wulkenzin, Kr. Neubrandenburg, 1895 (W). – Vgl. ebenda Nr. 401, 403–405; hs. Var. im WA.

233 Niederhöffer IV, 1862, S. 42f.; von Frau L. Niederhöffer. – Vgl. Wossidlo I, Nr. 393, 398; hs. Var. im WA. – AaTh 285.

234 WA, Orig. in Mda.; Erz. ein Mann in Feldberg, 1912 (W).

235 Wossidlo I, 1939, S. 143, Nr. 378 a, in Mda.; Erz. Arbeiter Meyer in Stargard, 1907 (W). – Vgl. Bartsch I, Nr. 59; Wossidlo I, Nr. 372f., 378 b; Neumann 1978, Nr. 8; hs. Var. im WA.

236 Wossidlo I, 1939, S. 146, Nr. 390, in Mda.; Erz. eine Frau in Levenstorf, Kr. Waren, 1894 (W). – Vgl. ebenda Nr. 391; hs. Var. im WA.

237 Wossidlo I, 1939, S. 145, Nr. 387, in Mda.; Erz. alter Arbeiter Nehls in Ribnitz, 1890 (W).

238 Wossidlo I, 1939, S. 148, Nr. 395, in Mda.; Erz. ein Arbeiter in Tessin, 1910 (W). – Vgl. ebenda, Nr. 396. – AaTh 285 A abw.

239 Bartsch I, 1879, S. 271, Nr. 356.2; von Lehrer F. Haase in Rostock. – Vgl. Niederhöffer II, S. 235ff.; Bartsch I, Nr. 351f., 357f., 364.2, 428, 546; II, Nr. 659; Wossidlo 1912, S. 77; Heimat ostmeckl. 6, 1933, S. 99f.

Schätze und Schatzsucher

240 Niederhöffer IV, 1862, S. 29–31. – Vgl. ebenda III, S. 57ff., 115f.; IV, S. 259ff., 264ff.; Bartsch I, Nr. 317, 335; Heimat Volksbl. 4, 1910/11, S. 279; Heimatbll. 2, 1926, S. 34; hs. Var. im WA.

241 Heimat 7, 1928, S. 23, in Mda.; von W. Burmeister. – Vgl. Niederhöffer III, S. 254f.; Bartsch I, Nr. 322, 325, 333, 338f., 342; Meckl. Jbb. 53, 1888, S. 123; Mitt. Ratz. 2, 1920, S. 81; 4, 1922, S. 10ff.; Heimat ostmeckl. 5, 1932, S. 150f.; Heimatland 1935, Nr. 130; Pfitzner/Karbe 1938, S. 107f.; hs. Var. im WA.

242 Bartsch I, 1879, S. 247f., Nr. 323; von einem Seminaristen in Neukloster.

243 Niederhöffer III, 1860, S. 14–16; von A. C. F. Krohn zu Penzlin. – Vgl. ebenda, S. 57ff.; Bartsch I, Nr. 308.1–3, 313, 320f.; Heimat Volksbl. 4, 1910/11, S. 267; hs. Var. im WA.

244 Bartsch I, 1879, S. 227, Nr. 293.2; von Lehrer F. Haase in Rostock. – Vgl. Nr. 51; Var. hs. im WA. – AaTh 1645.

245 Bartsch I, 1879, S. 255f., Nr. 334; von Seminarist L. Krohn.

246 Wossidlo/Schneidewind 1960, S. 13f., Nr. 9 a, Orig. in Mda.; Erz. Armenhäuslerin Schenk in Fürstensee, Kr. Neustrelitz, 1910 (W). – Vgl. ebenda Nr. 9 b–c.

247 Wossidlo/Schneidewind 1960, S. 92f., Nr. 159, Orig. in Mda.; Erz. Maurer Gutzki in Waren, 1897 (W).

248 WA, Orig. in Mda.; Erz. »altes Mädchen« R. Wulf in Peckatel, Kr. Neustrelitz, 1908/09 (W). – Var. hs. im WA.

249 WA, Orig. in Mda.; Erz. Tagelöhner Hahn in Hohenzieritz, Kr. Neustrelitz, 1907 (W). – Vgl. Wossidlo/Schneidewind Nr. 155.

Glocken

250 Kuhn/Schwartz 1848, S. 4, Nr. 3; mdl. – Vgl. Niederhöffer I, S. 11ff.; II, S. 177ff., 205f.; III, S. 37ff., 113ff.; IV, S. 198f.; Bartsch I, Nr. 502.2, 505, 516, 525, 538; Heimat Volksbl. 4, 1910/11, S. 267; hs. Var. im WA.

251 Niederhöffer II, 1859, S. 232f.; von J. G. C. Ritter zu Friedrichshöhe. – Vgl. ebenda IV, S. 43ff.; Bartsch I, Nr. 527; Heimat ostmeckl. 7, 1934, S. 43ff.; Heimatbll. 10, 1934, S. 6, 17; hs. Var. im WA.

252 WA; von Lehrer Michaelis in Wölschendorf, Kr. Grevesmühlen, 1898. – Vgl. Text Nr. 81; Bartsch I, Nr. 526; hs. Var. im WA.

253 WA; Erz. 78jähr. Frau Schippmann in Hohen Sprenz, Kr. Güstrow, 1935, durch die Frau des Pastors Grundmann. – Vgl. Niederhöffer II, S. 87ff.; Bartsch I, Nr. 506; hs. Var. im WA.

254 WA, Orig. in Mda.; Erz. eine Frau in Severin, Kr. Parchim, 1919, durch K. Augustin. – Vgl. Bartsch I, Nr. 519f.; hs. Var. im WA.

255 WA; Erz. Vater des Lehrers Pegel in Laupin, Kr. Ludwigslust, 1898. – Vgl. Text Nr. 81; Niederhöffer I, S. 127ff.; Bartsch I, Nr. 508.1, 510, 515, 521; hs. Var. im WA.

Riesen

256 Niederhöffer II, 1859, S. 174f.; von A. C. F. Krohn zu Penzlin; Anfang gekürzt. – Vgl. Bartsch I, Nr. 53; Wossidlo I, Nr. 265; hs. Var. im WA. – AaTh 701.

257 Bartsch I, 1879, S. 27, Nr. 33; von einem Seminaristen in Neukloster. – Vgl. Meckl. Jbb. 12, 1847, S. 455; Niederhöffer III, S. 128f., 226f.; IV, S. 205; Bartsch I, Nr. 44f., 47; Heimat ostmeckl. 1, 1928, S. 65f.; Wossidlo I, Nr. 272f., 275ff.

258 Bartsch I, 1879, S. 34f., Nr. 50; von Gutsbesitzer Pogge auf Gevezin, Kr. Neubrandenburg. – Vgl. Niederhöffer II, S. 176; III, S. 96, 221; IV, S. 104, 235; Bartsch I, Nr. 36, 47ff., 53, 56; Heimat ostmeckl. 4, 1931, S. 81; Wossidlo I, Nr. 267 b, 269 (23x), 270.

259 Bartsch I, 1879, S. 30f., Nr. 40; von Seminarist Th. Linshöft.

260 Bartsch I, 1879, S. 29f., Nr. 38: nach Niederhöffer IV, 1862, S. 70–74; von L. Kreutzer in Parchim. – Vgl. Nr. 10; Bartsch I, Nr. 35; Wossidlo I, Nr. 304; hs. Var. im WA.

Der Teufel und seine Künste

261 Niederhöffer III, 1860, S. 29–34. – Vgl. ebenda S. 204ff.; Studemund 1848, S. 190ff.; Pröhle 1863, Nr. 66; Bartsch I, Nr. 555.1–2, 564; Heimat Volksbl. 4, 1910/11, S. 265; Heimatbll. 6, 1930, S. 16f.; Wossidlo I, Nr. 591; Neumann 1973, Nr. 95; Neumann 1978, Nr. 24; hs. Var. im WA. – AaTh 810 A*.

262 Niederhöffer III, 1860, S. 231–233; von L. Kreutzer zu Parchim – Vgl. ebenda II, S. 168ff.; Heimatland 1929, Nr. 25.

263 Gerling 1904, S. 98–100: nach Meckl. Jbb. 5, 1840, S. 93–95, Nr. 11 = Bechstein 1853, Nr. 219 = Niederhöffer III, S. 227ff.; von Pastor J. Mussäus zu Hanstorf. – Vgl. Bartsch I, Nr. 122.

264 Bartsch I, 1879, S. 248f., Nr. 324; von einem Seminaristen in Neukloster. – Var. hs. im WA.

265 Niederhöffer III, 1860, S. 117f.; von F. C. W. Jacoby zu Neubrandenburg.

266 Bartsch I, 1879, S. 437f., Nr. 611: nach Niederhöffer II, 1859, S. 37–41. – Vgl. ebenda IV, S. 23f.; Bartsch I, Nr. 609; Heimatland 1931, Nr. 58; Wossidlo I, Nr. 523ff.; hs. Var. im WA.

267 Pfitzner/Karbe 1938, S. 67, in Mda.; aus Neustrelitz.

268 Pfitzner/Karbe 1938, S. 66, in Mda.; aus Neustrelitz. – Vgl. Niederhöffer IV, S. 10; Bartsch I, Nr. 575; Wossidlo I, Nr. 529f., 534; hs. Var. im WA.

269 Neumann 1971, S. 268f., Nr. 132, in Mda.; Erz. Tagelöhner Schuldt in Groß Gievitz, Kr. Waren, 1894 (W). Auch bei Wossidlo I, Nr. 549 = Wossidlo/Schneidewind Nr. 151 c; dort ferner Nr. 151 a–b, d. – AaTh 1186.

270 WA, Orig. in Mda.; Erz. Krickow in Wulkenzin, Kr. Neubrandenburg, 1908 (W).

271 Mitt. Ratz. 5, 1923, S. 12, in Mda. – Vgl. Wossidlo I, Nr. 575, 582 a–b. Weitere Sagen vom geprellten Teufel bei Wossidlo I, Nr. 560–594; Neumann 1971, Nr. 127–134; Neumann 1973, Nr. 79–98.

Der Tod und die Toten

272 Pfitzner/Karbe 1938, S. 109, in Mda.; aus Neustrelitz.

273 Bartsch I, 1879, S. 449f., Nr. 627.1; von einem Seminaristen aus Crivitz. – Vgl. ebenda Nr. 627.2; Wossidlo/Schneidewind Nr. 56 a–k.

274 WA; von Lehrer Brusch in Langsdorf, Kr. Ribnitz-Damgarten, 1908. – Var. siehe Nr. 275.

275 Pfitzner/Karbe 1938, S. 114f.; aus Neustrelitz. – Vgl. Bartsch I, Nr. 294; II, Nr. 666; Wossidlo/Schneidewind Nr. 55 a–c; hs. Var. im WA.

276 Niederhöffer IV, 1862, S. 52f. – Var. hs. im WA.

277 Wossidlo/Schneidewind 1960, S. 61, Nr. 120 a, Orig. in Mda.; Erz. Arbeiter Giermann in Waren, 1885 (W).

278 Niederhöffer I, 1857, S. 23f., Anfang gekürzt. – Vgl. Bartsch I, Nr. 621; hs. Var. im WA.

279 Bartsch I, 1879, S. 365f., Nr. 500; Erz. Schneidersfrau Reppenhagen in Tramm, Kr. Grevesmühlen. – Vgl. Niederhöffer IV, S. 64ff., 88ff.; Bartsch I, Nr. 499; hs. Var. im WA.

280 WA, Orig. in Mda.; Erz. Frau Schröder in Mallin, Kr. Waren, 1909 (W). – Vgl. Wossidlo/Henßen Nr. 130 a, c–e; hs. Var. im WA. – AaTh 365.

281 Pfitzner/Karbe 1938, S. 115f.; aus Neustrelitz. – Vgl. Heimatland 1928, Nr. 17; hs. Var. im WA.

282 Goldschmidt 1704, S. 357f. – Vgl. Kuhn/Schwartz 1848, Nr. 5; Niederhöffer III, S. 137ff.; Bartsch I, Nr. 497.1–3, 537; Mon. Meckl. 3, 1927, S. 633; Heimat ostmeckl. 2, 1929, S. 146; Pfitzner/Karbe 1938, S. 114; hs. Var. im WA.

283 WA, Orig. in Mda.; von Bauer Micheel in Jabel, Kr. Röbel, 1891. – Vgl. Bartsch I, Nr. 286; hs. Var. im WA.

284 WA, Orig. in Mda.; Erz. Schüler Schulz in Helpt, Kr. Strasburg, 1898, durch Lehrer Wolf. – Var. hs. im WA.
285 WA, Orig. in Mda.; von Schriftsetzer Tiedt in Wismar, nach 1899. – Var. hs. im WA. – AaTh 1711*.
286 WA; durch Lehrer Breest in Mirow, 1907. – Vgl. Bartsch I, Nr. 290; hs. Var. im WA. – AaTh 990.
287 Raabe 1854, S. 15, in Mda. – Vgl. Meckl. 1, 1906, S. 76; Heimatbll. 6, 1930, S. 13; hs. Var. im WA.
288 WA, Orig. in Mda.; Erz. Dachdecker Prohl in Waren, um 1895 (W). – Var. hs. im WA.
289 WA; von Tertianer Scharf aus Penzin, Kr. Bützow, 1921, durch Studienrat Barnewitz. – Vgl. Wossidlo/Schneidewind Nr. 46 a–b, 152; hs. Var. im WA. – AaTh 470 A.

Die Wilde Jagd

290 Bartsch I, 1879, S. 16f., Nr. 20: nach Niederhöffer IV, 1862, S. 136–140; von L. Kreutzer zu Parchim. – Vgl. Wossidlo I, Nr. 110ff.
291 Meckl. Jbb. 5, 1840, S. 78–80, Nr. 5 = Niederhöffer III, 1860, S. 167–169; von Pastor J. Mussäus zu Hanstorf. – Vgl. Wossidlo I, Nr. 103 (Hinweis auf 9 Var.).
292 Pfitzner/Karbe 1938, S. 126, in Mda.; aus Neustrelitz. – Vgl. Kuhn/Schwartz 1848, Nr. 2.4, 115; Bartsch I, Nr. 10, 22; Heimat Volksbl. 4, 1910/11, S. 266; Wossidlo I, Nr. 67–72, 76–78, 81, 95f., 101.
293 Niederhöffer II, 1859, S. 246f.; von A. C. F. Krohn zu Penzlin.
294 Niederhöffer II, 1859, S. 244f.; von A. C. F. Krohn zu Penzlin. – Vgl. Nr. 300.
295 Wossidlo I, 1939, S. 27f., Nr. 85, in Mda.; Erz. alter Kuhhirte Meinke in Waren, 1895 (W). – Vgl. ebenda Nr. 84.
296 Wossidlo I, 1939, S. 25, Nr. 74, in Mda.; aus Hanshagen, Kr. Grevesmühlen, 1892, durch Gutspächtersfrau Jesse.
297 Bartsch I, 1879, S. 23f., Nr. 26; von Seminarist F. Jaap in Neukloster. – Vgl. Lyser 1838/39, 344. Nacht; Niederhöffer II, S. 91ff.; Bartsch I, Nr. 25; Wossidlo I, Nr. 55ff., 157–161, 171, 187ff.
298 Krambeer 1922, S. 90: nach Bartsch I, 1879, S. 18f., Nr. 23.2; von Struck in Dargun. – Vgl. Niederhöffer III, S. 91ff.; Bartsch I, Nr. 8, 23.1; Wossidlo I, Nr. 86, 88–94; hs. Var. im WA.
299 Bartsch I, 1879, S. 24, Nr. 28; von Präpositus Schencke in Pinnow, Kr. Schwerin. – Vgl. ebenda Nr. 6; Wossidlo I, Nr. 25f., 140; hs. Var. im WA.
300 WASN, Orig. in Mda.; Erz. 56jähr. Bauer Robert Rödlin in Blankensee, Kr. Neustrelitz, 1959 (N). – Vgl. Nr. 294; Heimat Volksbl. 4, 1910/11, S. 280; Pfitzer/Karbe 1938, S. 111f.; hs. Var. im WA.

Spuk und Spukerscheinungen

301 Heimat Volksbl. 4, 1910/11, S. 266. – Vgl. ebenda S. 267; Niederhöffer IV, S. 2ff.; Wossidlo/Schneidewind Nr. 133; hs. Var. im WA.
302 Wossidlo/Schneidewind 1960, S. 62f., Nr. 122, Orig. in Mda.; Erz. 82jähr. Museumswächter Thies in Schwerin, 1931 (W).

303 WASN, Orig. in Mda.; Erz. 66jähr. Bauer Fritz Witt in Zieslübbe, Kr. Parchim, 1963 (N).

304 Mon. Meckl. 13, 1937, S. 588, in Mda.; aus Hornkaten, Kr. Ludwigslust. – Vgl. Niederhöffer II, S. 79ff.; Bartsch I, Nr. 187; Wossidlo I, Nr. 332ff.

305 Bartsch II, 1880, S. 464, Nr. 654: nach Ahrens 1876, S. 117f. – Var. hs. im WA. – AaTh 1676 B.

306 WA, Orig. in Mda.; Erz. Schneider Schröder in Laage, nach 1898, durch Rechtsanwalt Kähler. – Vgl. Nr. 115; Niederhöffer III, S. 153ff.; Heimat ostmeckl. 12, 1939, S. 26f.; hs. Var. im WA.

307 Niederhöffer II, 1859, S. 162f.; von J. G. C. Ritter zu Friedrichshöhe.

308 WASN, Orig. in Mda.; Erz. 44jähr. Schmiedemeister Wilhelm Brandt in Cammin, Kr. Neubrandenburg, 1958 (N).

309 WASN; Erz. 49jähr. Werkangestellter Rudolf Göbel in Burg Stargard, Kr. Neubrandenburg, 1959 (N).

310 WASN, Orig. in Mda.; Erz. 68jähr. Bauer Gustav Ahrendt in Grittel, Kr. Ludwigslust, 1963 (N).

In der Unterwelt

311 WA, Orig. in Mda.; Erz. alte Tagelöhnerwitwe Schuldt in Groß Gievitz, Kr. Waren, um 1894 (W).

312 Heimat Volksbl. 4, 1910/11, S. 267.

313 Bartsch I, 1879, S. 309f., Nr. 413: nach Niederhöffer II, 1859, S. 238ff.; von C. Struck zu Dargun. – Vgl. Bartsch I, Nr. 413.2.

314 Bartsch I, 1879, S. 282f., Nr. 371: nach Niederhöffer III, 1860, S. 2–6; von F. C. W. Jacoby zu Neubrandenburg. – Var. hs. im WA. – AaTh 470.

315 WA; Erz. ein Handelsmann in Wittenburg, vor 1900, durch Lehrer Sager.

Ortsregister

Das Ortsverzeichnis enthält nur diejenigen Ortsnamen, die in den abgedruckten Sagentexten genannt sind. Die Angabe der Kreise zu den Orten entspricht der Zuordnung seit 1952, die zur Zeit noch gültig ist.

Dabei wurden folgende Abkürzungen verwendet: Alttre = Altentreptow, Btz = Bützow, Dob = Bad Doberan, Gad = Gadebusch, Gran = Gransee, Grev = Grevesmühlen, Güst = Güstrow, Hag = Hagenow, Lulu = Ludwigslust, Malch = Malchin, Nbg = Neubrandenburg, Nstr = Neustrelitz, Parch = Parchim, Perl = Perleberg, RiDa = Ribnitz-Damgarten, Röb = Röbel, Rost = Rostock, Schw = Schwerin, Stbg = Sternberg, Strasb = Strasburg, Tet = Teterow, War = Waren, Wis = Wismar. Namen von untergegangenen Orten sind mit einem * gekennzeichnet.

Die Zahlen beziehen sich auf die Nummern der Texte.

Worterklärungen

achter	= hinter
äten	= essen
Äx, Äxt	= Axt
aff	= ab, weg
Affgifften	= Abgaben
affknüppen	= abknöpfen
afflangen	= erreichen
affschmäten	= abgeworfen
affwalken	= verprügeln
all	= alle, schon
anbäd't	= angebetet
angäben	= angeben, angegeben, angezeigt
Antogg	= Anzug
apen	= offen, geöffnet
argert	= geärgert
Arpel	= Erpel
Arwten	= Erbsen
as	= als, wie
baben	= oben, über
Backabenstäd'	= Backofenplatz
Backbeern	= gedörrte Birnen
bäden	= gebeten, beten
bäten	= bißchen, etwas
bäter	= besser
Bauk, Bok	= Buch
Beeren	= Birnen
begahn	= begehen, begangen
begriesmuulen	= zum Schaden gereichen
behollen	= behalten
bett	= bis
biegahn	= beigehen, beginnen
Bierlegel	= kleines hölzernes Gefäß für Bier
biestahn	= beistehen, beigestanden
blaag'	= blau
bläben	= geblieben
he bleiw	= er blieb
bliew	= bleibe
he blifft	= er bleibt
Bœhn	= Dachboden
böhren	= anheben
Boom, Bööm	= Baum, Bäume
Bräd'	= Bretter
bräken	= brechen
braken	= gebrochen
he bröcht'	= er brächte
bröcht	= gebracht
bruugt	= gebraut
bruuken	= gebrauchen
Büdner	= Kleinbauer
bullern, butzen	= klopfen
Dag'	= Tage
dal	= nieder, herunter
dan	= getan
Dann	= Tanne
de, dee, dei	= der, die
Deel	= Teil
deip	= tief
du deist	= du tust
he deit	= er tut
dennso	= dann
den'sülwigen	= denselben
Deuwel	= Teufel
Diekwischen	= Deichwiesen
Diern	= Mädchen
Diert	= Tier
diss'	= diese
dittmal	= diesmal
dodig'	= tot
he döfft	= er tauft
Dör	= Türe
dörchpläugt	= durchgepflügt
Dörplüüd'	= Dorfleute
Dörpstäd'	= Dorfstelle
dösten	= dürsten
don	= tun
dorför	= dafür
dorup	= darauf
dotmakt	= getötet
Drak	= Drache

drapen	=	treffen, getroffen	häuden	=	hüten
drög' leggen	=	trockenlegen	Haken, haken	=	Hakenpflug, pflügen
he dröppt	=	er trifft	Hart	=	Herz
Drogg	=	Betrug	hatt	=	gehabt
Droom	=	Traum	haugen	=	hauen, schlagen
düüer	=	teuer	Hauwen	=	Hufen (Landmaß)
Düüwel	=	Teufel	hebben	=	haben
dun	=	betrunken	ick heff	=	ich habe
Eenöögter	=	Einäugiger	heil	=	ganz, sehr
eens, eins	=	einmal	heiten	=	heißen, geheißen
ehr	=	ihr, ihnen	herbröcht	=	hergebracht
Eierdopp	=	leere Hälfte eines Eis	he hett	=	er hat
em	=	ihm, ihn	Hinnelsten	=	Hintern
he ett	=	er ißt	Höcht	=	Höhe
fardig	=	fertig	he höllt	=	er hält
Farken	=	Ferkel	hött't	=	gehütet
fastläst	=	festgelesen	Hoff	=	Hof
faten	=	fassen	hollen	=	halten, gehalten
fief	=	fünf	hüren	=	hören, gehören
Flach	=	Fläche, Stelle	du hürst	=	du hörst
fleeten	=	fließen	hürt	=	gehört
follen	=	gefallen	hüüt	=	heute
Foss	=	Fuchs	Huulen	=	Heulen
Fot	=	Fuß	Ierd'	=	Erde
fräten	=	fressen, gefressen	Iernst	=	Ernst
Fründ	=	Freund	ihrer	=	eher
führen	=	fahren	inbraken	=	eingebrochen
Füüerhücks	=	Kröte	ji	=	ihr
ick gäw	=	ich gebe	he jög'	=	er jagte
he gifft	=	er gibt	juuch	=	euch
gliek, glieks	=	gleich	juug'	=	euer, eure
glööben	=	glauben	käken	=	geguckt
he glööwt	=	er glaubt	Kätel	=	Kessel
glööwt	=	geglaubt	kakt	=	kocht, gekocht
Gössel	=	Gänschen	kamen	=	kommen, gekommen
got, goden	=	gut, guten	ji kamt	=	ihr kommt
he got	=	er goß	Karkhoff	=	Kirchhof
Graff	=	Grab	du kickst	=	du guckst
Grapen	=	Kochtopf	kieken	=	gucken, sehen
griepen	=	greifen	Kiepe	=	Essenkorb
gruugen	=	grauen	Kinnings	=	Kinder
he haalt	=	er holt	Kirchtiet	=	Kirchzeit
Hackels	=	Häcksel	Klock	=	Glocke, Uhr
hacken, uphacken	=	aufsitzen	klœhnen	=	plaudern, schwatzen
Häker	=	mit dem Haken Pflügender	Knick	=	Genick
ick hadd	=	ich hatte	Knittel	=	Knüppel
ick hadd'	=	ich hätte			

kœnen	= können	Mudderbroder	= Onkel
kööpen	= kaufen	Müüs	= Mäuse
Kohhöder	= Kuhhirt	nägen	= neun
Kooplüüd'	= Kaufleute	nägenunnägentig	= 99
Koort, Koorten	= Karte, Karten	nah	= nach
Kor	= Karre	nahmen	= genommen
Kraug'	= Krug	nahst	= später
kreihgen	= krähen	naug', nog'	= genug
Kros	= Kanne, Krug	nicks	= nichts
Krüüz	= Kreuz	Ochsenhäker	= mit Ochsen Pflügender
he künn	= er konnte	œwel	= übel
Kuffer	= Truhe	œwer, œwerst	= aber, über
lägen	= gelegen	œwertüügt	= überzeugt
läst	= gelesen	ok	= auch
Läwstieden	= Lebenszeit	oll, olt	= alt
he läwt	= er lebt	ollich	= ordentlich
läwt	= gelebt	Oog	= Auge
Landkoort	= Landkarte	orrer	= oder
lat	= spät	Piepenrühr	= Pfeifenröhre
laten	= lassen, gelassen	Pierd'krüff	= Pferdekrippe
he leg	= er lag	Pläugen	= Pflüge
leiw'	= liebe, lieber, liebes	Pöhlken	= kleiner Teich
Liew	= Leib	Pott	= Topf
lihren	= lernen, lehren	prat	= bereit
he löp	= er lief	Quadux	= graue Erdkröte
he löppt	= er läuft	räden	= reden, geritten
loopen	= laufen, gelaufen	rakt	= berührt, gestreift
lüchten	= leuchten, heben	ranne	= heran
lütt	= klein	Rauder	= Ruder, Steuer
de Lütten	= die Zwerge	Rebeit	= Gebiet
'n Lütten	= einen Schnaps	Rieke	= Reiche, Wohlhabende
Lüüd'	= Leute	rieklich	= reichlich
Lüüs	= Läuse	rinloopen	= hineingelaufen
Mäken	= Mädchen	rinschlahn	= reinschlagen
männich	= manch	rinschmäten	= hineingeschmissen
maken	= machen	rinstött't	= hineingestoßen
du makst	= du machst	de Rod'	= der Rote
makt	= gemacht	he röp	= er rief
mal ins	= noch einmal	he röppt	= er ruft
man	= nur	rœwer	= hinüber, herüber
mang	= zwischen	Roh	= Ruhe
Melk	= Milch	Roowritter	= Raubritter
Messfork	= Mistforke	rüm	= herum
Metz	= Messer	run, runner	= hinunter, herunter
mi	= mich, mir	Rusch und Busch	= Wildnis
du möößt	= du mußt		
he möt, mütt	= er muß		
he mücht	= er möchte		

ruutgrawt = ausgegraben
ruuthaalt = herausgeholt
ruutkamen = herauskommen, herausgekommen
ruuträden = herausgeritten
ruutwassen = herauswachsen
säten = gesessen
Sark = Sarg
Schät = Dreck
scheeten = schießen
Scheper = Schäfer
he schitt = er scheißt
ick schlah = ich schlage
schlahn = schlagen
he schleiht = er schlägt
Schlœtel = Schlüssel
he schlütt = er schließt
schmäten = geschmissen
schmieten = schmeißen, werfen
Schnuut = Schnauze
du schüttst = du schießt
schwartköppt = schwarzköpfig
se, sei = sie, ihnen
seihn = sehen
sien, sinn = sein
sœben = sieben
söcht = gesucht
Sœg = Sau
söken = suchen
spält = gespielt
spicken = füllen
spijöken = spionieren
spräken = sprechen
Städ' = Stelle
stäk = stich
stäken = stechen, gesteckt
Stäl = Stiel
starben, starwen = sterben
Stillen Friedag = Karfreitag
he stött = er stößt
Strat = Straße
strieken = streichen
he stritt = er streitet (ab)
he stünd' = er stand
sülben, sülm, sülwst = selbst
dat süll = das sollte
du süllst = du solltest
süss = sonst
Tähnen = Zähne
täuwt = wartet
tau, to = zu
taugang'n = zugange
teihn = zehn
Tiet, Tieden = Zeit, Zeiten
tietsläbens = zeitlebens
Tinnen = Zinken
töw = warte
tofräden = zufrieden
Togg = Zug
togliek = zugleich
tosett't = zugesetzt
trecht = zurecht
trecken = ziehen
trüch = zurück
tründeln = rollen
twee, twei = zwei
tweiunviertig = 42
Twieg' = Zweig
twintig = zwanzig
twors = zwar
uck = auch
unsen = unser
upfräten = auffressen, aufgefressen
uphungen = aufgehängt
upkrägen = aufgekriegt
uplöden = aufluden
upstahn = aufstehen
uthollen = aushalten
Vadder = Vater
väl = viel, viele
verdrägen = vertragen
Verdriewer = Vertreiber
vergäten = vergessen
verköfft = verkauft
verläd'n = vergangen
versäuken = versuchen
versapen = versoffen
versööpen = versaufen, versenken
versööpt = versenkt
verspräken = versprechen
vertellen = erzählen
voneingahn = zerbrechen, zerbrochen
vörwinner = schneller

wäst	= gewesen
wahnt	= gewohnt
Wallnœt	= Walnüsse
du wardst	= du wirst
he wasst	= er wächst
weck, weckein, wecker	= welche, welcher
wedder	= wieder
Wegg	= Weg
du weetst, weitst	= du weißt
wer	= wäre
Wes'boom	= Bindebaum (für Erntewagen)
weten	= wissen
wi	= wir
he wier	= er war
du wierst	= du warst, wärst
wiesen	= zeigen
Wiew	= Weib
willen	= wollen
Wischen	= Wiesen
wiss	= fest
witt	= weiß
wittköppt	= weißköpfig
wohren	= wahren, vorsehen
woll	= wohl
he wull	= er wollte
wur	= wie
wuschen	= gewaschen
Wüürd	= Worte

Bildnachweis

Topographia Saxoniae inferioris. Das ist Beschreibung der Vornemsten vnd bekantisten Stätte vnd Plätz in dem Hochlöblichsten NiderSächsischen Craisse. Franckfurt, Bey Matth. Merians Erben, 1653: S. 121, 149.

Wogen, Daniel: Die gottesdienstlichen Alterthümer der Obotriten aus dem Tempel zu Rethra, am Tollenzer See. Berlin 1771: S. 11.

Meklenburg in Bildern. Redigirt und mit erläuterndem Texte begleitet von G. C. F. Lisch. Heft I–IV, Rostock 1842–1845: S. 58, 75, 201, 221, 250.

Meckl. Jbb. 9, 1844 (wie Lit.verz.): S. 192.

Studemund 1848 (wie Lit.verz.): S. 173.

Mecklenburgisches Album. Hrsg. von B. S. Berendsohn. [Mit Stahlstichen von Julius Gottheil]. Hamburg 1855/56: S. 37, 89, 235, 268.

Stühler, August / Frosch, Eduard / Willebrandt, Hermann: Das Schloß in Schwerin. Berlin 1869: Vordere Umschlagseite.

Bildsammlung des Mecklenburgischen Volkskundemuseums in Schwerin-Mueß: S. 144, 210.